艾伦·梅克森斯·伍德的历史唯物主义思想研究

A Study on Ellen Meiksins Wood's Historical Materialism Thought

冯旺舟 著

中国社会科学出版社

图书在版编目(CIP)数据

艾伦·梅克森斯·伍德的历史唯物主义思想研究/冯旺舟著.
—北京:中国社会科学出版社,2015.12
ISBN 978-7-5161-7473-9

Ⅰ.①艾… Ⅱ.①冯… Ⅲ.①伍德,E.M.—历史唯物主义—
研究 Ⅳ.①B03

中国版本图书馆 CIP 数据核字(2015)第 312004 号

出 版 人	赵剑英
责任编辑	田 文
特约编辑	陈 琳
责任校对	张爱华
责任印制	王 超

出 版	中国社会科学出版社
社 址	北京鼓楼西大街甲 158 号
邮 编	100720
网 址	http://www.csspw.cn
发 行 部	010 - 84083685
门 市 部	010 - 84029450
经 销	新华书店及其他书店

印刷装订	北京君升印刷有限公司
版 次	2015 年 12 月第 1 版
印 次	2015 年 12 月第 1 次印刷

开 本	710×1000 1/16
印 张	18.25
字 数	299 千字
定 价	66.00 元

第四批《中国社会科学博士后文库》编委会及编辑部成员名单

（一）编委会

主　任：张　江

副主任：马　援　　张冠梓　　俞家栋　　夏文峰

秘书长：张国春　　邱春雷　　刘连军

成　员（按姓氏笔画排序）：

卜宪群　方　勇　王　巍　王利明　王国刚　王建朗　邓纯东

史　丹　刘　伟　刘丹青　孙壮志　朱光磊　吴白乙　吴振武

张车伟　张世贤　张宇燕　张伯里　张星星　张顺洪　李　平

李　林　李　薇　李永全　李汉林　李向阳　李国强　杨　光

杨　忠　陆建德　陈众议　陈泽宪　陈春声　卓新平　房　宁

罗卫东　郑秉文　赵天晓　赵剑英　高培勇　曹卫东　曹宏举

黄　平　朝戈金　谢地坤　谢红星　谢寿光　谢维和　裴长洪

潘家华　冀祥德　魏后凯

（二）编辑部（按姓氏笔画排序）：

主　任：张国春（兼）

副主任：刘丹华　　曲建君　　李晓琳　　陈　颖　　薛万里

成　员（按姓氏笔画排序）：

王　芳　王　琪　刘　杰　孙大伟　宋　娜　苑淑娅　姚冬梅

郝　丽　梅　枚　章　瑾

序 言

2015 年是我国实施博士后制度 30 周年，也是我国哲学社会科学领域实施博士后制度的第 23 个年头。

30 年来，在党中央国务院的正确领导下，我国博士后事业在探索中不断开拓前进，取得了非常显著的工作成绩。博士后制度的实施，培养出了一大批精力充沛、思维活跃、问题意识敏锐、学术功底扎实的高层次人才。目前，博士后群体已成为国家创新型人才中的一支骨干力量，为经济社会发展和科学技术进步作出了独特贡献。在哲学社会科学领域实施博士后制度，已成为培养各学科领域高端后备人才的重要途径，对于加强哲学社会科学人才队伍建设、繁荣发展哲学社会科学事业发挥了重要作用。20 多年来，一批又一批博士后成为我国哲学社会科学研究和教学单位的骨干人才和领军人物。

中国社会科学院作为党中央直接领导的国家哲学社会科学研究机构，在社会科学博士后工作方面承担着特殊责任，理应走在全国前列。为充分展示我国哲学社会科学领域博士后工作成果，推动中国博士后事业进一步繁荣发展，中国社会科学院和全国博士后管理委员会在 2012 年推出了《中国社会科学博士后文库》（以下简称《文库》），迄今已出版四批共 151 部博士后优秀著作。为支持《文库》的出版，中国社会科学院已累计投入资金 820 余万元，人力资源和社会保障部与中国博士后科学基金会累计投入 160 万元。实践证明，《文库》已成为集中、系统、全面反映我国哲学社会科学博士后优秀成果的高端学术平台，为调动哲学社会科学博士后的积极性和创造力、扩大哲学社会科学博士后的学术影响力和社会影响力发挥了重要作用。中国社会科学院和全国博士后管理委员会将共同努力，继续编辑出版好《文库》，进一步提高《文库》的学术水准和社会效益，使之成为学术出版界的知名品牌。

哲学社会科学是人类知识体系中不可或缺的重要组成部分，是人们认识世界、改造世界的重要工具，是推动历史发展和社会进步的重要力量。建设中国特色社会主义的伟大事业，离不开以马克思主义为指导的哲学社会科学的繁荣发展。而哲学社会科学的繁荣发展关键在人，在人才，在一批又一批具有深厚知识基础和较强创新能力的高层次人才。广大哲学社会科学博士后要充分认识到自身所肩负的责任和使命，通过自己扎扎实实的创造性工作，努力成为国家创新型人才中名副其实的一支骨干力量。为此，必须做到：

第一，始终坚持正确的政治方向和学术导向。马克思主义是科学的世界观和方法论，是当代中国的主流意识形态，是我们立党立国的根本指导思想，也是我国哲学社会科学的灵魂所在。哲学社会科学博士后要自觉担负起巩固和发展马克思主义指导地位的神圣使命，把马克思主义的立场、观点、方法贯穿到具体的研究工作中，用发展着的马克思主义指导哲学社会科学。要认真学习马克思主义基本原理、中国特色社会主义理论体系和习近平总书记系列重要讲话精神，在思想上、政治上、行动上与党中央保持高度一致。在涉及党的基本理论、基本路线和重大原则、重要方针政策问题上，要立场坚定、观点鲜明、态度坚决，积极传播正面声音，正确引领社会思潮。

第二，始终坚持站在党和人民立场上做学问。为什么人的问题，是马克思主义唯物史观的核心问题，是哲学社会科学研究的根本性、方向性、原则性问题。解决哲学社会科学为什么人的问题，说到底就是要解决哲学社会科学工作者为什么人从事学术研究的问题后要牢固树立人民至上的价值观、人民是真正英雄的历史观，始终把人民的根本利益放在首位，把拿出让党和人民满意的科研成果放在首位，坚持为人民做学问，做实学问、做好学问、做真学问，为人民拿笔杆子，为人民鼓与呼，为人民谋利益，切实发挥好党和人民事业的思想库作用。这是我国哲学社会科学工作者，包括广大哲学社会科学博士后的神圣职责，也是实现哲学社会科学价值的必然途径。

第三，始终坚持以党和国家关注的重大理论和现实问题为科研主攻方向。哲学社会科学只有在对时代问题、重大理论和现实问题的深入分析和探索中才能不断向前发展。哲学社会科学博士后要根据时代和实践发展要求，运用马克思主义这个望远镜和显微镜，增强辩证思维、创新思维能力，善于发现问题、分析问题，积极推动解决问题。要深入研究党和国家面临的一系列亟待回答和解决的重大理论和现实问题，经济社会发展中的全局性、前瞻性、战略性问题，干部群众普遍关注的热点、焦点、难点问题，以高质量的科学研究成果，更好地为党和国家的决策服务，为全面建成小康社会服务，为实现"两个一百年"奋斗目标和中华民族伟大复兴的"中国梦"服务。

第四，始终坚持弘扬理论联系实际的优良学风。实践是理论研究的不竭源泉，是检验真理和价值的唯一标准。离开了实践，理论研究就成为无源之水、无本之木。哲学社会科学研究只有同经济社会发展的要求、丰富多彩的生活和人民群众的实践紧密结合起来，才能具有强大的生命力，才能实现自身的社会价值。哲学社会科学博士后要大力弘扬理论联系实际的优良学风，立足当代、立足国情，深入基层、深入群众，坚持从人民群众的生产和生活中，从人民群众建设中国特色社会主义的伟大实践中，汲取智慧和营养，把是否符合、是否有利于人民群众根本利益作为衡量和检验哲学社会科学研究工作的第一标准。要经常用人民群众这面镜子照照自己，匡正自己的人生追求和价值选择，校验自己的责任态度，衡量自己的职业精神。

第五，始终坚持推动理论体系和话语体系创新。党的十八届五中全会明确提出不断推进理论创新、制度创新、科技创新、文化创新等各方面创新的艰巨任务。必须充分认识到，推进理论创新、文化创新，哲学社会科学责无旁贷；推进制度创新、科技创新等各方面的创新，同样需要哲学社会科学提供有效的智力支撑。哲学社会科学博士后要努力推动学科体系、学术观点、科研方法创新，为构建中国特色、中国风格、中国气派的哲学社会科学创新体系作出贡献。要积极投身到党和国家创新洪流中去，深入开展探索性创新研究，不断向未知领域进军，勇攀学术高峰。要大力推进学术话语体系创新，力求厚积薄发、深入浅出、语言朴实、文风清新，力戒言之无物、故作高深、食洋不化、食古不化，不断增强我国学术话语体系的说服力、感染力、影响力。

"长风破浪会有时，直挂云帆济沧海。"当前，世界正处于前所未有的激烈变动之中，我国即将进入全面建成小康社会的决胜阶段。这既为哲学社会科学的繁荣发展提供了广阔空间，也为哲学社会科学界提供了大有作为的重要舞台。衷心希望广大哲学社会科学博士后能够自觉把自己的研究工作与党和人民的事业紧密联系在一起，把个人的前途命运与党和国家的前途命运紧密联系在一起，与时代共奋进、与国家共荣辱、与人民共呼吸，努力成为忠诚服务于党和人民事业、值得党和人民信赖的学问家。

是为序。

张江

中国社会科学院副院长

中国社会科学院博士后管理委员会主任

2015 年 12 月 1 日

序

2006年9月冯旺舟成为我指导的硕士生，第一次见面他对我讲述他的家庭和求学经历，对哲学的热爱之情溢于言表。我深感这是一位比较好学的学生，但是又隐约察觉他的思维的跳跃和表达的繁琐，这也许是他需要提升的方面。经过三年的硕士生学习，冯旺舟有了明显的进步，对于研究西方马克思主义有浓厚的兴趣。硕士研究生毕业后冯旺舟顺利考上了我的博士。进入博士研究生学习阶段后，冯旺舟确定了以加拿大约克大学马克思主义学者艾伦·梅克森斯·伍德教授的历史唯物主义思想为研究对象，并以此为题撰写出博士学位论文。冯旺舟的博士学位论文数易其稿，从每个标点符号到每段话都进行了细致的修改，其中甘苦只有我们知道。时光飞逝，冯旺舟从中南财经政法大学博士毕业已经三年，邀请我为其在博士学位论文基础上修改、完善的书作序，我欣然接受。

伍德作为政治马克思主义的创始人之一，开创了政治思想的社会史领域，在西方具有广泛而重要的影响。从总体上来看，本书围绕伍德的历史唯物主义思想进行研究，文笔通顺、逻辑严密、资料详实。本书分为七个部分，分别揭示了伍德的历史唯物主义思想研究的社会背景和理论来源、伍德的历史唯物主义思想的逻辑起点和理论走向、伍德对传统革命主体的坚守和重建、以及对伍德历史唯物主义思想的总体性评价。本书较为准确地把握了伍德的历史唯物主义的思想主旨，指出了伍德的历史唯物主义思想与政治马克思主义的关系，揭示了历史唯物主义蕴含的资本逻辑批判和现代性批判向度，为学术界进一步研究伍德的思想奠定了较好的基础。

当前中国已经进入了发展马克思主义的理论新常态，国内外学术界对历史唯物主义进行了持续和深入的研究，西方马克思主义试图重建历史唯物主义，探索重建革命主体和社会主义的道路。西方马克思主义对历史唯物主义的研究肇始于卢卡奇、葛兰西、柯尔施等。卢卡奇认为历史唯物主义的最重要任务就是对资本主义进行总体性批判，揭示资本主义的本质和运行逻辑，探析革命的主体和道路；葛兰西从构建其实践哲学出发，指出历史唯物主义要发展必须深入研究文化和市民社会领域，牢牢掌握文化领导权；柯尔施从探寻马克思主义与哲学的关系入手指出，马克思主义就是哲学，其目的就是要批判资本主义制度，从而构建了全新的哲学形态。而法兰克福学派、存在主义的马克思主义、分析学马克思主义和生态学马克思主义等也对历史唯物主义进行了新的探索和发展，他们的探索主要有两个路径：一是从马克思主义的经典文本中寻找历史唯物主义的"原像"；二是用西方的经济学、社会学补充历史唯物主义，形成了"变体"。伍德对历史唯物主义的研究是第一种路径，并且取得了重要的成果，特别是正确指出了历史唯物主义基本概念之间的关系，阐明了政治领域和历史领域中历史唯物主义发展的困境和突破路径。伍德的历史唯物主义思想并不只是从一个具体方面而是从整体上推进了对历史唯物主义的研究，具有重要的理论和现实意义。

本书是国内首部完整揭示伍德的历史唯物主义思想的学术著作，具有一定的创新性。但是本书还有一些问题有待深化拓展，比如资本主义政治与经济的分离、资本主义的民主等问题。瑕不掩瑜，本书为我们更好地了解西方马克思主义提供了新的视角和资源，希望冯旺舟以此书为基础，再接再厉、勇攀学术高峰，取得更多的学术成果！

是为序。

吴 宁

2015 年 10 月 1 日于藏龙岛镜湖园

摘　要

　　艾伦·梅克森斯·伍德是西方杰出的马克思主义者，她生于美国，成长于欧洲，同英国和北美马克思主义学者有着紧密的学术联系。在社会主义遭受严重挫折、马克思主义边缘化的时代，她依然坚信马克思的伟大，认为历史唯物主义仍旧是我们批判资本主义和分析国际政治经济局势最有力的理论武器。她直面现实，用历史唯物主义的方法分析问题，同一切歪曲和反对历史唯物主义的思潮进行理论斗争，力图复兴历史唯物主义。

　　本书的基本结构和主要内容如下：

　　导论提出研究的问题，阐述选题的背景及意义，进行相关的文献综述，并提出本书的研究思路、研究方法、主要内容以及创新与不足。

　　第一章主要考察伍德的生平及学术思想、伍德历史唯物主义思想的逻辑结构，揭示伍德历史唯物主义思想形成的时代背景和理论渊源。伍德在理论和实际相统一的基础上构建历史唯物主义思想，她捍卫和发展历史唯物主义的时代是一个阶级和社会结构发生重大变化的时代，是一个资本主义已经确立了全球霸权的时代。伍德的历史唯物主义思想主要吸收了马克思、汤普森、布伦纳的相关观点，如马克思历史唯物主义的阶级分析法、汤普森的阶级形成理论、布伦纳的"社会财产"理论。

　　第二章主要探讨伍德对资本主义的批判，揭示伍德对资本主义的批判是其历史唯物主义思想的理论起点。伍德批判考察了历史上存在的各种关于资本主义起源的解释模式（商业化模式、人口学模式），揭示资本主义是一切为了资本积累和利润最大化的制度，是反人类的制度。由于资本主义的剥削本质，它最终会在自身矛盾和外在革命力量共同作用下消亡。

第三章主要分析伍德对历史唯物主义的重建。首先，伍德对西方三种具有代表性的历史观的批判；其次，伍德对"欧洲中心论"进行了批判，揭示了这种唯心史观的谬误及其危害，重申了马克思主义历史观的正确性；最后，伍德从三个维度对历史唯物主义进行了重建，深化了对马克思历史唯物主义的认识。

第四章主要揭示伍德对传统历史唯物主义思想中的革命主体的坚守。首先，伍德批判新的"真正的"社会主义阶级观，指出工人阶级的阶级意识和革命冲动并没有消失，而是处于隐藏状态；其次，伍德阐述汤普森的工人阶级形成理论，指出工人阶级并没有消亡，仍然会在阶级利益的冲突中形成并发展；最后，伍德分析当代工人阶级在结构、利益、地位方面的变化，指出工人阶级仍然处于异化的深渊，是革命的主体，揭示工人阶级实现阶级政治的路径和最终目的。

第五章主要探讨伍德历史唯物主义思想的理论趋向。伍德从分析民主、现代性、资本主义和社会主义之间关系入手，揭示民主是社会主义的内在本质和向度，现代性虽然与资本主义密切相关，但是现代性的发展同样关系着社会主义的成败。只有控制现代性的消极方面，并树立民主至上的观点，才能实现社会主义的重构，民主是社会主义的生命，是最高的善。伍德从现代性和民主双重维度对资本主义的批判和重构社会主义的乌托邦不仅成为其历史唯物主义思想的落脚点，也成为其理论发展的趋向。

第六章主要探讨伍德历史唯物主义思想的特点、理论得失及启示。伍德历史唯物主义思想的特点包括：在理论争鸣中坚持历史唯物主义的基本原理；注重对历史唯物主义精髓的领会；注重吸收新的思想观念，完善和发展历史唯物主义；具有问题意识和现实关怀。伍德历史唯物主义思想既有贡献也有局限，理论贡献表现在：一是在分析阶级的形成和工人阶级与阶级政治的实践中运用了"经历"这一概念；二是较好地阐述了历史唯物主义的基本概念及其关系；三是深化了我们对帝国主义理论的认识。理论局限表现在忽视对马克思关于资本主义起源的历史研究和对历史唯物主义普遍性适用范围的研究。伍德的历史唯物主义思想对历史唯物主义的研究和中国社会主义建设有重要的启示。

结语主要对伍德的历史唯物主义思想进行综合分析。揭示伍德历史唯物主义思想的理论特质和主题，阐发历史唯物主义在全球化时代的现实意义，展望历史唯物主义的发展方向。

本书力图在以下几个方面进行突破和创新：第一，本书将伍德早期文本和晚期文本结合起来，论述在资本逻辑驱动下资本主义发展的历史进程，凸显其历史唯物主义思想的资本逻辑批判向度；第二，本书以重建历史唯物主义的批判程序为线索，阐释伍德历史唯物主义思想的构建路径；第三，本书以资本主义全球化为背景，分析资本主义、现代性与民主三者之间的关系；第四，本书力图通过对伍德历史唯物主义思想的阐释，揭示后马克思主义和伍德历史唯物主义思想的特点，彰显其理论价值。

本书的不足主要体现在：一是对伍德历史唯物主义思想的总体把握不够全面和准确；二是受理论主题所限，理论视域较为狭窄；三是由于涉及的思想流派和人物较多，对具体问题的批判和分析不够深入。笔者希望自己今后通过不断的努力来克服它们。

关键词： 伍德　历史唯物主义　阶级政治

Abstract

Ellen Meiksins Wood is an outstanding Western Marxist. Born in the United States and growing up in Europe, she has established close academic links to the British and North American scholars of Marxism. In the era when socialism is confronted with serious setbacks and marginalization of Marxism, she is still convinced that Marx's great historical materialism is still the most powerful theoretical weapon for our critique of capitalism and the analysis of international political and economic situation. She faces the reality and analyzes the problem from the perspective of historical materialism while making theoretical struggle against all thoughts that distort or defy historical materialism, with a view to resuscitating the revival of historical materialism.

In this book the basic structure and main contents are as follows:

The dissertation mainly contains the following parts, namely research questions in introduction, background and significance of the research, literature review, research conception and methodology, main content, innovative idea and limitation.

The introduction discusses a summary of domestic and abroad, the theoretical value and practical significance of topics of Wood's historical materialism thought; Moreover, reveals the research achievements, existing problems, research trend and the future prospects.

Chapter 1 discusses Wood's life and academic thought, the logical structure of Wood's historical materialism thought, and reveals the background of the times and theoretical origin of Wood's historical materialism thought. Wood constructed the historical materialism thought based on the unity of theories and practice. Wood defended and developed the argument that the era of historical materialism is an era of significant changes in the class and social structure, an era of capitalist hegemony in the world. Wood's historical materialism thought mainly absorbed the view of Marx, Thompson and Brenner, specifically the class analysis of Marx's historical materialism, Thompson's class formation theory, and Brenner's theory of "social property".

Chapter 2 investigates Wood's critique of capitalism and reveals that Wood's critique of capitalism is the starting point of her historical materialism thought. Wood's critique examined a variety of explanatory models about the origin of capitalism (commercial model, demographic model), revealing that capitalism is a system for capital accumulation and profit maximization and is against humanity. Due to the nature of capitalist exploitation, it will eventually be demised under the conditions of fierce outbreak of their own contradictions and external revolutionary forces at work.

Chapter 3 deals with Wood's reconstruction of historical materialism. First of all, Wood criticized the three representative erroneous views of West history. Secondly, Wood criticized "Eurocentrism", revealing the fallacy and the harm of the historical idealism, reiterating the validity of Marx's view of history. Finally, Wood reconstructed historical materialism from the three dimensions, deeping the understanding of the historical materialism of Marx.

Chapter 4 mainly reveal Wood stick to the traditional revolutionary subject. First, Wood criticized the new "real" socialism while arguing that class consciousness and revolutionary impulses of the working class have not disappeared but been hidden. Again, Wood described Thompson's working class formation theory, pointed out that the working class do not dead and still can formation and development in class conflicts of interest. Finally, Wood analyzing the changes of contemporary workingclass in structure, benefits and status, revealing the working class is still in the abyss of alienation and the revolutionary subject, clarified the path and the ultimate goal for the working class to achieve the class politics.

Chapter 5 is concerned with the trend of the historical materialism of Wood. Wood started her analysis from the relationship between democracy, modernity and capitalism and socialism, revealing that democracy is the inherent and dimensions of socialism, and that although modernity and capitalism are closely related, the development of modernity is also accountable for the success or failure of socialism. Only when the negative aspects of modernity are controlled and the view of the democratic supremacy is established can socialist reconstruction be achieved. Democracy is the lifeblood and the highest good of socialism. Not only Wood's critique from the dual dimensions of capitalist modernity and democracy and reconstruction of socialist utopia as the foothold of historical materialism thought, but also become the tendency of the theory development.

Chapter 6 examines the characteristics, theoretical gains and losses and enlightenment of Wood's historical materialism thought. The feature of Wood's historical materialism thought includes: adherence to the basic principles of historical materialism amongst various competing theories; focus on the understanding of the essence of historical materialism and the absorption of new ideas for the improvement and development of historical materialism; problem consciousness and reality care. Wood's historical materialism thought has both contributions and limitations. The theoretical contributions are highlighted as such: first, she used the concept of "experience" in the analysis of class formation and political practice of the working class; second, she described the basic concepts of historical materialism and their relationship; third, her thought has deepened our understanding of the theory of imperialism. The theoretical limitations lie in the neglect of historical research on the origin of capitalism of Marx and the scope of application of historical materialism universality. Wood's historical materialism thought has important implications on the study of historical materialism and China's socialist construction.

The conclusion part of this book is make a comprehensive analysis of Wood's historical materialism thought. Revealing that character and theme of Wood's historical materialism thought, elucidating the practical significance of historical materialism in the era of globalization, and looking forward to the direction of development of historical materialism.

The dissertation intends to make breakthrough and innovation in the following aspects: First, the book combines Wood's early texts and late texts, discussing the historical process of capitalist development under the capital logical drive; highlighting the dimension of capital logic critique of its historical materialism ideological. Second, the book makes the critical process of reconstruction of historical materialism as a clue to explain the path of Wood's historical materialism thought. Third, the book makes the globalization of capitalism as the background, analyzing the relationship between capitalism, modernity and democracy. Fourth, the book tries to reveal the characteristics of post-Marxism and Wood's historical materialism thought, highlighting the theoretical value of Wood's historical materialism thought.

The insufficiencies of this book are: the first is not comprehensively and accurately understanding of Wood's historical materialism thought; the second is that theoretical horizon is relatively narrow by the theoretical themes is limited; the third is that involved in more schools of thought and figure, criticism and analysis on specific issues is not deeply enough. I would expect to make unceasing efforts to overcome them.

Key words: Wood   historical materialism   class politics

目　录

导　论 ………………………………………………………………（1）

第一节　选题的理论价值与现实意义 …………………………（2）

　　一　理论价值 ………………………………………………（3）

　　二　现实意义 ………………………………………………（4）

第二节　国内外研究综述 ………………………………………（5）

　　一　国内研究综述 …………………………………………（5）

　　二　国外研究综述 ………………………………………（11）

第三节　研究的成果、存在的问题、研究的走向和本书的

　　　　愿景 …………………………………………………（16）

　　一　研究的成果 …………………………………………（17）

　　二　存在的问题 …………………………………………（20）

　　三　研究的走向 …………………………………………（22）

　　四　本书的愿景 …………………………………………（23）

第一章　伍德及其历史唯物主义思想的背景、渊源与

　　　　结构 …………………………………………………（25）

第一节　伍德的生平和著作 …………………………………（25）

　　一　伍德的生平 …………………………………………（25）

　　二　伍德的著作 …………………………………………（28）

第二节　伍德历史唯物主义思想形成的时代背景和理论

　　　　渊源 …………………………………………………（31）

　　一　时代背景 ……………………………………………（32）

　　二　理论渊源 ……………………………………………（33）

第三节　伍德历史唯物主义思想的逻辑结构 ………………（36）

　　一　伍德历史唯物主义思想与"政治马克思主义" ………(37)
　　二　伍德历史唯物主义思想的逻辑结构 ……………………(40)

第二章　伍德历史唯物主义思想的理论起点………………(42)
　第一节　资本主义的起源………………………………………(42)
　　一　对资本主义起源的考察……………………………………(43)
　　二　对资本主义起源商业化解释的修正 ……………………(47)
　　三　资本主义的农业起源理论…………………………………(50)
　第二节　资本主义的原始文化………………………………(57)
　　一　资产阶级范式………………………………………………(58)
　　二　英国的特殊性及其衰落……………………………………(62)
　　三　资本主义原始文化的构成…………………………………(65)
　第三节　资本帝国主义及其终结……………………………(71)
　　一　资本帝国主义的本质………………………………………(71)
　　二　资本帝国主义的发展历程…………………………………(73)
　　三　资本帝国主义的矛盾及其终结……………………………(76)

第三章　伍德对历史唯物主义的重建………………………(83)
　第一节　伍德对西方三种具有代表性的历史观的批判……(83)
　　一　伍德对技术决定论历史观的批判 ………………………(83)
　　二　伍德对阿尔都塞结构决定论历史观的批判 ……………(92)
　　三　伍德对马克斯·韦伯目的论历史观的批判 ……………(99)
　第二节　伍德对欧洲中心论的批判…………………………(107)
　　一　欧洲中心论的提出 ………………………………………(107)
　　二　欧洲中心论受到的挑战 …………………………………(114)
　　三　伍德对欧洲中心论的批判与超越 ………………………(118)
　第三节　伍德对历史唯物主义的重建………………………(123)
　　一　重建历史唯物主义的缘起 ………………………………(124)
　　二　历史唯物主义基本概念的重建 …………………………(126)
　　三　历史唯物主义在历史领域中的重建 ……………………(129)
　　四　历史唯物主义在政治领域中的重建 ……………………(133)

第四章　伍德历史唯物主义思想中的革命主体 ……………（141）
　第一节　伍德对新的"真正的"社会主义阶级观的批判 ………（141）
　　一　伍德对高兹"新工人阶级"理论的批判 …………………（141）
　　二　伍德对普兰查斯"新小资产阶级"理论的批判 …………（144）
　　三　伍德对拉克劳和墨菲的"消解工人阶级"理论的
　　　　批判 ……………………………………………………………（146）
　　四　伍德对新的"真正的"社会主义批判的得失 ……………（148）
　第二节　伍德对汤普森工人阶级形成理论的解读 ……………（151）
　　一　经典马克思主义的阶级理论 ………………………………（151）
　　二　汤普森的工人阶级形成理论 ………………………………（154）
　　三　汤普森工人阶级形成理论遭到的批判 …………………（156）
　　四　伍德视角的汤普森工人阶级形成理论 …………………（158）
　第三节　伍德对传统革命主体的坚守 …………………………（163）
　　一　工人阶级的发展变化 ………………………………………（163）
　　二　工人阶级的革命主体地位 …………………………………（167）
　　三　工人阶级的政治实践 ………………………………………（169）

第五章　伍德历史唯物主义思想的理论趋向 ………………（174）
　第一节　全球化背景下的现代性与民主 ………………………（174）
　　一　现代性与民主概念探源 ……………………………………（174）
　　二　全球化与资本主义的现代性 ………………………………（176）
　　三　全球化与民主 ………………………………………………（178）
　第二节　伍德对现代性的批判 …………………………………（182）
　　一　现代性与资本主义 …………………………………………（183）
　　二　现代性与后现代性 …………………………………………（186）
　　三　现代性与启蒙运动 …………………………………………（189）
　第三节　伍德对民主的批判 ……………………………………（193）
　　一　伍德对后马克思主义民主观的批判 ……………………（193）
　　二　伍德对麦克弗森自由主义民主的解读 …………………（195）
　　三　资本主义民主的三个维度 …………………………………（207）
　　四　民主与社会主义 ……………………………………………（218）

第六章　伍德历史唯物主义思想的评价 ……………………（221）

　第一节　伍德历史唯物主义思想的特点 ………………（221）

　　一　在理论争鸣中坚持历史唯物主义的基本原理 ………（221）

　　二　注重对历史唯物主义精髓的领会 …………………（222）

　　三　注重吸收新的思想观念 ……………………………（223）

　　四　具有问题意识和现实关怀 …………………………（224）

　第二节　伍德历史唯物主义思想的贡献与局限 ………（224）

　　一　伍德历史唯物主义思想的理论贡献 ………………（225）

　　二　伍德历史唯物主义思想的理论局限 ………………（228）

　第三节　伍德历史唯物主义思想的启示 ………………（230）

　　一　对历史唯物主义研究的启示 ………………………（231）

　　二　对中国社会主义建设的启示 ………………………（233）

结　语 ………………………………………………………（239）

参考文献 ……………………………………………………（243）

索　引 ………………………………………………………（251）

后　记 ………………………………………………………（258）

Contents

Introduction ·· (1)

    Section 1   Theoretical value and practical significance of

           topics ·· (2)

        1. Theoretical value ·· (3)

        2. Practical significance ·· (4)

    Section 2   Summaries the research at home and abroad ······ (5)

        1. Summaries the research at home ························· (5)

        2. Summaries the research abroad ·························· (11)

    Section 3   Research achievements, existing problems, research

           trend and the future prospects ······················· (16)

        1. Research achievements ······································ (17)

        2. Existing problems ·· (20)

        3. Research trend ·· (22)

        4. The future prospects ··· (23)

Chapter 1   Wood and the background, origin and structure of the

        historical materialism thought ························· (25)

    Section 1 Wood's life and works ······························· (25)

        1. Wood's life ·· (25)

        2. Wood's works ·· (28)

    Section 2   The background and theoretical origin of Wood's

           historical materialism thought ························ (31)

        1. The background of the times ······························ (32)

        2. The theoretical origin ··· (33)

Section 3　The logical of Wood's historical materialism
thought ……………………………………………………（36）
1．Wood's historical materialism thought and Political
Marxism …………………………………………………（37）
2．The logical structure of Wood's historical materialism
thought …………………………………………………（40）

Chapter 2　**The theoretical starting point of Wood's historical
materialism thought** …………………………………（42）
Section 1　The origins of capitalism …………………………（42）
1. Study on the origin of capitalism ……………………（43）
2．Correction the propositions of commerce of origin of
capitalism ………………………………………………（47）
3. The theory of agriculture origin of capitalism ………（50）
Section 2　The pristine culture of capitalism …………………（57）
1. The bourgeois paradigm ………………………………（58）
2. The particularity and decline of Britain ……………（62）
3. Components of the pristine culture of capitalism ……（65）
Section 3　Capital imperialism and its end …………………（71）
1. The essence of capital imperialism …………………（71）
2. The development process of capital imperialism ……（73）
3. The contradiction and its end of capital imperialism …（76）

Chapter 3　**The reconstruction of historical materialism** …（83）
Section 1　Wood criticism three western view of history of
representative …………………………………………（83）
1. The critique of technological determinism by Wood …（83）
2. The critique of Althusser's history theory of structural
determinism by Wood …………………………………（92）
3. The critique of Max Weber's theory of historical teleology
by Wood …………………………………………………（99）
Section 2　The critique of Wood on the Eurocentrism ………（107）

1. Eurocentrism ·· (107)

2. Challenge Eurocentrism ························· (114)

3. Crificized and beyond Eurocentrism ··············· (118)

Section 3　The reconstruction of historical materialism by

　　　　　 Wood ·· (123)

1. The reasons of the reconstruction of historical materialism

·· (124)

2. The reconstruction of the basic concept of historical

materialism ································· (126)

3. The reconstruction of historical materialism in the field

of history ································· (129)

4. The reconstruction of historical materialism in the field

of political ································ (133)

Chapter 4　The revolution body in Wood's historical materialism

**　　　　　 thought** ·································· (141)

Section 1　The critique of Class view of the "real" socialist

　　　　　 by Wood ································· (141)

1. Wood criticize the theory of Gorz's "new worker class"

·· (141)

2. Wood criticize the theory of Pullan Chase's "new petty

bourgeoisie" ································· (144)

3. Wood criticize the theory of Laclau and Murphy's

"digestion working class" ···················· (146)

4. The gain and loss of wood criticize class view of the

"real" socialist ····························· (148)

Section 2　Wood's interpretation of Thompson's working class

　　　　　 formation Theory ······················· (151)

1. The class theory of classic marxist ··············· (151)

2. Thompson's working class formation theory ········· (154)

3. The critique of Thompson's working class formation

theory ···································· (156)

4. Thompson's working class formation theory from the
perspective of Wood ·· (158)
Section 3　Wood stick to the traditional revolutionary
bodystick ·· (163)
1. The development and change of the working class ············ (163)
2. The revolutionary subject status of working class ············· (167)
3. The practice of class political of class workers ················· (169)

Chapter 5　The trend of Wood's historical materialism thought ··· (174)
Section 1　Modernity and democracy under the background
of Globalization ·· (174)
1. The origin of modernity and democracy ······················ (174)
2. Globalization and Modernity ································· (176)
3. Globalization and Democracy ································ (178)
Section 2　The criticism of Wood on modernity ················· (182)
1. Modernity and Capitalism ·································· (183)
2. Modernity and Post modernity ······························ (186)
3. Modernity and Enlightenment ······························ (189)
Section 3　The criticism of Wood on democracy ············· (193)
1. The critique of democracy view of Post - Marxism by
Wood ·· (193)
2. The critique of Mcpherson's liberal democratic by
Wood ·· (195)
3. Three dimensions of the capitalist democracy ··············· (207)
4. Democracy and Socialism ································· (218)

Chapter 6　The evaluation of Wood's historical materialism
thought ·· (221)
Section 1　The characteristics of Wood's historical materialism
thought ··· (221)
1. Adhering to basic principles of historical materialism in
theoretical debate ··· (221)

2. Pay attention to grasp the essence of historical
   materialism ··· (222)

3. Pay attention to absorb new ideas ························· (223)

4. Have the awareness of the problem and the sense of
   reality ·· (224)

Section 2　The contribution and limitation of Wood's historical
   materialism thought ································· (224)

1. The contribution of Wood's historical materialism
   thought ·· (225)

2. The limitation of Wood's historical materialism thought ······ (228)

Section 3　The enlightenment of Wood's historical materialism
   thought ··· (230)

1. The enlightenment of the study of historical materialism ······ (231)

2. The enlightenment of Chinese socialist construction ············ (233)

Conclusion　··· (239)

Main references　··· (243)

Index　··· (251)

Postscript　·· (258)

导　论

　　历史唯物主义是马克思的两个伟大发现之一，是马克思主义哲学的标志性成果和灵魂。其核心观点是"物质生活的生产方式制约着整个社会生活、政治生活和精神生活的过程"①。但马克思并没有将自己的马克思主义哲学定义为历史唯物主义，他更多的称之为"新唯物主义"或"现代唯物主义"，将费尔巴哈及其之前的都称之为"旧唯物主义"，新唯物主义和旧唯物主义的区别是：它既是历史的唯物主义又是辩证的唯物主义。后来的马克思主义者和非马克思主义者对马克思主义哲学都有不同角度的解读。

　　20世纪末，随着苏东剧变、两极格局消失，西方资产阶级右翼学者鼓吹"历史的终结"，认为马克思主义已经过时，社会主义已经被扫进历史的垃圾堆，资本主义才是人类最美好的制度。在这个大背景下，大批左派学者也认为历史唯物主义无法适应急剧变化的社会现实，也无法对重大的社会问题进行解释。因此，如何解释和回答现实的各种问题，如何重建历史唯物主义的批判精神，如何在当今飞速发展的信息时代发展历史唯物主义，这些问题都是摆在当今所有马克思主义者面前的重大理论问题。艾伦·梅克森斯·伍德（Ellen Meiksins Wood，又译为埃伦·梅克森斯·伍德，以下简称伍德）并没有退缩，仍然相信历史唯物主义，认为历史唯物主义不但是了解我们所生活的社会的最好基础，而且是我们探求一个更好社会的最佳指南。

　　伍德认为历史唯物主义仍然是批判资本主义的最佳理论武器，历史唯物主义研究资本主义体系的统一性和历史真实性，研究资本主义被取代的可能性，而不是研究资本主义的必然性和把资本主义当成历史的终结。历史唯物主义植根于政治经济学批判，强调阶级分析法，认为必须在坚持资

---

　　① 《马克思恩格斯选集》第2卷，人民出版社1995年版，第32页。

本主义的历史性和特殊性的前提下才能科学地认识资本主义的本质,"它的目的是界定从社会关系体系与政治领域来考察的资本主义的特殊性,并重新思考历史唯物主义的一般理论基础"①。

伍德坚持理论联系实际的原则,通过对资本主义的起源和原始文化理论、民主理论、阶级理论、国家理论、现代性理论的考察,从新的角度推进了历史唯物主义。她揭示了资本主义的农业起源,认为没有英格兰的资本主义,就不会有任何形式的资本主义体系,世界其他国家向资本主义的过渡是和英格兰的竞争所致。她认为资本主义的原始文化蕴含在封建制的母体中,一旦发展成资本主义,就彻底改变了其本来的意义,成为资本主义维持其统治的意识形态。她反驳了后马克思主义者对马克思主义进行反本质主义和阶级还原主义的理解,批判了放弃阶级政治的主张,认为资本主义越发展,矛盾就越多,阶级政治的实现条件就越充分。她还认为国家不能从阶级统治的工具出发来理解,否则就成为一个同义反复,应该从国家的消亡与社会主义乃至共产主义实现的角度来理解,不应该强化国家的统治职能,而应该强调其服务职能。资本主义的民主是形式民主,充当了帝国主义谋求霸权的工具。虽然在资本主义条件下政治民主有所发展,但更为根本的经济不是民主的,而是充满压迫与强制的。只有在社会主义社会才能实现真正全面的民主。现代性与资本主义并不具有同一性,应该超越资本主义的现代性。

第一节　选题的理论价值与现实意义

伍德继承了历史唯物主义的基本原理,并在新的形势下发展了历史唯物主义。伍德充分掌握了马克思的阶级分析法和经济分析法,立足于当代资本主义社会的现实,对资本主义进行了激烈的批判,重构了马克思的历史唯物主义,在批判后马克思主义的基础上重新确立了工人阶级的历史变革主体地位,考察了资本主义的起源,对资本主义的最新发展形态——资本帝国主义进行了颇具特色的分析,对我们更加深入认识当今资本主义的本质和特点提供了有益的理论视角。她也分析了国家与民主等问题,在新

---

① [加拿大] 艾伦·伍德:《民主反对资本主义——重建历史唯物主义》,吕薇洲等译,重庆出版社 2007 年版,第 11 页。

的形势下重新肯定了资本主义必然灭亡、社会主义必然胜利的真理，对未来的社会主义作出了有益的探索。

一　理论价值

对伍德的历史唯物主义思想进行研究具有重要的理论意义。其一，可以深入理解马克思的历史唯物主义。伍德是西方左派马克思主义学者，她坚定捍卫马克思的基本理论并从新的方式重新界定了历史唯物主义的基本概念及其理论，力图重建历史唯物主义的批判精神。通过伍德对马克思历史唯物主义的重构，我们可以在新的历史条件下重新认识马克思的政治经济学批判路径，深入理解马克思的历史唯物主义。其二，可以加强对西方马克思主义的理解。西方马克思主义自从卢卡奇、葛兰西和柯尔施起，实质上已经走上了一条不同于苏联模式的马克思主义道路，他们关注的焦点是西方市民社会，对资本主义的批判侧重于文化和意识形态批判。伍德通过对西方马克思主义相关人物和流派的研究，指出西方马克思主义内部实际上存在着单线的技术决定论的历史观和马克思的唯物史观两种历史观，强调考察每个社会的特殊运动规律和占统治地位的社会所有制关系。伍德揭示了西方马克思主义人本主义学派只强调人的主体性实践而忽视外部自然界的优先地位的问题，指出以阿尔都塞为代表的结构主义的马克思主义必然成为西方马克思主义走向后马克思主义的主要理论通道。其三，可以加强对后马克思主义的理解。伍德生长于西方发达国家，必然会受到西方各种思潮的影响，在其历史唯物主义思想的建构中，对这些思潮进行激烈而有力的批判。后马克思主义否定马克思主义的基本原则，致力于解构马克思主义，必然会严重歪曲并最终否定马克思主义。伍德通过对后马克思主义的批判，指出其本质上就是一种"新修正主义"，揭示了后马克思主义思潮的特征和危害。其四，可以加强对现代性的理解。伍德历史唯物主义思想的主旨是对发达资本主义社会的批判，也是对现代性的批判。她考察资本主义的起源，揭示资本主义发展的历程，从民主政治维度否定资本主义制度，从现代性维度论述了后现代性和后现代性主义等现代性的衍生概念。伍德立足于历史唯物主义基础上批判现代性。通过伍德的批判，我们可以进一步理解现代性的产生、发展、本质及特点，更准确地理解马克思的现代性批判，更深入地考察中国的现代性问题。

二 现实意义

资本主义从诞生到现在已经 500 余年，社会主义同资本主义共存也有将近一个世纪的时间。当今世界是资本主义占主导地位的世界，是资本主义居于统治地位的时代。对伍德历史唯物主义思想的研究无疑具有重要的现实意义，这表现在如下几个方面：其一，有利于我们加深对资本主义、社会主义及其两者之间关系的认识。社会主义脱胎于资本主义世界的薄弱环节，并在资本主义世界体系中生存发展。社会主义要实现同资本主义的比较优势就必须首先弄清楚自身的本质和发展目的。社会主义是比资本主义更高级的社会制度。社会主义自身也还存在诸多的劣势和问题。要发展马克思主义和社会主义就必须要吸收世界包括西方发达国家的一切优秀的文明成果，处理好与资本主义国家的关系，明确资本主义是人类发展过程中的一个必经阶段，自觉抵制资本主义腐朽没落的东西。伍德对于资本帝国主义本质的揭示，对资本主义与社会主义关系的分析，对后工业时代工人劳动、阶级与国家关系的阐释等有助于我们对资本主义的本质和命运、社会主义的特征和重建有新的认识。其二，对中国政治文明建设的理论启示。伍德的历史唯物主义思想立足于西方发达资本主义社会的实际，分析了资本主义的起源、本质、资本主义和社会主义民主以及公民社会的运作，建构了社会主义的乌托邦，展示了资本主义国家先进的技术和管理方法以及相对完备的政治经济体系与社会统治方式。这些思想对建构符合中国国情的政治文明有重要意义。其三，对中国和谐社会建设的启示。随着全球化和新技术革命的发展，和平与发展成为时代的主题，社会及阶级结构都发生了重大的变化，无论是社会主义国家还是资本主义国家，都面临着经济发展与社会矛盾的问题，而解决这些问题的关键就是要明确政府依赖的对象。只有代表最广大人民利益的政党和政府才能永葆青春，不被历史淘汰。建设中国和谐社会关键就是要维护好、实现好、发展好最广大人民的利益，切实解决人民群众的生活问题，合理解决由于快速现代化带来的利益多元化和矛盾多样性的问题。在坚持科学发展观的前提下，树立立党为公、执政为民的理念。伍德对社会变革主体的揭示，对西方民主思想和政治体制的分析，对西方资本主义国家控制社会手段的考察，对中国的和谐社会建设有重要的现实意义。

第二节　国内外研究综述

国内外学术界对伍德思想的研究包括诸多方面，对伍德思想研究现状的考察为我们更好地理解伍德的历史唯物主义思想打下良好的理论基础。

一　国内研究综述

国内学术界主要从以下七个方面对伍德的历史唯物主义思想进行了阐述。

1. 对伍德重构历史唯物主义路径的研究

唐正东指出，伍德从对历史唯物主义的重构出发，坚持马克思主义的历史本质论，关注如何在马克思主义的"历史本质"和"历史具体"之间建立"中间环节"。① 在伍德看来，处于本质层面的生产关系结构只能对应于阶级的构成，但这并不等于阶级的形成，后者是由多重社会因素的共同作用形成的。伍德认为必须在处于"抽象"层面的生产关系结构与"具体"层面的阶级的形成之间引入"经历"这一中介范畴才能对阶级的形成问题形成正确的认识。他认为伍德的这种以"经历"为核心的"中间环节"理论从学理逻辑上来说要优于西方左派大部分学者的分析，但同时伍德在抛弃资产阶级意识形态的历史目的论的同时将历史发生学意义的历史本质规律抛弃掉了，走向了缺失本质基础的历史过程论。关锋指出，伍德批判了新的"真正的"社会主义对唯物史观的错误认识：其一，认为唯物史观已经过时，已经不能解释当代资本主义和社会主义的现实。其二，认为唯物史观是根本错误的，从经济层面不能衍生出阶级利益和阶级斗争，政治并不从属于经济，物质条件和政治力量不存在必然的联系。伍德认为这是对唯物史观的歪曲，工人阶级的革命主体地位实质是历史唯物主义原则的自然延伸。② 唐玲指出，其一，伍德从经济基础和上层建筑的角度来重构历史唯物主义，放弃马克思的经济基础与上层建筑的历史辩证法的方

---

① 唐正东：《在科学抽象与具体历史之间：方法论的视角》，《东岳论丛》2008 年第 3 期。
② 关锋：《阶级的退场、历史的误认与民主的误解》，《中国特色社会主义研究》2009 年第 6 期。

法，而用"社会存在"来代替，没有抓举马克思"由抽象上升到具体"的科学方法，丧失了马克思的历史现象学批判的内在张力，她只看到看似具体且包罗万象的"社会存在"；其二，伍德从"生产方式"维度来探讨关系和过程，将经济基础的抽象建立在历史的分析和社会的分析之上了，无法对历史唯物主义进行现代性的布展。① 朱华彬指出，伍德重新考察了历史唯物主义的基本概念及关系，认为历史唯物主义的核心是坚持资本主义的历史性和特殊性而不是历史的普遍性。他认为伍德的观点不符合马克思的观点，马克思的历史唯物主义是具有普遍性的，仍然是分析前资本主义社会和当代资本主义社会的一把金钥匙。②

2. 对伍德阶级观的研究

尚庆飞从阶级划分的标准、阶级与国家、阶级与民主、阶级与政治、无产阶级的历史使命五个角度进行了初步而有益的探讨。他指出，伍德坚持马克思的阶级斗争是历史发展动力的观点，坚持认为生产关系在阶级划分中起着决定性作用，只有无产阶级才能完成阶级消亡的历史使命。伍德认为需要重新定义"国家"这一概念，要将国家的定义由"阶级统治"置换为"任何一种形式的公共权力"，而对未来国家的争论不应该被还原为一个文本解读的问题。伍德认为民主具有阶级性，民主不是凭空产生的，美国的民主具有虚假性等。伍德批判了新的"真正"社会主义者的反阶级利益观，他们认为阶级与政治不具有相关性。伍德认为我们应该寻找把政治和阶级连接起来的中介环节，资本的剥削性质是客观存在的，没有人会认为被剥削会比不被剥削好。③ 关锋指出，伍德正确分析了在后现代话语语境中，阶级在政治话语中的退场，阶级政治成为新修正主义强烈加以反对的内容，伍德用"阶级的退场"来概括新的"真正的"社会主义的本质。④ 张亮指出："伍德是汤普森的支持者，伍德认为汤普森在工人阶级形成问题上反对结构主义实质是基于现实无产阶级政治实践的考量，因为如果阶级的形成也是一个无主体的过程，

① 唐玲：《历史唯物主义中的经济基础——上层建筑隐喻及其理论效应》，《常熟理工学院学报》（哲学社会科学版）2008年第11期。
② 朱华彬：《对历史唯物主义普遍性的再思考——兼评艾伦·伍德〈民主反对资本主义——重建历史唯物主义〉》，《理论界》2010年第11期。
③ 尚庆飞：《艾伦·伍德的阶级观：阐释与评价》，《南京社会科学》2008年第6期。
④ 关锋：《阶级的退场、历史的误认与民主的误解》，《中国特色社会主义研究》2009年第6期。

那么，……工人阶级将不再是能动的历史创造者……从而沦为精英政治可有可无的附属品。"①

3. 对伍德国家观的研究

尚庆飞认为伍德对国家问题进行了深入的思考。伍德指出，首先马克思和恩格斯在这个问题上没有作出详细全面的探讨，给后来的研究者带来了混乱。其次不能将国家定义成阶级统治的工具，否则就成了同义反复，应该将国家定义成任何一种形式的公共权力，文明的国家既是公共权力又是阶级统治。最后未来的国家不应该被当成一个文本解读的问题，这方面马克思作了过于乐观的估计。资本主义是对"物"的管理，而社会主义则应该对运用公共权力的人进行有效的管理，以防止其变质。② 任志俊指出："传统的马克思主义将国家定义成阶级矛盾不可调和的产物。广义的国家并不是从阶级划分出来的，而是先有阶级才产生了狭义上的国家，而伍德认为资本主义国家实质上并不具有阶级中立性，无产阶级社会仍然需要某种代议形式，也存在某种公共权力。因此必须防止剥削和统治的出现，使国家屈服于社会，并进行必要的监督等。"③

4. 对伍德民主观的研究

关锋指出，伍德正确地分析了新的"真正"社会主义的本质，指出了新的"真正"社会主义对民主的误解。这主要表现在四个方面：其一是对于民主的抽象性和鼓励性的误解，对民主阶级性的消解；其二是误认为民主不是推翻资本主义民主，而仅仅是资本主义民主的完成；其三是坚持在资本主义制度框架内通过选举等和平运动使自由民主过渡到社会主义全民民主，否定变革生产关系和实行阶级斗争和社会革命的重要性；其四是将自由民主看成民主的全部，忽视资产阶级民主与社会主义民主的本质区别，使其成为资产阶级意识形态的帮凶。④ 尚庆飞从伍德批判后马克思主义的激进民主理论出发，认可伍德对民主内涵的重新界定及民主与阶级斗争和社会革命的紧密联系。首先，伍德对民主作了历史发生学的解释，认为民主从其产生之日起就和社会关系联系在一起，具有阶级意味。其次，伍德指出美国今天高度发达的

---

① 张亮：《阶级、文化与民族传统——爱德华·P. 汤普森的历史唯物主义思想研究》，江苏人民出版社 2008 年版，第 56 页。

② 尚庆飞：《艾伦·伍德的阶级观：阐释与评价》，《南京社会科学》2008 年第 6 期。

③ 任志俊：《加拿大当代马克思主义理论研究及其启示》，西南大学 2010 年硕士学位论文。

④ 关锋：《阶级的退场、历史的误认与民主的误解》，《中国特色社会主义研究》2009 年第 6 期。

民主其实是无意间发展起来的。最后，伍德指出民主的思想也不是凭空产生的，同阶级斗争与物质利益都有关系。[1] 付文忠指出，伍德正确批判了以拉克劳和墨菲为代表的后马克思主义的民主观。后马克思主义认为"社会主义是民主的一个组成部分"，"民主"的概念是多义的，并没有确定的阶级内涵，不存在资本主义民主和社会主义民主的区别，社会主义民主只是资本主义民主的简单扩展，民主话语的意义是在霸权斗争中建构的，民主斗争是社会主义的新策略。拉克劳和墨菲把社会主义看成是民主革命的一个部分，其目的在于取消马克思主义所承担的历史任务。[2]

5. 对伍德资本主义观的研究

首先，对资本主义历史的误认。关锋指出，新的"真正的"社会主义之所以反对工人阶级及其阶级斗争的重要性，一方面是由于他们对人类总体历史的误认，他们在反对经济决定主义的名义下否定人类历史发展的物质基础，将生产方式决定论简单地理解为狭义的和纯粹的经济决定论，忽视了历史发展的社会关系维度；另一方面是由于他们对资本主义历史的误认，他们认为资本主义的政治、经济特别是工人阶级的结构发生了重大变化，工人阶级已经无法承担历史变革主体的重任，其实资本主义的本质并没有变化，仍然以资本的积累和利润最大化为特征，资本主义的固有矛盾并没有改变，工人阶级仍然是资本主义社会最大的阶级，最具有革命的潜能和动力。[3] 其次，对资本帝国主义的分析。陈学明指出，伍德认为美帝国主义是当今典型的资本帝国主义，通过操控资本主义的经济机制来控制世界，资本帝国主义的发展动力仍然是对资本的不懈追求，并越来越依靠国家的力量来实现这个目标。资本帝国主义是在不断扩展其经济势力中形成的，这种扩展借助于超经济力量来维持。资本帝国主义的目标就是实现资本的国际化，确立自己的全球化优势，当今已经进入"全球化"时代，而全球化的实质就是资本帝国主义妄图实现自身的全球化霸权。在全球化过程中，资本帝国主义的矛盾不仅没有消除反而愈演愈烈。[4] 陈人江指出，

---

① 尚庆飞：《艾伦·伍德的阶级观：阐释与评价》，《南京社会科学》2008 年第 6 期。

② 参见付文忠《新社会运动与国外马克思主义研究》，山东大学出版社 2009 年版，第 155—166 页。

③ 关锋：《阶级的退场、历史的误认与民主的误解》，《中国特色社会主义研究》2009 年第 6 期。

④ 陈学明、朱南松：《为什么有些人总看不到当今资本主义的矛盾与危机》，《社会科学战线》2007 年第 6 期；陈学明：《西方人士眼中的当代资本主义制度》（下），《思想理论教育导刊》2007 年第 10 期。

伍德分析了以美国为代表的新帝国主义的特征及发展方向。伍德认为美帝国主义不可能回到旧的殖民帝国主义，它通过市场或资本的力量而不是军事暴政来进行统治。资本主义存在着超越政治地理边界与依赖政治军事力量的矛盾，因此，伍德强调民族国家对资本帝国主义及其全球化过程中的重要性。① 钱厚诚认为，伍德旗帜鲜明地指认美国是迄今为止唯一的资本主义帝国，它与传统帝国不同，属于新的帝国。传统帝国的统治模式是殖民主义，超经济手段（军事征服、政治统治）成为帝国统治的主导力量。新的帝国的统治模式是资本主义，纯经济手段（资本原则、市场机制）剥离于超经济手段，成为美帝国主义统治的主导力量。伍德还认为，由于资本的特性，美国在全球化背景下比以往更加需要民族国家，因此在经济和军事两个方面都加强了对民族国家的控制，形成了一个等级制的全球国家体系。伍德还认为美国目前出现的"无限战争"战略是为维护美国的霸权服务的。② 邹诗鹏在《国外马克思主义研究报告（2007）》中指出，2006 年国外对新自由主义及新帝国主义分析批判偏重于政治—文化—意识形态的维度。他特别提到在英国《历史唯物主义》杂志的 2006 年第 4 期上专题讨论了大卫·哈维的《新帝国主义》，并将其同伍德的《资本的帝国》作了比较，区分了哈维的帝国概念与迈克尔·哈特（Michael Hardt）、安东尼奥·奈格里（Antonio Negri）的"帝国"概念。伍德等人指出，由于资本主义的全球化已带来国家功能的强化，权力的领土逻辑已成为新帝国主义的支撑，并实际上左右了权力的资本主义逻辑，进而加剧国家冲突。③ 邹诗鹏在《国外马克思主义研究报告（2008）》中指出，当前对资本主义的批判必然与对帝国主义的批判联系起来，由此形成两种批判模式："新帝国主义"式的批判模式和"帝国"式的分析模式。前一种模式以哈维和伍德为代表。哈维主张一种全球性的资本主义，主张领土逻辑与权力逻辑并重，并强调马克思在《政治经济学批判大纲》中所阐发的全球市场体系及其殖民危机问题。伍德则强调宗主国对帝国主义体系的基础性与主体性，强调资本

---

① 陈人江：《新帝国主义的特征及可能的反抗方向》，《国外理论动态》2007 年第 3 期。

② 钱厚诚：《资本主义帝国——埃伦·M. 伍德对美国的解读》，《中国矿业大学学报》（社会科学版）2007 年第 4 期。

③ 参见复旦大学哲学学院编《国外马克思主义研究报告（2007）》，人民出版社 2007 年版，第 8 页。

逻辑,强调马克思的经典政治经济学批判。[①] 邹诗鹏在《国外马克思主义研究报告(2009)》中指出,西方左翼理论家有关空间问题的讨论非常活跃,他们对哈维的新帝国主义论展开了持续的争论,虽然哈维基于空间及其领土逻辑的不平衡发展理论受到很大的支持,但是也受到以伍德为代表的主张资本逻辑先于领土逻辑的更传统的左翼理论家的激烈批判。[②] 最后,对于资本主义起源的认识。冯雷指出,伍德在《资本主义的起源》一书中对资本主义进行了考古性质的研究,并对现实资本主义作出了批判。在该书中伍德讨论了历史上存在的几种资本主义起源的解释模式,特别对"商业化"解释模式进行了有力的批判性阐释。伍德继承了罗伯特·布伦纳(Robert Brenner)的"农业资本主义"学说,并提出了自己的看法。[③] 汪行福在《学术月刊》发表多篇文章分析了英国马克思主义的研究,比较了哈维和伍德在新帝国主义理论上的差别,对相关的争论也作出了分析。[④]

6. 对伍德批判后马克思主义的研究

周凡在分析后马克思主义的概念时指出,伍德指出了后马克思主义的代表人物及其理论特征,揭示了后马克思主义对马克思主义的解构,这种解构已经超出了"修正主义"的意义。[⑤] 付文忠指出,伍德在《新社会主义》一书中指出拉克劳和墨菲为代表的后马克思主义思潮将政治去经济化和去阶级化,主张社会主义与阶级和阶级斗争无关,工人阶级与社会主义没有必然联系,马克思是"技术决定论"者。他们还认为当今社会主义运动发生了根本变化,已经从工人阶级为主体的社会主义斗争转变为以多元主体为主的激进民主斗争,民主斗争取代了阶级斗争。推动社会前进的动力不是物质利益和阶级斗争,而是民主的冲动与多元化的民主斗争。这些观点都表现出后马克思主义对马克思主义的误读和其理论的谬误。[⑥]

---

① 参见复旦大学哲学学院编《国外马克思主义研究报告(2008)》,人民出版社 2008 年版,第 9—10 页。

② 参见复旦大学哲学学院编《国外马克思主义研究报告(2009)》,人民出版社 2009 年版,第 21 页。

③ 冯雷:《评艾伦·伍德的〈资本主义的起源〉》,《当代世界与社会主义》2005 年第 4 期。

④ 汪行福:《英国马克思主义研究的新趋势》,《学术月刊》2007 年第 11 期;汪行福:《英国马克思主义研究的新探索》,《学术月刊》2008 年第 9 期。

⑤ 周凡:《回答一个问题:何谓后马克思主义》,《江苏社会科学》2005 年第 1 期。

⑥ 参见付文忠《新社会运动与国外马克思主义研究》,山东大学出版社 2009 年版,第 155—166 页。

7. 对伍德思想的理论性质研究

鲁克俭和郑吉伟指出，罗伯特·布伦纳（Robert Brenner）是分析马克思主义学派"9月小组"的重要成员，他和伍德被英语世界的学者看作是"政治马克思主义"的两位旗手。伍德将"政治马克思主义"这一术语当成布伦纳和自己学术思想和政治主张的标识。所谓的"政治马克思主义"其实是历史唯物主义在政治哲学领域的运用而已。① 汪行福指出，伍德和布伦纳是"政治马克思主义"的两个创始人，"政治马克思主义"把历史作为理论分析的核心，强调社会主体和阶级冲突在解释历史中的作用，反对非历史的传统马克思主义分析模式，认为历史唯物主义不能理解为社会历史的一般规律，应该理解为对资本主义社会的批判。②

二　国外研究综述

国外对伍德思想的研究主要集中在四个论题：对资本主义起源与文化的研究、对资本主义与民主关系的研究、对资本帝国主义的研究、对西方政治思想史的研究。

第一，对资本主义的起源与文化的研究。美国新不伦瑞克大学副教授达斯彻尼（Rieardo Duehesne）依据最近几十年来的历史研究反驳了伍德的观点，认为自由农自身在圈地运动、原始积累、推动资本主义兴起方面起了关键的作用，伍德关于一国产生资本主义的结论是站不住脚的。他还认为伍德在《资本主义的起源》一书中充分暴露了其欧洲中心主义的思想，认为伍德简单地将英国和其他地区之间的区别当成了封建制向资本主义转变的原因，认为英国具有天生的优越性，伍德盲目地继承布伦纳的资本主义的农业起源观点，忽视对相关文献的考察，是片面和非历史性的。③ 诺埃尔·都尔曼·马维尔（Noel Dorman Mawer）也指出，伍德认为资本主义之所以特殊，是因为市场成为一种强制，决定了社会生活的各个方面，资本主义的转变也是市场强制主导的结果。启蒙不仅同资本主义密切相关，

---

① 鲁克俭、郑吉伟：《布伦纳的历史唯物主义思想评析》，《当代世界与社会主义》2006 年第 2 期。

② 参见复旦大学哲学学院编《国外马克思主义研究报告（2012）》，人民出版社 2012 年版，第 16 页。

③ 马千里编写：《评艾伦·伍德〈资本主义的起源〉》，《国外理论动态》2004 年第 4 期。

而且反映着非资本主义的意识形态。资本主义并不是一个不可避免的结果，而只是在一个特殊条件下产生的区域化现象。① 丹尼斯·索隆（Dennis Soron）指出，伍德坚持历史原则，挑战了传统的关于资本主义起源的观点，批判继承了马克斯·韦伯（Max Weber）、卡尔·波兰尼（Karl Polanyi）等人的思想，参加了关于资本主义起源的争论。伍德认为资本主义的产生以与早期社会模式断裂和引进新的强制手段为条件，揭示了英格兰农业资本主义产生的社会所有制关系，认为由于资本主义的社会关系无法控制私人资本，从根本上阻碍了民主政治的进程。伍德也认为资本主义的产生不是自然的和不可避免的。② 埃德沃德·特瑞德（Edward Tverdek）在分析伍德关于封建制向资本主义过渡的问题时指出，伍德在《资本主义的起源》中集中论述了其农业资本主义起源的理论，并提出资本主义的生产模式不是内在于城市化或工业化的经济模式，只有在资本主义的经济关系中，生产和交易才能更加广泛。资本主义经济的衰落与商业化的解释模式有着紧密的关系。③ 马丁·维妮（Martin Wiener）指出，伍德对总体的资本主义和封建主义的概念、对剥削和物质基础、文化上层建筑等作出了有益的探索，重新思考了传统的英格兰文化。④

第二，对资本主义与民主关系的研究。丹尼斯·索隆（Dennis Soron）指出，伍德认为资本主义在英格兰农业资本主义的产生是由于资本主义的社会财产关系，而资本主义的社会财产关系从根本上阻碍了民主政治进程。⑤ 哈泽尔·沃特尔斯（Hazel Waters）认为伍德揭示了民主在古代和现代之间的差异，雅典民主制是对当前资本主义民主一定程度的回应。在前资本主义社会，国家主要是直接对剩余价值进行剥夺，而且所谓的民主只是一种形式民主。他认为伍德揭示了前资本主义时期超经济强制的影响，

---

① Noel Dorman Mawer, Book Reviews: Ellen Meiksins Wood, The Origin of Capitalism. Labor Studies Journal, Vol. 26, No. 2 (2001), p. 76.

② Dennis Soron, Book Review: Ellen Meiksins Wood, The Origin of Capitalism. Critical Sociology, Vol. 26, No. 1 - 2 (2000), pp. 171 - 175.

③ Edward Tverdek, Ellen Meiksins Wood on the Transition to Capitalism. Science and Society, Vol. 66, No. 3 (2002), p. 401.

④ Martin Wiener, Book Review: Ellen Meiksins Wood, The Pristine Culture of Capitalism. The American Historical Review, Vol. 98, No. 1 (February 1993), p. 157.

⑤ Dennis Soron, Book Review: Ellen Meiksins Wood, The Origin of Capitalism. Critical Sociology, Vol. 26, No. 1 - 2 (2000), pp. 171 - 175.

对自由主义和民主的区分具有建设性。①《每月评论》和《新社会主义》杂志曾经对伍德作了一个访谈，访谈的焦点是关于——资本主义与民主：是敌是友？伍德指出资本主义并不能实现真正的民主，资本主义已经创造了新的阶级权力，这种阶级权力不依赖于任何直接的政治、军事和法律强制力，经济强制就足够了。当我们促使民主扩展到现在还没有到达的领域之时，资本主义就会终结；因为资本主义体系阻碍民主的实现，同民主是不相容的。在现代世界，民主已经同社会主义同一化，只有社会主义才能实现真正的民主，才能实现人性的复归和完善。伍德坚持运用马克思的历史唯物主义来分析资本主义社会，她对社会主义深信不疑。②

第三，对资本帝国主义的研究。国外学者集中对伍德《资本的帝国》一书的考察，在 2007 年国际《历史唯物主义》杂志第 3 期推出了一个讨论该书的专题。大卫·哈维指出，他不同意伍德所坚持的国家的持续存在的重要性以及国家为全球资本的积累提供必不可少条件的观点。他认为伍德对资本帝国主义的界定存在模糊性，战争、军事强制等永远都是帝国主义实践的核心，这正是伍德自认为揭示帝国主义新特点的地方，而伍德对战争与帝国主义资本及二者之间的关系解释得不清楚。③ 威廉·罗宾逊（W. I. Robinson）在《对艾伦·伍德〈资本的帝国〉的批判》一文中认为世界资本主义跨国垄断不能被理解为民族国家的另一种表现形式，伍德的《资本的帝国》一书只是过时的民族国家中心论的复辟，现阶段应该关注世界资本主义的全球化趋势，特别是跨国资本、全球化资本积累以及跨国组织。④ 鲍尔·布莱克利奇（Paul Blackledge）在《关于艾伦·伍德〈资本的帝国〉的讨论会》一文中，介绍了伍德《资本的帝国》研讨会的情况。首先，比尔·罗宾逊（Bill Robinson）赞成伍德关于资本主义的狭义理解，但同时认为伍德对全球资本主义的进程认识还不充分，把日益增长的 500 家顶级跨国财团都算在美国名

---

① Hazel Waters, Book reviews：Ellen Meiksins Wood, Peasant – Citizen and Slave：The Foundations of Athenian Democracy. Race and Class, Vol. 31, No. 2 (1989), pp. 97 – 99.

② Christopher Phelps, An interview with Ellen Meiksins Wood. Monthly Review, No. 5 (1999), pp. 74 – 92. Interview with Ellen Meiksins Wood Democracy & Capitalism：Friends or Foes? New Socialist Magazine, No. 1 – 2 (1996).

③ 参见大卫·哈维《“新帝国主义之新”新在何处?》，转引自复旦大学哲学学院编《国外马克思主义研究报告（2008）》，人民出版社 2008 年版，第 419—432 页。

④ William I. Robinson, The Pitfalls of Realist Analysis of Global Capitalism：A Critique of Ellen Meiksins Wood's Empire of Capital. Historical Materialism, Vol. 15, No. 3 (2007), pp. 71 – 93.

下的做法是错误的。在他看来，正是因为这个错误导致伍德误解了他关于资本将继续依赖现有的民族国家而不是日益扩大的跨国资本的理论。他认为伍德关于经济与政治权力分离的概念是外在于现实资本主义的，伍德误解了资本主义国家的本质性改变。其次，哈维认为伍德缺乏对新帝国主义的解释，伍德对新帝国主义的理解仍然是旧帝国主义的理论视域。哈维认为伍德低估了全球经济一体化对国家结构改变的影响，伍德对资本主义国家本质的分析无法揭示当代资本主义发展的特点。最后，尽管所有入会者都对伍德关于民主国家对新帝国主义具有前提性地位的主张表示欢迎，但都认为伍德在资本和民族国家之间的互动关系上研究得还不够。[1] 鲍勃·萨特克利夫（Bob Sutcliffe）在《帝国主义新与旧：评哈维的"新帝国主义"和伍德的"资本的帝国"》一文中指出，哈维和伍德对帝国主义问题的复兴有着重要的作用，伍德与哈维相比更加关注的是资本主义规则实践的领域。哈维夸大了当代资本主义过度积累危机的严重性；伍德指出帝国主义产生于资本主义普遍化的时代，说明传统帝国主义理论和新帝国主义理论之间的连续性，揭示这个世界同列宁时代的世界最大的不同就是资本主义的逻辑已经渗透进社会生活的各个方面，强调民族国家在资本主义全球化进程中的作用。他还指出，哈维和伍德都有一种"经验恐惧症"，他们都以对方的结论为前提，因此无法真正揭示资本帝国主义的实质。[2] 卡夫·安克马（Kofi Ankomah）在关于伍德的《资本的帝国》的书评中指出，伍德认为这个世界被资本的帝国塑造，而不是新殖民主义或全球化。资本帝国主义受积累、商品化、利润最大化和竞争的逻辑支配，资本主义的强制受市场规则的驱动，资本主义的经济霸权不依赖于政治统治，资本的帝国为我们认识资本主义的强制及其驱动力提供了一个新颖的角度。[3] 大卫·麦克纳里（David McNally）在《认识帝国主义：新老统治》一文中指出，伍德在其《资本的帝国》中对帝国主义进行军事干涉的问题作出了最有力、最引人思考的回答。通过深入的历史分析，伍德认为我们今天所见到的非殖民的帝国主义很可能是最典型的资本主义形式。

---

[1] Paul Blackledge, Symposium on Ellen Meiksins Wood's Empire of Capital: Editorial Introduction. Historical Materialism, Vol. 15, No. 3 (2007), pp. 45 – 55.

[2] Bob Sutcliffe, Imperialism Old and New: A Comment on David Harvey's The New Imperialism and Ellen Meiksins Wood's Empire of Capital. Historical Materialism, Vol. 14, No. 3 (2007), pp. 59 – 78.

[3] Kofi Ankomah, Book Review: Empire of Capital. The Human Nature Review, Vol. 3 (2003), pp. 376 – 378.

她认为今天的帝国主义不再是控制全球的某个地区，而是控制全球范围内的资本主义积累。麦克纳里认为伍德的分析具有说服力，抓住了帝国主义主要依赖财产和市场的力量，而不是直接的领土控制。①

　　第四，对西方政治思想史的研究。西方学界主要关注伍德的三本著作：《阶级意识形态与古代政治理论：社会背景下的苏格拉底、柏拉图、亚里士多德》、《从公民到上议院：从古代到中世纪的西方政治思想的社会史》、《农民—公民与奴隶：雅典民主的基础》。希金斯（W. E. Higgins）指出艾伦·伍德和尼尔·伍德共同撰写的《阶级意识形态与古代政治理论：社会背景下的苏格拉底、柏拉图、亚里士多德》一书对我们理解苏格拉底时期的社会和历史背景特别是对贵族政体与民主政体之间的关系具有重要的现实意义。他指出伍德对"贵族"一词的使用还不准确，对苏格拉底和他的学生之间关系的论述还有待深入等。② 安德鲁·纳什（Andrew Nash）指出，对西方政治思想史的传统解释具有明显的问题，而伍德的《阶级意识形态与古代政治理论：社会背景下的苏格拉底、柏拉图、亚里士多德》一书恰好提供了一个新的解读模式。他认为伍德对政治思想史的重新解释使政治思想史体系化成为可能，使我们重新认识资本主义不是自由和人类劳动合理化的结果，能使我们重新认识到我们自身是历史的一部分，为理解政治思想史提供了一个新的重要历史背景。虽然伍德没有揭示西方政治思想史的全貌，但能让我们掌握基本的理论线索。③ 维斯特（C. M. A. West）在关于《从公民到上议院》的书评中指出，伍德对西方政治思想史的论述让人感觉沮丧，因为她按照传统的套路追溯到古希腊的苏格拉底等先哲，但是伍德并不是简单地追根溯源，而是借用历史唯物主义的方法进行阐述。伍德对学术界的挑战是依靠严格的实践原则，将政治学从政治思想史中抽象出来，并给人带来深刻的反省。④ 卡罗林·汉弗若

---

① 王音编写：《战后帝国主义的新特征》，《国外理论动态》2007 年第 6 期。

② W. E. Higgins, Book Review: Ellen Meiksins Wood and Neal Wood, Class Ideology and Ancient Political Theory: Socrates, Plato, and Aristotle in Social Content. The American Historical Review, Vol. 86, No. 5 (1981), p. 1071.

③ Andrew Nash, Ellen Meiksins Wood's Reinterpretation of the History of Political Thought. Theoria, Vol. 45, No. 91 (1998), pp. 34–44.

④ C. M. A. West, Book Review: Ellen Meiksins Wood, Citizens to Lords: A Social History of Western Political Thought from Antiquity to the Middle Ages. HER, No. 509 (August 2009), pp. 914–916.

斯（Caroline Humfress）认为伍德在该书中阐明了西方政治思想史中的一些空白和矛盾之处，关注政治理论与实践的联系，虽然伍德的方法不会得到所有人的认同，但是伍德的结论是新颖的和具有挑战性的，特别是伍德对罗马私有制文化的解释具有重要的启示，有助于理解中世纪晚期的思想家的政治思想。[1] 米歇尔·詹姆逊（Michael H. Jameson）认为伍德《农民—公民与奴隶：雅典民主的基础》一书的中心主题是雅典民主的独特特征，该书没有揭示雅典公民是如何劳动的，但该书有助于我们理解"无所事事的暴民"的神秘性。[2] 罗伯特·崔斯特瑞姆（Robert J. Tristram）认为该书没有揭示雅典奴隶的地位，而是揭示了追求自由、独立的劳动是雅典社会、政治和文化的鲜明特点。伍德无法揭示从公元前7世纪到公元前6世纪的雅典奴隶增长的程度，自由的农民可能成为奴隶制进一步发展的重要条件。[3]

第三节　研究的成果、存在的问题、研究的走向和本书的愿景

我国学术界对伍德历史唯物主义思想的关注开始于21世纪初，应该说伍德作为西方左派马克思主义学者的重要代表，在国内不怎么"知名"，文章和著作绝大部分没有被翻译成中文，对于我们了解伍德及历史唯物主义思想带来巨大的困难。但这并不表示伍德的历史唯物主义思想就没有价值，伍德作为左派马克思主义理论家，相继担任国际上重要左派杂志的编辑，深刻地理解当前学术界的发展动态，她同布伦纳、福斯特等人一起捍卫马克思主义，同各种西方右翼分子作斗争，对各种歪曲诋毁马克思主义的思想进行了激烈而有效的批判。这对捍卫和发展马克思主义起到了非常重要的作用。

[1] Caroline Humfress, Ancient Crucibles of Civic Ideals. Times Higher Education, No. 29 (August 2011), pp. 1–2.

[2] Michael H. Jameson, Book Review: Ellen Meiksins Wood, Peasant – Citizen and Slave: The Foundations of Athenian Democracy. The American Historical Review, Vol. 95, No. 5 (December 1990), pp. 1504–1505.

[3] Robert J. Tristram, Book Review: Ellen Meiksins Wood, Peasant – Citizen and Slave: The Foundations of Athenian Democracy. Political Science, Vol. 41, No. 2 (1989), pp. 122–123.

一 研究的成果

当前国内外学术界对伍德历史唯物主义思想的研究已经进入到一个新的发展阶段，取得的成果和存在的问题主要包括：

第一，伍德及与之相关学者的代表性著作和文章逐渐被翻译成中文。伍德的著作被翻译成中文的主要有五本：《新社会主义》（江苏人民出版社 2001 年第 1 版，2005 年第 2 版）、《资本的帝国》（上海译文出版社 2006 年版）、《民主反对资本主义——重建历史唯物主义》（重庆出版社 2007 年版）、《保卫历史：马克思主义与后现代主义》（伍德与福斯特主编，社会科学文献出版社 2009 年版）、《资本主义的起源：一个更长远的视角》（中国人民大学出版社 2015 年版）。对伍德写的文章及别人评论她的文章的翻译包括：《"市民社会"概念的使用和滥用》（《当代世界与社会主义》1996 年第 1 期，何增科、孙云编译）、《回到马克思》（《国外理论动态》1998 年第 2 期，郗卫东编写）、《现代性、后现代性或者资本主义？》（《国外社会科学》1998 年第 3 期，宁跃译）、《资本主义帝国与民族国家：一种新的美帝国主义？》（《国外理论动态》2004 年第 1 期，王宏伟摘译）、《评艾伦·伍德〈资本主义的起源〉》（《国外理论动态》2004 年第 4 期，马千里编写）、《认识帝国主义：新老统治》（《国外理论动态》2007 年第 6 期，王音编写）、《"新帝国主义之新"新在何处？》（《国外马克思主义报告（2008）》，人民出版社 2008 年版，大卫·哈维文，孔明安译）、《对资本主义起源问题的再探讨——国外马克思主义学者三种不同观点的交锋》（《当代世界与社会主义》2014 年第 6 期，保罗·海德曼、乔纳·伯奇，聂大富编译）。这些著作和译文对于我们了解伍德的历史唯物主义思想具有重要的参考价值。

第二，出现了一定数量的研究伍德思想的论文，包括学术论文和硕士学位论文。学术论文包括：邹诗鹏执笔的《国外马克思主义研究报告（2008）》（人民出版社 2008 年版），陈学明、朱南松的《为什么有些人总看不到当今资本主义的矛盾与危机》（《社会科学战线》2007 年第 6 期），陈学明的《西方人士眼中的当代资本主义制度》（下）（《思想理论教育导刊》2007 年第 10 期），陈人江的《新帝国主义的特征及可能的反抗方向》

（《国外理论动态》2007 年第 3 期），冯雷的《评艾伦·伍德的〈资本主义的起源〉》（《当代世界与社会主义》2005 年第 4 期），鲁克俭、郑吉伟的《布伦纳的政治马克思主义评析》（《当代世界与社会主义》2006 年第 2 期），尚庆飞的《艾伦·伍德的阶级观：阐释与评价》（《南京社会科学》2008 年第 6 期），唐玲的《历史唯物主义中的经济基础——上层建筑隐喻及其理论效应》（《常熟理工学院学报》（哲学社会科学版）2008 年第 11 期），唐正东的《在科学抽象与具体历史之间：方法论的视角》（《东岳论丛》2008 年第 3 期），钱厚诚的《资本主义帝国——埃伦·M. 伍德对美国的解读》[《中国矿业大学学报》（社会科学版）2007 年第 4 期]，朱华彬的《对历史唯物主义普遍性的再思考——兼评艾伦·伍德〈民主反对资本主义——重建历史唯物主义〉》（《理论界》2010 年第 11 期），周凡的《回答一个问题：何谓后马克思主义》（《江苏社会科学》2005 年第 1 期），汪行福的《英国马克思主义研究的新趋势》（《学术月刊》2007 年 11 月号）、《英国马克思主义研究的新探索》（《学术月刊》2008 年 9 月号），李伟东的《艾伦·伍德对新社会主义理论的批评》（《广东社会科学》2011 年第 1 期），何霜梅的《当代国外马克思主义阶级理论研究探析》（《攀登》2011 年第 4 期），屈婷的《全球化时代的资本主义和民主斗争路径》[《华北水利水电学院学报》（社会科学版）2011 年第 5 期]，关峰、刘卓红的《无根的话语政治与保守的"激进民主"——"新的'真正的'社会主义"评析》（《马克思主义与现实》2011 年第 3 期），王立瑞的《论埃伦·M. 伍德对历史唯物主义的解读》（《三明学院学报》2012 年第 1 期），文兵的《历史唯物主义重建之下的民主观念》（《北京行政学院学报》2012 年第 1 期），付金柱的《呼唤马克思主义阶级观的回归》（《新视野》2012 年第 2 期），刘明明的《普遍性还是特殊性：解析艾伦·伍德的资本主义观》[《贵州师范大学学报》（社会科学版）2013 年第 2 期]，刘亚品的《资本积累与权力逻辑——大卫·哈维与艾伦·伍德的新帝国主义观之比较》[《北京师范大学学报》（社会科学版）2014 年第 4 期]，朱晓庆的《伍德与哈维争论：资本逻辑与帝国的空间扩张》[《宁夏大学学报》（人文社会科学版）2014 年第 5 期]，刘明明的《后现代主义祛魅：论艾伦·伍德的反后现代主义观》[《武汉理工大学学报》（社会科学版）2014 年第 6 期]。

　　硕士学位论文包括：段晓民的《艾伦·伍德的社会变革主体理论探

析》（山西大学 2009 年硕士学位论文）、任志俊的《加拿大当代马克思主义理论研究及其启示》（西南大学 2010 年硕士学位论文）、苗晓东的《埃伦·M. 伍德新帝国主义思想研究》（中国人民大学 2009 年硕士学位论文）、屈婷的《论伍德以资本主义特殊性批判为基础的民主观》（南开大学 2009 年硕士学位论文）、陈道庆的《艾伦·伍德的历史唯物主义观述评——从民主视域上解读》（华侨大学 2012 年硕士学位论文）、肖宇光的《帝国主义及其政策理论演变的学派比较研究》（兰州大学 2014 年硕士学位论文）。

第三，纵观这些研究成果，可以归纳为：从宏观方面来看，其一，从对伍德单一文本研究逐渐转向专题性研究。其二，从对伍德思想抽象孤立的研究逐渐转向历史发生学的研究。自从伍德及其思想被引进国内以来，很长时间内停留在对单一文本的解读，孤立片面地考察伍德的思想，文本参照系严重缺失，更谈不上对伍德核心思想的梳理。但随着研究的开展，这种趋势有所改观，比如近来对伍德工人阶级主体意识的考察，对伍德民主理论的考察等。学术界对伍德思想的研究也逐渐具有历史意识和现实关怀。从微观层面来看，其一，资本帝国主义与民族国家注重资本主义发展的形态研究，特别是对美帝国主义的研究，加深了我们在全球化时代对资本主义的认识。学术界正确揭示了资本帝国主义是帝国主义的最新形态，资本帝国主义仍然在资本逻辑的操控下遵循着以经济与军事扩张为特点的丛林法则。资本帝国主义通过操纵资本主义的经济机制来控制世界，并且越来越靠民族国家的力量来实现这种追求。以美国为首的资本帝国主义实施霸权主义，向全球投放军事和经济实力，导致世界的“无限战争”，严重影响世界的和平与发展。其二，资本主义的起源。学术界阐述了伍德的农业资本主义起源论，并对资本主义起源的几种解释模式进行了梳理，揭示了资本主义的产生是由于社会财产关系的转变，并不是人类历史发展必然的结果，不具有普遍性，而是在一个特殊的条件下产生于英国，是一个局部现象，具有特殊性。其三，资本主义的本质特征。学术界正确揭示资本主义是一个政治领域（权力）与经济领域（权力）相分离的社会，政治与经济的分离是相对的，有利于资本主义实施霸权统治。其四，资本主义与社会主义。学术界已经指出资本主义的民主只是形式民主，认为资本主义的民主同阶级斗争和物质利益有紧密的关系，强调资本主义的社会财产关系从根本上阻碍了民主政治进程。其五，资本主义与工人阶级。学术界正确指出伍德坚持马克思的阶级政治学说和政治经济学批判，坚持工人阶级的革命地位，要工人阶级抓住机遇进行全球性的阶级斗争，也指出伍德的"经历"这一中介并没有真正解决工人阶级形成的问题。其六，对后马克思主义的批判。学术界一般认可伍德对后马克思主义的批判，认为伍德正确揭示了后马克思主义就是马克思早已批判的新的"真正的"社会主义思潮在当代的翻版和极端化。后马克思主义已经背离了马克思历史唯物主义的基本原则和方法，走上了一条用权力斗争代替阶级斗争的不归路。其七，历史唯物主义的重建。从考察伍德对历史唯物主义基本概念的重建入手，揭示伍德从历史唯物主义的基本概念入手，坚持历史发生学的方法对历史唯物主义进行了重建，伍德强调历史唯物主义的特殊性而忽视其普遍性。其八，阶级理论。学术界通过分析伍德的阶级理论揭示阶级同民主、国家、政治之间的关系，进一步深化了对工人阶级主体性和革命性的认识。其九，资本主义的民主。学术界认为伍德正确揭示了资本主义民主的虚假性，资本主义的政治民主与经济民主脱节，但政治民主的实现要依赖经济民主，只有实现真正的经济民主才能实现政治民主。

二　存在的问题

从总体理论研究的角度看，虽然学术界对伍德历史唯物主义思想的研究已经取得了重要的成果，但是仍然处于初级阶段，很多关键的问题还没有开始梳理。这表现在如下几个方面：其一，缺乏对伍德思想的总体把握。伍德的思想包括很多方面，既包括资本主义起源理论、阶级理论，又包括国家理论、民主理论等。这些方面在其总体思想中占据何种地位，它们之间又有何种联系，这些都没有进行较为清晰的阐述。学界既没有揭示伍德历史唯物主义思想的源流和主要内容，也没有分析其历史唯物主义思想在马克思主义发展史中的地位。学术界揭示了伍德阶级观的总体逻辑，并对伍德的阶级观作出了有益的评价，但却忽视了伍德阶级观中的文化和空间层面，对伍德阶级观的把握还有待深入；其二，孤立文本解读。虽然许多学者开始对伍德的思想进行专题性研究，但总的来看仍然依靠一两本著作来进行考察和分析，特别是只关注已经翻译成中文的著作，而对伍德早中期还没有被翻译的著作基本上没有研究。这就无法对伍德的具体问题作出正确的分析，也无法完整准确地理解伍德的思想。对伍德关于资本主义起源的研究已经取得了一定的成果，但主要是对伍德文本的复述，没有将其与马克思及其他学者相关理论进行比较研究；其三，理论视域狭窄。伍德作为西方具有重要影响的左派学者，必然会与其他学者进行论战，通过论战可以更好地阐述其思想，但是学术界很少去梳理其他学者对伍德的评价，没有参考其他学者的看法，这无疑阻碍了我们对伍德思想的进一步认识。伍德同其丈夫尼尔·伍德（Neal Wood）以及其他学者共同创作和编辑了大量的著作，这些著作是我们了解伍德历史唯物主义思想重要的理论参考物。伍德通过这些著作基本上奠定了从历史唯物主义维度研究马克思主义的基础，我们也能够从中对其他学者的思想进行深入的了解。从具体理论研究的角度看，主要表现在：其一，对伍德国家观的研究只是从其定义上进行了分析，而没有深入到伍德关于国家与公民社会的关系层面，也没有具体揭示国家的特点和未来发展趋势。对伍德民主观的研究只是抽象地分析了资本主义民主的虚假性，没有揭示伍德民主观的主要内容并作出科学的评价。其二，对伍德的资本帝国主义理论是学术界研究成果最多的部分，学术界揭示了资本帝国主义的矛盾和逻辑，但还需要加强运用历史唯物主义的政治经济学批判方法比较研究伍德、哈维、奈格里等人的帝国主义理论，彰显伍德的新帝国主义理论在解释当代全球化中的价值。其三，学术界对伍德的农业资本主义起源理论进行了一定的评介，还需要彰显其在伍德资本主义批判理论中的地位和意义，也需要将其与布伦纳、马克斯·韦伯、沃勒斯坦等人的资本主义起源理论进行对比研究，进一步丰富历史唯物主义的资本主义观。其四，学术界初步揭示了伍德的民主观，还需要从历史唯物主义关于社会主义民主的论述出发揭示伍德重建社会主义的理论诉求，进一步彰显伍德的民主观对中国特色社会主义民主政治建设的理论意义。其五，学术界对伍德关于工人阶级的理论有所阐发，但还需要进一步从历史唯物主义的阶级理论出发揭示伍德工人阶级的形成理论以及非物质劳动形态下劳动与资本矛盾的演变及其对跨国阶级斗争的影响。其六，伍德的全球化理论与现代性理论紧密联系，共同构成了对资本主义的批判，对于更好理解当代资本主义的金融危机和发展趋势有着重要意义，学术界需要从历史唯物主义的空间生产理论出发揭示权力逻辑推动跨国生产、阶级与国家关系演变的意义，寻找超越资本主义的现代性之路。其七，学术界对伍德关于后马克思主义批判的理论进行了有效的阐发，但还需要从马克思主义发展史和后马克思主义本身的理论问题出发凸

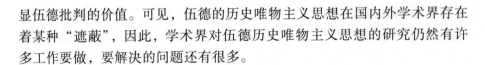

显伍德批判的价值。可见，伍德的历史唯物主义思想在国内外学术界存在着某种"遮蔽"，因此，学术界对伍德历史唯物主义思想的研究仍然有许多工作要做，要解决的问题还有很多。

三　研究的走向

从学术界的研究现状来看，未来对伍德历史唯物主义思想的研究应该重点关注以下几个方面：第一，伍德早期政治哲学思想的研究。伍德早期政治哲学思想主要集中在其博士学位论文《心灵与政治：对自由和社会主义的个人主义内涵的研究》（1972）一书中，该书从认识论、心理学、人类学和政治学四个维度分别探讨了主体与客体、自我与他者、个人与社会、个体与政治的相互关系，奠定了伍德政治哲学思想的基础，也是伍德历史唯物主义思想的奠基之作。第二，伍德的资本主义批判理论的研究。伍德的资本主义批判理论是其历史唯物主义思想的主体部分，主要集中在《资本主义的原始文化》（1992）、《民主反对资本主义——重建历史唯物主义》（1995）、《叛乱的号角：政治理论与资本主义的兴起（1509—1688）》（1997）、《资本主义的起源》（1999）、《资本的帝国》（2003）等著作中，学术界的研究应该在深入解读这些文本的基础上探讨资本主义的起源、资本主义的原始文化、资本帝国主义以及资本主义的发展史观，注重从比较视阈中凸显伍德资本主义批判理论的价值，从总体上揭示伍德的资本主义批判理论。具体来说包括以下几个方面：其一，伍德对资本主义起源的研究。比较伍德与布伦纳、马克斯·韦伯等人的资本主义起源理论，从理论背景、理论实质和理论诉求等方面凸显伍德在解释资本主义起源问题上的独特视角和理论建树。其二，伍德对资本帝国主义的研究。比较伍德、大卫·哈维、哈特和奈格里（Michael Hardt，Antonio Negri）的帝国主义理论，揭示伍德在帝国形态、资本帝国主义矛盾、非物质劳动及权力逻辑的流变及其影响等方面的研究成果，发掘这些理论的当代价值。其三，伍德对超越资本主义的研究。通过比较伍德与高兹（André Gorz）、列斐伏尔（Henri Lefebvre）探讨超越资本主义之路，揭示伍德关于"在全球化背景下，资本主义一方面不断扩大其生存空间；另一方面又加速其解体过程"的结论。其四，伍德对重建社会主义的研究。比较伍德与后马克思主义的重建社会主义策略，揭示伍德从现代性和民主双重角度超越资本主义，重建工人阶级的革命主体地位和实现社会主义的理想。其五，伍德的资本主义发展史观研究。运用历史唯物主义的方法对伍德的资本主义发展史观进行总体性研究，既强调马克思主义的政治经济学批判，又试图为拓展对资本主义发展阶段和历史地位的认识提供新的路径和视角。第三，伍德的西方政治思想史理论的研究。伍德的西方政治思想史理论是其历史唯物主义思想的主要组成部分，包括在《阶级意识形态与古代政治理论：社会背景下的苏格拉底、柏拉图、亚里士多德》（1978）、《农民—公民与奴隶：雅典民主的基础》（1997）、《从公民到上议院：从古代到中世纪的西方政治思想的社会史》（2008）、《自由与财产：从文艺复兴到启蒙的西方政治思想的社会史》（2012）等著作。第四，伍德的总体性思想研究。学术界目前对伍德的早中期著作进行了有效的梳理，但是对其最新的著作缺乏研究，需要进一步全面把握伍德的历史唯物主义思想（政治哲学思想），并在此基础上构建伍德总体思想体系，彰显伍德思想的当代价值和中国意义。这个方面主要是对拉里·帕瑞金（Larry Patriquin）编辑的《艾伦·梅克森斯·伍德读本》（2012）一书进行深入的解读，从新的角度全面揭示伍德的思想体系，并对重要的理论问题，比如国家、社会、全球化、现代性、启蒙、自由、民主、资本主义、社会主义等作出新的解释和深化。

总之，现在最重要的是要深入解读伍德的文本，在揭示伍德历史唯物主义思想形成的理论背景和理论诉求的基础上从总体上揭示伍德历史唯物主义思想的理论体系，彰显伍德历史唯物主义思想的当代价值和中国意义，进一步推动历史唯物主义的发展。

四　本书的愿景

本书的目的不在于揭示伍德思想的全貌，而是明确以伍德重建历史唯物主义的批判程序为中心，在此基础上总结伍德历史唯物主义思想的主要特点和内容。本书的主要观点是：（1）资本主义是在特定的时间和地点、在特定的历史条件下产生的，它具有历史性和特殊的运动规律，不能将其当作人类历史发展的一般规律，它并不是人类历史的终结。（2）自由资本主义发展到垄断资本主义是其内在资本逻辑驱动的结果，帝国主义的产生只是垄断进一步加剧的表现。（3）当今世界仍然处于一超多强的时代，但多极化格局越来越明显，在一定程度上限制了帝国主义实施霸权统治的野心。（4）当今时代是资本主义向社会主义过渡的时代，虽然资本主义仍然处于强势地位，但社会主义越来越显示出其优越性，对世界的影响也越来越大。(5) 马克思不是技术决定论者和经济决定论者，而是历史唯物主义者，他强调历史是由合力造成的。(6) 历史唯物主义既是伍德批判资本主义的方法，也是其理论体系的核心组成部分。(7) 资本主义国家与资本是一种共谋关系，不仅国家从其改良的功能倒退，而且为了资本的利益不惜牺牲自然和人类的利益，但它也逐渐成为阶级斗争的目标以及工人阶级团结的新焦点。(8) 当今的全球化从根本上来说是资本主义的全球化，是资本主义的积累、竞争、利润最大化逻辑的全球化。全球化是一把"双刃剑"，社会主义国家要引进资本、发展资本，也要运用社会主义制度来驾驭资本，限定资本运动的范围。(9) 社会主义国家一旦建立就要逐步放弃运用暴力对人民的统治，社会主义在保障民生的基础上，最大限度地实施民主，只有民主才能使社会主义政权永葆生机与活力。(10) 在坚持公有制的主体地位前提下，最大程度发展个人所有制，保障个人的合法财产，改革分配方式，不仅要坚持按劳分配，更要提高基于财产权的收入分配比重，实现"国强民富"。

本书的研究方法：在坚持历史唯物主义方法论原则基础上采用以下方法：一是广泛收集资料，运用文本学解读法，深入分析每个文本的主要内容和深层结构。二是在资料分析的基础上，运用比较研究的方法对伍德的历史唯物主义思想同后马克思主义、西方马克思主义的思想进行比较研究。三是坚持历史和逻辑相一致的方法，既追求概念的准确，又追求逻辑的严密和结构的完整。

本书的创新之处有三个方面：其一，总体性研究。本书试图结合伍德的阶级理论、国家理论、资本帝国主义理论，从总体上揭示伍德的历史唯物主义思想。其二，考察伍德的民主观和现代性思想，分析伍德历史唯物主义思想的形成语境及理论特质。其三，澄清伍德关于社会财产权、资本主义"政治"与"经济"的分离以及资本与劳动对立关系的思想，并将其与布伦纳、马克思作比较研究，揭示这些思想的价值。

本书的难点在于目前国内外还没有一本研究伍德历史唯物主义思想的专著，只有少量相关的学术论文和硕士学位论文，其绝大多数文本还没有被翻译成中文，这给理解伍德的思想带来了极大的困难。此外，伍德的一些英文资料无法收集，伍德文本的复杂性及其思想的跳跃性也给研究其思想带来了不小的挑战。

第一章 伍德及其历史唯物主义思想的 背景、渊源与结构

伍德是当今世界著名的左派马克思主义者，其思想涉及广泛，主要包括资本主义的起源、资本主义的原始文化、西方政治思想史、民主理论、现代性理论、社会主义理论研究等方面的内容，这些思想在西方学术界产生了较大的影响。本章主要是对伍德的生平、历史唯物主义思想的逻辑结构和思想形成的时代背景和理论渊源作一个简单论述。

第一节 伍德的生平和著作

伍德出生于社会主义者家庭，成长于西方发达国家，长期受到社会主义运动的影响，是一名坚定的马克思主义学者，对马克思主义和社会主义命运的关注促使她写了大量的著作，这些著作为她带来了世界性的荣誉。

一 伍德的生平

伍德是西方重要的马克思主义学者和左派政治学家，是加拿大约克大学荣休政治学教授，加拿大皇家学会会员，长期居住在英国，在英美学术界具有重要影响。她于 1942 年出生于纽约市，其父母是拉脱维亚的犹太人，因受德国法西斯的迫害于 1941 年从欧洲逃难到美国，她在美国和欧洲成长，经过系统地马克思主义学习。伍德于 1962 年获得加州大学伯克利分校斯拉夫语言学学士学位，随后进入加州大学洛杉矶分校攻读政治学的研究生课程，于 1970 年获得了博士学位。从 1967 年到 1996 年，她在加

拿大多伦多的约克大学格兰登学院教授政治学。她单独或和她丈夫尼尔·伍德（Neal Wood）一起发表了许多著作和文章，大力宣扬马克思主义和社会主义。她的名著《阶级的退却》（中译本名为《新社会主义》）于1996年获得艾萨克德意志纪念奖。她的作品已被翻译成多种语言，包括西班牙语、葡萄牙语、意大利语、法语、德语、土耳其语、中文、韩文和日语。她从1984年到1993年担任英国《新左派评论》的编辑。从1997年到2000年，伍德同哈利·马格多夫（Harry Magdoff）和保罗·斯威齐（Paul Sweezy）是美国《每月评论》的合作编辑，《每月评论》是一份独立的社会主义杂志。她也曾经担任英国伦敦默林出版社《社会主义年鉴》的编辑。1996年，她当选为加拿大皇家学会会员，这是她崇高学术地位的标志。伍德作为西方发达国家中较为活跃的左派批评家，积极参与学术界的讨论，同英美很多世界性的学者有着广泛的学术联系，她汲取经典马克思主义和西方马克思主义以及英美新马克思主义的诸多成果，从哲学、政治、经济、文化等多种视角对资本主义和现代主义展开了深刻的批判，继承和发展了马克思主义。

伍德成为一位坚定的马克思主义学者，不仅与其自身对广大劳动人民的深切同情和对共产主义理想的信仰有关，而且也同其生活环境有着密切的联系。伍德的父亲是犹太人，受到纳粹德国的迫害，她的父母亲作为政治难民逃亡美国，她的父亲是社会主义青年组织的一名领导人。这个组织的其他成员已经被纳粹法西斯逮捕。伍德成长于左派环境中，她不仅从父母亲那里汲取左派思想，而且也深受其伯父的影响。她的伯父是一位犹太人社会主义杂志的编辑，支持并赞助伍德全家移民到美国，伍德的母亲在那个杂志社工作，伍德在其早年长期生活在那个地方。伍德的母亲在移民到美国后参加了犹太人的劳工委员会，伍德认识的第一批人就是那些从事劳工运动的人。在战后，伍德的父母亲因为工作原因分开，她的母亲被犹太人劳工委员会派往德国工作并在那里生活了四年到五年，伍德随其母亲到国外学校读书，因此她奔波于美国和欧洲之间。伍德的母亲是一名从来没有停止思考的社会主义者，她在返回美国并被派往加利福尼亚后变成了一个民主党活动家，同时也是美国共产党的成员之一。伍德的父亲虽然为美国政府工作，但却是一名坚定的马克思主义者。她的父亲是美国《每月评论》的忠实读者，他有自身的独特看法特别是关于资本主义的看法。她的父亲认为自己比其他人更加了解真理，但是伍德认为不是这样。

伍德在20世纪60年代晚期迁居于加拿大，在加拿大的生活给她的学术思想带来了重大的影响。在20世纪60年代，加拿大和美国的文化基本上是一样的，但是由于加拿大特殊的地理和历史环境，具有一种美国人没有的批判立场，加拿大虽然同属于以美国为主导的帝国主义阵营，但是却保持着一定的距离。在这个年代，伍德执教的加拿大多伦多约克大学的学生同美国学生一样激进，在课堂上约克大学的老师也向学生阐明对战争的看法。伍德及其丈夫，还有很多其他的人都是由于战争而来到加拿大。许多加拿大人反对美国的霸权主义。加拿大的许多学校对大量涌入的美国人感到害怕，他们对美国采取的是民族主义的立场。伍德及其丈夫尼尔·伍德到加拿大后发表的第一篇文章就涉及政治学的美国化。他们思考造成这个民族立场的原因，探讨是否政治学也浸透着同美国一样的占主导地位的意识形态和方法论原则，指出了民族主义的局限。在那个时候，伍德所在的大学构建了美国风格的政治学、行为主义等。这个风潮在很短的时间内进入到北美大学的马克思主义研究机构。加拿大更加具有开放性，具有国际意识。加拿大有占主导地位的温和左派的传统，有一个社会民主党，有富有战斗性的劳工运动。伍德在加拿大的大学能够从事自己喜欢的工作，特别是从事政治学研究。

由于美国的政治、经济和社会现实，特别是政治学传统的影响，导致其在美国无法掌握学术自主权。在伍德眼中，美国是一个非常粗野的地方，尽管美国在世界上拥有无可匹敌的优势地位。美国如此关注自身，以致无视世界其他地方的存在，美国的强权成为大学关注的焦点。

伍德成为世界杰出的马克思主义者，在很大程度上是由于她对两份世界性的左派期刊的贡献：即英国的《新左派评论》和美国的《每月评论》。伍德成为《每月评论》的合作编辑完全是一个偶然。伍德担任《新左派评论》编辑十年之久，她能从一个特殊的位置来审视《每月评论》的重要性。《每月评论》非常关注社会时事，特别是关注劳工运动以及与左派的关系。《新左派评论》相对于前者更关注纯粹学术性的问题，伍德从《新左派评论》离职之后，她迫切希望继续从事写作和学术研究，写作对于伍德来说实在是太重要了。这样当《每月评论》的编辑同伍德谈起增加编辑的时候，伍德就非常激动地答应了。①

---

① Christopher Phelps, An interview with Ellen Meiksins Wood. Monthly Review, No. 5 (1999), pp. 74 - 92.

二　伍德的著作

伍德迄今为止发表了大量论文和学术专著，总共有 15 部之多。她著作颇丰，独著的有：《心灵与政治：对自由和社会主义的个人主义内涵的研究》（加利福尼亚大学出版社 1972 年版）、《资本主义的原始文化》（维索出版社 1992 年版）、《民主反对资本主义——重建历史唯物主义》（剑桥大学出版社 1995 年版）、《农民—公民与奴隶：雅典民主的基础》（维索出版社 1997 年版）、《资本主义的起源》（每月评论出版社 1999 年版）、《阶级的退却：一种新的"真正的"社会主义》（维索出版社 1999 年版）、《资本主义的起源：一个更长远的视角》（维索出版社 2002 年版）、《资本的帝国》（维索出版社 2003 年版）、《从公民到上议院：从古代到中世纪的西方政治思想的社会史》（维索出版社 2008 年版）、《自由与财产：从文艺复兴到启蒙运动的西方政治思想的社会史》（维索出版社 2012 年版）。与尼尔·伍德合著的有：《阶级意识形态与古代政治理论：社会背景下的苏格拉底、柏拉图、亚里士多德》（牛津大学出版社 1978 年版）、《叛乱的号角：政治理论与资本主义的兴起（1509—1688）》（纽约大学出版社 1997 年版），还有与福斯特等人共同编辑的有：《保卫历史：马克思主义与后现代主义》（每月评论出版社 1997 年版）、《资本主义与信息时代：全球化信息革命时代的政治经济学》（每月评论出版社 1998 年版）和《从废墟中崛起：全球化资本主义时代的劳动》（每月评论出版社 1998 年版）。她以对西方政治思想的重新解释和资本主义的社会批判著称，对马克思主义的社会思想作出了突出的贡献，因此获得了国际学术界的认可和世界性的荣誉。作为一名左派马克思主义学者，她的学术研究兴趣广泛，从政治学、哲学到经济学领域都有涉猎。她的研究对于我们理解资本主义的历史性兴起、现代帝国主义的本质、后现代主义及资本全球化的实质等都有帮助。

伍德 1970 年从加州大学洛杉矶分校获得政治学博士学位后，在 1972 年发表了其处女作——《心灵与政治：对自由和社会主义的个人主义内涵的研究》，于 1986 年发表了其名著《阶级的退却：一种新的"真正的"社会主义》，该书被收录在新左派经典丛书后由维索出版社 1999 年再版。该书立足于当代资本主义发展的实际，揭示了社会结构和阶级结构的变化，批判了西方右翼学者以及左翼学者借发展马克思主义之名，而行背离马克思主义之实的企图。随着新技术革命的发展，西方发达资本主义社会的政治、经济、文化等各个方面发生了巨大的变化，各种理论思潮和学术景观相互激荡。对于马克思主义来说，这个时代是一把双刃剑，既充满机遇，又面临挑战。一些西方学者对马克思主义进行任意的曲解，发生了阶级政治的"淡出"与话语政治的"淡入"，马克思主义的阶级分析方法面临着被解构的命运。作为一位坚定的马克思主义学者，她毫不犹豫地捍卫马克思主义的真理，特别是坚守唯物史观和阶级分析法。伍德尖锐地批判了所谓的新的"真正的"社会主义，认为它只是一种"新修正主义"，是对马克思主义的背离。伍德还批判了新的"真正的"社会主义对时代的定位，认为当代西方社会的"新"本质上是不存在的。"后现代"不过是资本主义的最新发展形态，只是资本主义的进一步普遍化，即资本主义的社会关系、运动规律及其矛盾的进一步普遍化，资本主义的积累逻辑和利润最大化的目标并没有改变，反而在最大时空范围内获得了极大的扩张。她不满足于后马克思主义把政治实践从阶级和阶级斗争中分离出去的做法，深入地阐发了阶级、意识形态、政治、社会主义与民主之间的关系。

　　伍德作为英美马克思主义的重要代表人物，相继经历了1968年的"布拉格之春"、法国的"五月风暴"以及1989年的苏东剧变这些重大历史事件。前者意味着"双重终结"的开始：一是"东方马克思主义"——苏联和东欧的马克思主义开始走向终结；二是"西方马克思主义"开始走向终结。后者被西方学者看成是共产主义的失败和灭亡，是"历史的终结"。这极大地刺激了广大的马克思主义者，很多马克思主义学者由此动摇了对共产主义的信念，纷纷"改旗易帜"，要么彻底抛弃马克思主义，投向资产阶级的怀抱，为资本主义摇旗呐喊；要么对社会主义和马克思主义怀有绝望悲观情绪，消极被动地被资产阶级意识形态俘虏，陷入了虚无主义的泥潭。面对此种情况，伍德不仅对《阶级的退却：一种新的"真正的"社会主义》的相关章节作出修改并在新版导言中肯定了该书在社会主义实践中的意义。为了更好地批判对资本主义投怀送抱的左翼学者和进一步对资本主义进行批判，她在1992年通过维索出版社出版了重要的著作——《资本主义的原始文化：关于旧政体与现代国家的历史评论》。伍德这本书是对英国马克思主义历史学的一大贡献。该书不是传统意义上的历史学著作，而是从英国个案出发从总体上揭示资本主义文化的组成部分、资本主义的发展模式、资本主义同现代国家、生产和民主之间的关系。她揭示资本主义是一种明确的进步力量，资本主义经济不可避免地会立刻带来一系列的政治、文化发展。但这样的发展被认为是资本主义的附属物，资本主义的任何结构性的弱点将不会被其内在逻辑所引起，而是受其内在惯性力诉诸社会价值、政治机构和文化标准，政治、社会和文化的进步与资本主义同步。

历史进入了 20 世纪 90 年代，苏东剧变、两极格局解体、第三世界兴起，特别是以中国为代表的社会主义国家实行改革所取得的辉煌成就鼓舞了广大马克思主义学者，他们自觉以马克思主义为旗帜，在世界政治经济发生巨大变化的同时展开对资本主义（资本帝国主义）的批判，期望重构马克思主义，恢复马克思主义的社会批判精神，实现马克思主义的复兴。伍德于1995 年出版了其影响巨大的著作——《民主反对资本主义——重建历史唯物主义》，这本著作被看作伍德捍卫马克思主义的宣言。伍德在该书中指出，当前左派强调碎片、差异、偶然性和话语政治，这些"后现代主义"的思想根本无法适应资本主义的发展变化，不能科学准确地理解资本主义，也无法承担批判资本主义、重建社会主义的任务。她认为必须对马克思主义的基石——历史唯物主义进行重新阐发，使之成为批判资本主义强有力的工具。她探讨了古代世界和现代世界的民主概念以及民主与资本主义的关系，提出了民主如何才能超越资本主义强加于其上的局限性等问题。

伍德认为要有力地批判资本主义，必须对资本主义进行知识学的考古。首先就是要准确理解资本主义的历史面目，特别是其起源问题，只有如此才能破除各种对资本主义的误解，穿透资本主义意识形态的迷雾，揭示资本主义的本质。她于 1999 年出版了《资本主义的起源》一书。该书是一本关于资本主义起源的历史学著作，也是一本批判当代资本主义的战斗性著作。在该书中，她认为资本主义是在英格兰突然出现的，其原因是英格兰的领主将经济契约强行加诸租地农。伍德批判了资本主义起源的"商业化"解释模式，认为这种模式是一种循环论证，无法揭示资本主义的起源。伍德探讨了商业化解释模式的关键点和这种模式有代表性的几种观点，总结了马克思主义历史学家对于资本主义起源的看法。伍德认为资本主义起源于农业，没有英格兰的资本主义就不会有任何形式的资本主义体系，无论在时间顺序还是在因果关系上，都是先有建立在新的所有制关系上的资本主义的推动力，然后才有资本主义的产业化。

随着两极格局的解体，全球化趋势加速，世界呈现出"一超多强"的发展态势，整个世界可以说是和平与战争共存，充满了各种矛盾。美国作为唯一的超级大国，为了谋求其世界政治经济的霸权，不惜利用其超强的经济、军事和文化力量对世界进行渗透和直接的武装干涉。伍德为了更好地解释这种变化，于 2003 年在维索出版社出版了《资本的帝国》一书，该书又于 2005 年出版了平装本，伍德为此写了新版序言，指出美帝国主义是一种完全不同的帝国主义。伍德在该书中指出，美国是迄今为止唯一的资本主义帝国，它是通过控制资本主义的经济机制来控制整个世界。伍德梳理了资本主义历史中出现的各种帝国模式，认为资本主义已经成为一种具有普遍性的东西，影响着人类生活的全部。她揭示了资本帝国主义的本质、矛盾及推动资本帝国主义发展的动力，并对资本帝国主义与其他形式的帝国主义作出了本质的区分。

作为一名享誉世界的马克思主义学者，伍德关注于对资本主义的社会政治思想的梳理和现实资本主义的批判，她同其丈夫尼尔·伍德（Neal Wood）合作出版了多部著作，主要有《阶级意识形态与古代政治理论：社会背景下的苏格拉底、柏拉图、亚里士多德》、《叛乱的号角：政治理论与资本主义的兴起（1509—1688）》。这两本著作都是对西方政治理论的考察。前者侧重于对古希腊主要思想家政治理论的研究，后者以时间和空间为维度，以探究资本主义的兴起和发展为主题，揭示了资本主义世界的霸主——英国政治思想发展的主要基石和特点。这本书同一般的政治思想历史著作不同，它关注政治思想发展的历史条件，特别是对社会、政治和经济的反映，以及这些方面的变化和冲突对早期资本主义的影响，并以此揭示英国同欧洲其他地区传统政治思想的本质区别。这为其进一步阐述资本主义的起源和特殊性打下了坚实的理论基础。

第二节　伍德历史唯物主义思想形成的时代背景和理论渊源

马克思认为"任何真正的哲学都是自己时代精神的精华"，恩格斯也指出，任何哲学只不过是在思想上反映出来的时代内容。伍德的历史唯物主义思想的形成具有特定的时代背景和理论渊源。

一　时代背景

伍德的历史唯物主义思想的形成与其时代密切相关。这表现在：其一，资本主义的社会结构的变化。随着新技术革命的发展，资本主义由生产社会发展到消费社会或后工业社会，资本主义的经济危机从表面上看得到缓解，资本主义似乎迎来了黄金发展的时代，社会的总体结构由金字塔型演变为菱型或钻石型。社会也日益科层化和分工精细化。此外，资本主义国家加强了对社会的控制和管理，一定程度上缓和了社会矛盾，避免社会危机的总爆发。由此很多人认为资本主义社会是人类最美好的社会，资本主义已经实现了根本的转变；其二，资本主义的阶级结构的变化。20世纪50年代以来，随着新技术革命的推进，资本主义的经济结构发生了重大的变化，第一、二产业下降，第三产业即服务业比重上升，随之带来工人阶级队伍的变化：蓝领工人比重下降，白领工人比重上升。工人阶级的物质和精神生活得到了很大的改善，在资本主义的市场竞争环境下，工人阶级具有多样性的政治、经济和社会利益的诉求，出现了无产阶级"中产阶级化"的趋势。资本主义则在全社会宣扬消费主义的价值观和生活方式，试图将工人阶级纳入到资本主义的总体逻辑中来，有些学者认为工人阶级已经被资本主义的意识形态俘获，丧失了阶级意识和革命意识，成为单向度的人；其三，西方新社会运动的开展。资本主义在经济上推行自由主义的市场经济，在政治上实行虚假的民主选举制度，在文化上宣扬其资产阶级的意识形态，从而产生了严重的政治危机、社会危机与生态危机，西方产生了众多的新社会运动，包括女权运动、生态运动、和平运动、种族运动、性解放及同性恋运动、反全球化运动等。这些运动无不展现出各种具体的异质的社会构成及压迫形式。这些运动的产生和发展为马克思主义的发展提供了绝佳的理论建构素材；其四，苏联及欧洲社会主义运动的失败。战后社会主义运动取得了巨大的成就，社会主义突破一国界限扩展到亚欧大陆，形成了与资本主义竞争的局面，但由于对社会主义的本质和发展社会主义的道路认识不清，特别是由于对待马克思主义的教条化，导致苏联及东欧地区社会主义的失败，从而引发人们对马克思主义的怀疑，以及对社会主义命运的担忧。西方学者借此认为社会主义已经终结，只有资本主义才是最先进美好的社会制度。

二　理论渊源

伍德的历史唯物主义思想主要继承和吸收了马克思、汤普森和布伦纳的历史唯物主义思想，她认为马克思的历史唯物主义仍然是批判当今资本主义的有力武器，不仅提供了对资本主义自身的批判性思考，而且提供了对其进行批判性分析的范畴。伍德广泛汲取了西方马克思主义的历史唯物主义思想，并在批判后马克思主义者的基础上重新确立了历史唯物主义的阶级观和社会主义观。伍德还汲取了现代性和民主思想，并在此基础上批判资本主义、重建社会主义。

首先，马克思的历史唯物主义思想。伍德主要继承了马克思历史唯物主义的批判方法和基本原理。这表现在：其一，坚持从资本主义的特殊性出发批判资本主义。历史唯物主义强调资本主义起源的特殊性、运动规律的特殊性和历史的特殊性。"当马克思写作《资本论》时，他强调了资本主义的特殊性，把它作为一种非常特别的地区现象加以描述。但他不否认资本主义早已具备通过国际市场、殖民扩张等可以达到的全球性的影响力。但是当时这一制度与形成一种普遍的制度还相距甚远。它毫无疑问会得到发展，但暂时只属地区现象，它不仅限于北美和欧洲，而且，若论到其成熟的工业阶段，就更只限于一国，即英国。"① 资本主义是一种制度，具有自身特殊的运动规律，不能将其当成历史的普遍规律。马克思历史唯物主义研究的是资本主义的统一性及资本主义被取代的可能性。它研究的兴趣是当时最为成熟的资本主义——工业化的英国，将资本主义从更大的非资本主义世界抽象出来作为一个自我封闭的系统加以研究，对其进行系统化的论述；其二，坚持历史唯物主义的阶级分析法。马克思的阶级分析法认为自从资本主义产生起，资产阶级和无产阶级就是两大对立阶级，资本与劳动之间的关系成为他们的核心关系，他们之间的阶级斗争成为历史发展的推动力，无产阶级是资本主义的掘墓人，是实现社会主义革命的主力军。对马克思来说，阶级斗争的中心问题是剩余价值的榨取和占有，而不是它的生产，资本主义将阶级斗争集中于生产场所，将反对占有的斗争

---

① Ellen Meiksins Wood, Back to Marx. Monthly Review, Vol. 49, No. 2（June 1997），p. 1.

转向非政治性的斗争。"不论要求增加工资的斗争多么激烈，却都没有触动工资关系本身：占有者剥削剩余的权力基础——他拥有财产和劳动者一无所有的地位——并没有受到直接的冲击。"① 资本主义经济的发展和运行模式有利于工人阶级的阶级意识的形成、阶级组织的建立和政治斗争的开展；其三，坚持历史唯物主义的基本范畴及其关系。经济基础和上层建筑、生产力和生产关系是历史唯物主义的基本范畴。经济基础决定上层建筑，上层建筑是经济基础的反映，它们之间并不是简单的决定与被决定的关系，而是经济基础内在地包含着法律、政治、文化等要素，并以这些形式存在，尤其是以所有制形式和统治形式存在。伍德据此反对将经济基础和上层建筑的关系当成离散的、非连续的、自我封闭的状态，反对对历史唯物主义作庸俗的经济决定论的理解，强调对社会关系和人的重视。生产力和生产关系之间的矛盾是推动历史发展的根本动力，历史唯物主义认为生产关系一定要适应生产力的发展，不适应之时即是变革生产关系之时。伍德认为不能将其作一般化和机械化的理解，这不是马克思的本意，马克思虽然强调生产力在历史发展中的原动力作用，但他只是从资本主义向社会主义转变的角度进行阐述的，并没有将其看作历史发展的普遍规律。伍德在对技术决定论和单线的、目的论的历史观进行批判时坚持并发展了这一观点。

其次，汤普森的历史唯物主义思想。伍德指出，"汤普森对我们有这样的示范作用，他在学习（或再学习）的方法上展示了历史唯物主义的批判作用……他的系谱学颠覆了资本主义的原则，从资本主义的实践、价值观和范畴，追踪到根基于特殊的生产关系和剥削关系的资本主义体系，从而不仅恢复了资本主义的历史性，也恢复了它的可论证性。"② 汤普森的历史唯物主义思想对伍德思想的影响主要表现在以下几个方面：其一，坚持阶级是一种关系和过程。历史唯物主义在分析占有者和生产之间关系之时关注的是社会关系本身，占有者和生产者之间的关系被用来解释历史发展过程中的矛盾和冲突。汤普森认为生产关系将人们划分为不同的阶级状况，不同的阶级状况导致人们利益的对立和冲突，形成了阶级斗争的条件。他拒绝将阶级定义成一种"结构"，认为阶级不是从客观的物质决定

---

① ［加拿大］艾伦·伍德：《民主反对资本主义——重建历史唯物主义》，吕薇洲等译，重庆出版社 2007 年版，第 44 页。
② 同上书，第 14 页。

领域分离出来的偶然性和主观性领域，阶级的形成是由具体的客观物质条件决定的，但阶级的形成只在这种客观物质条件的决定过程中才能看到，阶级作为关系和过程与生产关系相关。其二，反对庸俗的马克思主义的经济决定论，重视人及其意识的作用。第二国际的马克思主义者片面强调经济的决定作用，使马克思主义教条化、庸俗化，将历史唯物主义等同于"经济决定论"，忽视人的作用。汤普森从批判经济基础和上层建筑的决定论模式入手指出：马克思和恩格斯为了解释社会存在和社会意识之间的辩证关系才提出这个命题，这个命题实质上不存在，只是一个比喻。"经济"这个概念很晚才出现，不能代替生产方式概念，经济基础既包含物质性的内容，也包含社会关系和人的关系。经济基础和上层建筑之间是一种相互作用的关系，传统文化、价值观念等上层建筑具有相对独立性，对人们的生活具有重要影响。经济基础和上层建筑不能单独对历史起作用，人在历史发展中起着主要作用。其三，坚持社会存在和社会意识的辩证关系。汤普森认为社会存在和社会意识之间的关系是相互的，既要看到社会存在对社会意识的决定作用，也要看到社会意识的反作用，而且更要注重社会意识的反作用。他反对将社会存在只当成经济领域，认为应该将社会存在当成更广泛的社会生活领域。这个社会生活领域是包括政治、经济、文化在内的人们生活世界的有机整体。社会存在和社会意识之间的对话也是通过经历来实现的。伍德认为，汤普森所要强调的是社会存在对社会意识的决定是通过经历这个媒介而发生作用的。对社会意识的产生而言，经历是不可缺少的，在这种条件下，经历甚至是决定性的。

最后，布伦纳的历史唯物主义思想。伍德主要继承和发展了布伦纳历史唯物主义思想的两个方面：其一，农业资本主义起源学说。布伦纳反对传统的商业化解释模式和人口论模式，从社会财产关系的角度提出了农业资本主义起源学说。他认为前资本主义的财产关系是以生产者和再生产资料的结合为特征，导致经济发展的停滞，因此要发展经济必须改变财产关系，其前提条件就是实现直接生产者与生产资料的分离以及剥削者不靠超经济强制来获取剩余劳动。在15世纪，英国的农奴制已经解体，农民是自由的。地主掌握着大量的土地，由借地农耕种，借地农掌握土地的条件是经济性的借地权，借地权按照市场来决定，为了实现对土地的长期控制，借地农就不断进行生产竞争，在英国就形成了地主—借地农—雇佣劳动者的三合一的阶级结构。不管是地主还是借地农都要依赖市场来进行再生产。这就是他所称的英国独有的"农业资本主义"。布伦纳所称的"社会财产关系"是指"直接生产者之间的关系、剥削者之间的关系以及剥削者与直接生产者之间的关系，这些关系共同为个体和家庭获取生产资料（土地、劳动和工具）和/或从事既定的社会生产提供了可能性和具体形式。"① 它也是马克思所说的生产关系，实质是阶级关系。其二，对资本主义的批判。这表现在三个方面：一是对资本主义本质的界定。布伦纳认为资本主义是一种将政治权力私有化的制度，通过政治权力的私有化，资本主义具有维护私有制和剥夺劳动剩余的权力，而无须掌握直接的政治权力，资本主义能提高剥削直接生产者能力或通过军事手段获得更多的生产资料。二是对不发达国家的研究。在布伦纳看来，不发达国家的贫穷的原因不是外在的，而是内在的。发达资本主义国家对不发达国家的剥削不具有合理性，资本主义具有内在的发展动力。要改变不发达国家的落后面貌只有从其内部的阶级关系入手，从根本上实现阶级关系的变革。三是对第二次世界大战后资本主义国家经济发展的研究。布伦纳认为战后主要资本主义国家经济长期停滞的原因主要是资本主义国家之间在制造业领域的产能过剩所引发的过度竞争所致，新自由主义和国际金融资本的兴起只是国际经济危机的结果而不是原因。

第三节　伍德历史唯物主义思想的逻辑结构

伍德的历史唯物主义思想是建构于"政治马克思主义"中的。"政治马克思主义"这个词最先是法国马克思主义历史学家盖·鲍耶斯（Guy Bois）批判布伦纳的《欧洲前工业社会的农业阶级结构与经济发展》一文时新创造的，他的目的是要批评布伦纳对历史的解释具有唯意志论倾向。伍德非常认同这个术语，并以它来标识布伦纳及其学术思想和政治主张。伍德不把"政治马克思主义"看作贬义词，也不认为政治马克思主义是唯意志论。

---

① Robert Brenner, Property and Progress: Where Adam Simith Went Wrong. In Chris Wickham (ed.), Marxist History – Writing in the Twenty – first Century. Oxford: Oxford University Press, 2007, p. 58.

一　伍德历史唯物主义思想与"政治马克思主义"

"政治马克思主义"的主要代表人物包括罗伯特·布伦纳、艾伦·伍德、乔治·科米奈尔（George Comninel）、汉斯·拉切尔（Hannes Lacher）、贝诺·忒思科（Benno Teschke）以及美籍华人历史学家黄宗智等。罗伯特·布伦纳（以下简称布伦纳）既是分析马克思主义的重要成员，又是"政治马克思主义"的领军人物，他和伍德被誉为"政治马克思主义"的两位主要旗手。布伦纳因为著名的"布伦纳辩论"而享有国际声誉，在西方具有巨大的学术声望。"政治马克思主义"的主要思想都是由布伦纳奠定的，他的思想基本上也代表了这个学派的思想。因此，本书从阐述其思想入手，并结合伍德的思想对政治马克思主义学派的思想做一个总体的介绍。

"政治马克思主义"发端于关注封建主义过渡到资本主义的问题，并从学术界就这个问题对马克思主义作出非历史性模式的解读进行批判发展而来。它强调对形式主义的批判并将阶级斗争重新纳入到对资本主义的批判之中。布伦纳和伍德认为随着形势的变化，特别是后马克思主义和后现代主义等思潮对马克思主义的歪曲，必须重建马克思历史唯物主义的基础，使历史唯物主义成为批判资本主义的有力武器。这摆脱了马克思主义内部的结构主义马克思主义流派对马克思主义的歪曲影响，使得"政治马克思主义"的研究范围扩大到包括历史、政治理论、政治经济学、社会学、国际关系和国际政治经济等领域，在学术界产生了重大的影响。

布伦纳是一名历史学教授，加州大学洛杉矶分校的社会理论和比较历史研究中心主任，也是批判现实的社会主义学报《逆流》的编辑和《新左派评论》的编辑委员会成员。他的研究兴趣包括早期现代欧洲史、经济、社会和宗教史、农业史、马克思主义和社会主义理论以及英国都铎—斯图亚特王朝史。他对关于"从封建主义到资本主义过渡"的问题作出了重要贡献，形成了著名的"布伦纳辩论"，在这场辩论中，他揭示了欧洲农业生产的重要转变，与将国际贸易的兴起作为这个转变的主要原因相反，他更加强调英国乡村在转变中的作用。他的颇具影响力的论文《欧洲前工业社会的农业阶级结构与经济发展》开启了颇有争议的"布伦纳辩论"。他认为小庄园农民有较强的财产权并几乎没有什么动机去促使他们放弃传统的技术或超越本地市场，因此他们没有走向资本主义的动力。他后来攻击保罗·斯威齐和伊曼努尔·沃勒斯坦，认为他们过于强调作为"新结合主义的马克思主义"的欧洲主导的国际贸易的重要性。近年来他的研究重心转移到自 1945 年以来的全球经济上。

"政治马克思主义"的主要内容包括对资本主义起源的再认识，对西方政治思想的梳理，对当代资本主义的政治、经济、文化的考察，特别是对资本主义最新发展形态的考察，由此形成了"政治马克思主义"颇具特色的历史观、阶级观、民主观、国家观、资本主义观、现代性理论、社会主义观及马克思主义观等。着眼于布伦纳和伍德的思想继承关系，笔者在这里只从三个方面简单阐述"政治马克思主义"的相关思想。第一，资本主义的起源。从根本上来说，资本主义起源的问题有许多重要的学者已经进行了有益的探索，并提出了不同的看法。西方学术界也展开了两次大的讨论。第一次是 20 世纪 50 年代前后发生在美国马克思主义经济学家保罗·斯威齐和英国马克思主义历史学家莫里斯·多布（Maurice Dobb）之间的争论——多布—斯威齐之争。这次争论后来由希尔顿编辑成论文集《从封建主义向资本主义的过渡》于 1976 年出版，多布认为封建主义生产方式的矛盾是导致欧洲由封建社会向资本主义社会转变的主要原因，而斯威齐认为贸易的兴起才是转变的主要动力。第二次是由美国历史学家布伦纳发表的《欧洲前工业社会的农业阶级结构与经济发展》引发的，阿斯顿和菲尔平在 1987 年将争论文章以《布伦纳辩论》为名编辑成论文集出版。"《布伦纳辩论》的最后一篇文章收的是布伦纳 1982 年的长篇答辩论文《欧洲资本主义的农业根源》。除此之外，布伦纳后来又写了《经济发展的社会基础》、《从西欧的发展看东欧的经济落后》、《资产阶级革命与向资本主义过渡》、《中世纪晚期及早期现代欧洲的财产关系与农业生产率的增长》等论文以及一部大部头的著作《商人与革命》。收在《布伦纳辩论》中的两篇论文对封建主义向资本主义过渡的论述主要是通过批评新马尔萨斯人口决定论来展开的，而后来的论文和著作大都是针对新斯密主义经济发展理论的。虽然批评对象不同，但布伦纳关于封建主义向资本主义过渡的基本观点没有发生根本变化。"[1] 布伦纳认为资本主义的起源或封建主义过渡到资本主义的问题不能简单地诉诸人口模式和商业化模式的解读，他

---

① 鲁克俭、郑吉伟：《布伦纳的政治马克思主义评析》，《当代世界与社会主义》2006 年第 2 期。

提出了资本主义起源的"农业资本主义"模式，认为前两种模式都无法解释相同的人力、物力等要素在不同国家所产生的不同结果。布伦纳通过分析英格兰特有的财产所有制关系来解释封建主义向资本主义发生的转变，提出了其颇具特色的"农业资本主义起源"学说。第二，资本主义的现实批判。布伦纳及其他政治马克思主义者都有关切现实的情怀，都关注现当代资本主义的最新发展，特别关注对资本主义发展的周期性及经济危机的研究。布伦纳认为当代资本主义虽然经历了较长时间的繁荣，但是其内在的基本矛盾仍然存在，而且在新形势下更加突出，表现为经济发展的周期性和经济危机的不断爆发。布伦纳批判了西方主流经济学家和左派的错误观点，认为当今经济危机和金融危机爆发不是由于金融资本和新自由主义的兴起造成的，而是全球经济危机的结果。布伦纳认为国际经济危机的根源在于长期的利润率危机，而利润率危机是由国际制造业的生产能力和生产过剩造成的。第三，"基础"与"上层建筑"的关系。"政治马克思主义"非常重视生产方式在历史唯物主义中的作用，并指出这与马克思主义中的"经济决定论"是一致的。这表现在三个方面：其一，"政治马克思主义"将生产方式看作一种社会现象。他们并没有脱离实际来定义生产，也没有将所有的社会存在都纳入社会生产之中。"它把生产方式看作是必须在其中活动的人们所实际面对的而非抽象的结构。"[1] 生产方式是一定历史阶段人类活动的产物，可以说历史地凝结了人类全部的社会关系，包括政治关系、经济关系等。其二，"政治马克思主义"坚持物质生产和生产关系的特殊性。但否认对"基础"与"上层建筑"进行机械的分割，使它们成为缺乏内在联系的独立领域。这种刚性的区分严重损害了社会生产关系组成部分的各要素的有机联系，无法揭示社会的阶级和权力结构的特点及社会发展的规律。"政治马克思主义"没有将"基础"看成是客观的经济结构，也没有将"上层建筑"看成是一系列具体的政治、法律和文化意识形态的形式。"相反，它把基础和上层建筑的关系看作是由社会关系及其形式构成的一个连续的结构，不同的社会关系及其形式与直接生产过程及占有之间有着不同的距离，其起点是那些构成了生产体系本身的关系及其形式。"[2] 其三，生产方式不仅是一种技术方式，也是生产活动的社会组

---

① ［加拿大］艾伦·伍德：《民主反对资本主义——重建历史唯物主义》，吕薇洲等译，重庆出版社 2007 年版，第 25 页。

② 同上书，第 26 页。

织。生产的剥削方式则是一种权力关系。这种权力关系实际上是阶级内部及其相互之间的一种政治组织方式问题。而这又由各阶级的力量对比来决定，其中阶级的内部组织及其政治力量起着关键作用。

二　伍德历史唯物主义思想的逻辑结构

伍德一生都致力于对资本主义的批判研究，其追求的目标是整个人类的解放。她立足于西方发达资本主义社会的现实，通过对资本主义的起源、本质及发展的深入研究，进一步论证了资本主义必然灭亡，社会主义必然胜利的真理。在过去的 100 多年中，社会主义既有波澜壮阔的大发展时期，又有遭受巨大挫折的低迷期。要实现马克思主义和社会主义的复兴，就必须结合世界的发展实际，不断地推进马克思主义的创新，进一步完善和发展马克思主义及社会主义理论。伍德作为一名坚定的马克思主义者深知捍卫历史唯物主义的重要性，她没有故步自封，而是通过运用历史唯物主义的基本原理和方法，广泛吸收当今世界特别是西方马克思主义的重要思想，建构了其颇具特色的历史唯物主义思想。

伍德历史唯物主义思想的逻辑结构包括三个方面：其一，对资本主义起源、资本主义的原始文化、资本帝国主义的发展趋势的批判性考察共同构成了对资本主义的批判，是其历史唯物主义思想的起点。通过对资本主义的考察，伍德阐述了资本主义的农业起源，指出商业化解释模式只是一个循环论证，它将需要作出说明的起源当成了不需要说明的前提；认为资本主义的原始文化已经构成资本主义意识形态的不可分割的组成部分，资本主义与资产阶级并不是一回事，资本主义的发展正走向其反面；新帝国主义是资本主义发展的最新形态，其目的在于依靠超强的政治、经济、军事手段谋求世界霸权，全球化也是虚假的，本质上是为资本的积累和增值服务。在揭示了资本主义的本质及其意识形态的同化作用后，伍德确立了历史唯物主义思想的核心和前提：坚持资本主义的特殊性。其二，在确立历史唯物主义思想的核心和前提后，伍德认为要发挥历史唯物主义的社会批判作用，就必须重建历史唯物主义。她重新界定了历史唯物主义的核心概念：经济基础和上层建筑、生产力和生产关系；批判了庸俗马克思主义的技术决定论的历史观、结构主义者阿尔都塞的结构决定论的历史观、马克斯·韦伯的目的论的历史观；重新确立了历史唯物主义的阶级观，论述了工人阶级的形成，重塑了工人阶级的革命主体地位。总的来说，伍德从社会关系体系和政治领域两个角度考察了资本主义的特殊性，重建了历史唯物主义的批判路径。这构成了伍德历史唯物主义思想的主要内容。其三，伍德通过对历史唯物主义批判路径的重建，确立了对资本主义批判的原则，树立了对社会主义的信心。"这一批判的主要目的是将社会主义思想从一种非历史性的渴望，转变成一种以资本主义历史条件为基础的政治纲领。"① 她认为应该将各种分散的反资本主义力量联合起来，而关键性的条件就是人们对民主的渴望，使民主成为反对资本主义最有力的武器。她将民主与现代性结合起来，认为要超越资本主义，必须认识到现代性的本质：现代性与资本主义不具有同一性，资本主义不仅不能真正的现代性，反而会破坏现代性。在充分认识到现代性与资本主义关系的基础上，她提出只有在工人阶级的领导下，并联合其他一切反资本主义力量，从本国的阶级政治出发，实现社会主义革命。民主成为社会主义的本质和目的，也只有在社会主义社会，民主才能真正实现，民主成为伍德历史唯物主义思想的归宿。

---

① ［加拿大］艾伦·伍德：《民主反对资本主义——重建历史唯物主义》，吕薇洲等译，重庆出版社 2007 年版，第 12 页。

第二章　伍德历史唯物主义思想的理论起点

伍德通过对资本主义的本质及发展历程的考察，驳斥了历史虚无主义的观点，明确了研究资本主义要坚持历史原则，并在此基础上论证了历史唯物主义对研究资本主义的重要性，构成了伍德构建历史唯物主义思想的理论起点。伍德继承和发展了布伦纳的"农业资本主义"学说，论述了资本主义的起源并考察了历史上的相关学说。她揭示了资本主义的原始文化（资本主义产生时的文化，实质是英格兰的资本主义文化），阐述了资本帝国主义的本质、发展过程、推动力及其与传统帝国主义的区别，认为资本主义已是全球性制度，但具有不可克服的矛盾，必然被社会主义代替。

第一节　资本主义的起源

伍德批判了资本主义起源的人口说、绝对主义国家说，否定了资本主义起源的"商业化"解释，认为这种解释是一个循环论证，资本主义起源于农业，是因英格兰领主将经济契约强加给租地农而形成的。封建制度在西欧有多种形态，产生了不同结果，资本主义只是其中之一。没有英格兰资本主义就不会有任何形式的资本主义体系，后来进入资本主义的国家都屈服于国际化的资本主义体系，有建立在新的所有制关系基础上的资本主义的推动力，才有资本主义的产业化。由于竞争性的压力，在利润最大化和资本积累扩大化的逻辑操控下，资本主义从其产生起就有向社会主义转变的趋势。正是由于市场强制，导致剥削的产生，加剧了资本主义内在的矛盾。

一　对资本主义起源的考察

伍德认为马恩著作中对资本主义的起源有着截然不同的两种历史叙述。一种是非常接近传统的商业化解释，在这种解释中，历史被认为是在劳动分工中持续的一系列阶段，技术进步贯穿历史发展的进程，市民阶级从封建枷锁中解放出来后带来了资本主义。用马克思的话来说，资本主义在"封建主义的裂缝中"存活，在砸碎了封建主义的枷锁后，资本主义就进入了历史的主流。这是马恩在《德意志意识形态》和《共产党宣言》中的阐述。这种阐述至少表明了传统马克思主义对"资产阶级革命"的看法，但是在《政治经济学批判大纲》和《资本论》中，马克思认为它与乡村地带的所有制关系变化有着更深的关联，特别是在英格兰乡村："对直接生产者的剥夺引发了新形式的剥削和新的系统化的'运动规律'，最重要的马克思主义历史学家已经构建了认识这种剥削和运动规律的基础。"[1]

莫里斯·多布（Maurice Dobb）对商业化解释提出了强有力的挑战，认为资本主义起源于乡村地带，其中主要是地主和农民之间的封建关系。多布动摇了传统解释的根基特别是一些基本前提，认为资本主义应该产生在乡镇和交易之中。伍德指出，继多布之后，希尔顿（R. H. Hilton）指出了交易本身不是封建制度解体的原因。事实上，交易和乡镇不是天生的对封建制度不利。相反，封建制度解体和资本主义兴起的原因是封建制度内部的领主和农民之间的阶级斗争。"希尔顿特别指出了亨利·皮朗（Henri Pirenne）经验主义的错误观点，认为金钱、交易、乡镇、甚至'商业革命'之间并不是不相容的，相反，它们共同组成了封建体系。这意味着这些因素之间有着极为复杂的联系并促进了向资本主义的转变，它们不能被当作封建制度解体的原因。"[2] 多布和希尔顿都认为封建制度解体和资本主义兴起的原因是小商品生产，从封建制度枷锁中的解放在很大程度上借助于领主和农民之间的阶级斗争。多布和希尔顿的主要观点是：对于封建制度来说，乡村和交易不是天然有害的，"原动力"应该能在封建制度的原始所有制关系中被发现，领主和农民之间的阶级斗争是这个过程的核心，

---

① Ellen Meiksins Wood, The Origin of Capitalism, New York: Monthly Review Press, 1999, p. 28.

② Ibid., p. 29.

小商品生产和资本主义之间有着数量和质量的区别。

在 1950 年关于封建制向资本主义过渡的论战中，斯威齐批判了多布《资本主义发展的研究》中关于资本主义起源的观点。斯威齐对多布和希尔顿的观点进行了反驳，认为由于封建制度的无效率和不稳定性，导致其反对改变，封建制度解体的原动力应该在其外部。"封建制度能包容一定量的交易，但是伴随区域城市交易和基于长距离交易的转移运输中心的建立，鼓励为了交换的生产就应运而生，严格遵循生产满足使用的封建制原则。"① 斯威齐认为封建制度的解体和资本主义的兴起并不是同一个过程，两者不是直接对应的。交易的扩展足够消解封建制度，并在"前资本主义的商品生产"的过渡阶段表现出来，从 17 世纪到 18 世纪奠定了资本主义基础。斯威齐认为一种社会制度向另一种社会制度的转变是同一个过程，两种制度在这个过程中遭遇并为了获得支配权而相互斗争。对封建主义向资本主义过渡来说，这个观点是错误的。斯威齐认为如果遵循马克思关于向产业资本主义过渡的"真正革命方式"的解释，产业资本主义兴起于小商品生产者的阶层。斯威齐认为应该抛弃小商品生产者自然成长为商人和资本家的观点，代之以将"真正革命方式"当作生产者生产过程的观点。资本主义开始于商人和雇佣劳动者，正是在他们的共同作用下开始成长。斯威齐认为一般的商品生产不能解释资本主义的兴起，商品生产的高度发展（如在中世纪的意大利和弗兰德斯）并不必然地产生资本主义。多布认为封建制度的衰落是由于对农民的过度剥削及其导致的阶级斗争，斯威齐则认为这种观点更加准确地表明西欧封建制度的衰落是由统治阶级的统治不稳固导致的。伍德认为斯威齐关注的核心问题是如何找到从封建主义向资本主义过渡的原动力。

多布和佩里·安德森在《绝对主义国家的系谱》中提出了另一种从封建制向资本主义转变的途径解释。"他将封建制定义成一种生产模式，是一种经济和政治的有机结合体。"② 封建制采取"统治链"的形式。国家权力在封建领主的争斗中破碎，领主代表了政治与经济权力的统一体。领主拥有破碎的政治的、法律的、军事的国家权力（它们共同构建了经济权力），并以此占有依赖于他们的农民的剩余劳动。封建领主服从于"过度

---

① Ellen Meiksins Wood, The Origin of Capitalism, New York: Monthly Review Press, 1999, p. 30.

② Ibid. .

剥夺的机制"（农奴制），"经济剥削和政治法律强制被融合"①。由于社会财产关系的变动，这种封建模式不稳固。伴随封建地租向货币地租的转化，压迫农民的政治经济统一体被严重地削弱，威胁已经被分解，政治和法律的强制力上移，国家向中央集权的方向转变，成为绝对主义国家。为了增强控制农民的力量，封建领主关注政治和法律权力形式的破碎或新的中央集权统治下的强制力。处于封建体系裂缝中的乡村，经济不再被贵族所控制，成了技术革新的地点。"尽管政治命令保留封建制度，但是社会越来越变得资本主义化。"② 绝对主义国家的出现意味着一方面通过加强非经济权力重新整编和延续封建制；另一方面资本主义的市场经济得到了自由发展。伍德认为安德森通过绝对主义国家这段历史阐明了封建的经济权力与政治权力分离的过程。

20世纪七八十年代，布伦纳在《欧洲前工业社会的农业阶级结构与经济发展》中论述了欧洲从封建社会向资本主义社会的过渡，批判了两种有影响力的历史解释：第一种是逐渐占据主导地位的人口学解释；第二种是商业化解释。布伦纳指出这两种解释面对不同事实时表现得无能为力，无法说明为什么同样的要素会在不同的国家产生不同的结果，这不仅表现为阶级间的收入分配的不同，也表现为长期的经济增长和生产力发展的不同。这些不同的影响明显具有相似的原因——相似的人口模式与同样的交易网络。布伦纳提出对近代早期英格兰独立的经济发展过程的具有说服力的解释，"这种解释关注社会所有制关系的结构决定着在不同条件和其他要素的作用下影响的多样化。"③ 布伦纳认为封建制度很顽强，前两种解释模式都忽视了前资本主义经济和进程的内在逻辑与稳定性，只有关于社会所有制结构的解释才能理解封建制向资本主义的过渡。布伦纳的论文发表以后，出现"布伦纳论战"，引来许多人的批评，这些批评聚焦于英格兰农业关系在17世纪甚至18世纪是否足够特殊。有两种不同的观点反对这种农业资本主义的解释。一种观点认为如果按照从18世纪以来推动生产率提高的观点，英格兰的经济发展是否真的很特殊；另一种意见同雇佣劳动有关，将资本主义定义为对雇佣劳动的剥削。这些批评认为英格兰那时

---

① Perry Anderson, Maurice Thomson's War. London Review of Books, No. 4, 1993, p. 19.

② Ibid. , p. 44.

③ Ellen Meiksins Wood, The Origin of Capitalism, New York: Monthly Review Press, 1999, p. 44.

并不广泛使用雇佣劳动，雇佣劳动者在英格兰是极少数，这与"农业资本主义"概念相矛盾。布伦纳清楚地指出直接生产者受到非市场力量的剥夺，要维持自我再生产，甚至当他们维持对生产工具的占有时也会被剥削，将使他们屈服于市场的要求。剥削是不可避免的，农民能获得市场的机遇，但英格兰的农民屈从于市场的强制。

伍德认为，布伦纳同斯威齐不一样，后者致力于寻找封建制度解体的外部原因，而布伦纳吸取多布和希尔顿的观点，坚持在内部寻找封建制度解体的原动力，而这个原动力不是业已存在的资本主义逻辑的前提条件。同多布和希尔顿一样，阶级斗争在布伦纳的观点中占据主导地位，从封建制度中解放出来的冲动实际上表明了领主和农民之间的斗争，突出地表现在英格兰生产者屈服于市场的强制。布伦纳抛弃了旧的解释及其前提。布伦纳的解释与特定的英国所有制关系相关，强调的不仅是欧洲的特殊性而且还有不同欧洲国家的差异，关注的是差异性的条件。布伦纳无法解释资本主义的发展与英格兰持续的经济发展过程的特殊性，强调封建制度的解体对欧洲的重要性。

伍德指出，布伦纳是这样解释英格兰乡村资本主义产生的：在英格兰，地主占有的大片土地由借地农耕种。借地农掌握借地权，借地权不是由法律或习惯而是由市场决定的，在借地权中存在一种市场。"在掌握土地的条件下，借地农迅速增加并屈服于市场的强制——不是因为要满足市场而进行生产的机会，也不是小商品生产者成为资本家的特殊需要，而是因为满足市场的专业化和生产竞争的需要，简而言之，就是为了维持生存。"① 英格兰的地主控制了大部分最好的土地，但不喜欢或真的不需要超经济权力；而法国贵族则依赖于财富。英国统治阶级不像法国贵族那样通过经济之外的权力进行盘剥，而是迫使借地农不断提高生产率。英国所有制关系如同布伦纳所揭示的"再生产规律"一样，无论地主还是直接生产者为了维持再生产的条件都史无前例地依赖于市场。这种依赖产生了新的历史动力：同旧的马尔萨斯主义决裂，新的竞争压力迫使提高生产力、重构和进一步集中土地所有权。这些新的动力是农业资本主义，对英格兰特别重要。

---

① Ellen Meiksins Wood, The Origin of Capitalism, New York：Monthly Review Press, 1999, p. 46.

二　对资本主义起源商业化解释的修正

伍德认为，资本主义起源的"商业化解释"强调资本主义是人类实践的结果，只要清除外部的阻碍就能诞生资本主义。这种解释实际上无效。绝大多数历史学家认为资本主义是市场从各种旧的限制中解放出来后才产生的，早期资本主义的产生是因市场的扩展和经济生活的商业化而导致的。

传统的解释出现在古典经济学和启蒙主义的"进步"概念中，而现代历史学家更多地在考察当时是否有交换的倾向，认为合理利己主义的个人从人类历史初期就有交换行为，交换行为伴随分工的发展而专业化，分工促进了生产工具的改进、生产率的提高，已经成为劳动分工专业化的主要目标。商业化解释模式同技术决定论联系密切。"资本主义即商业社会被看作进步的最高阶段，随着技术进步和商业活动的成熟，商业活动从政治的、文化的种种束缚下获得了最终的解放。"① 在西方这种解释继续存在。商业在古地中海已经被很好地建立起来，但它的进一步发展被外在自然力阻断了，在中世纪被地主权力的政治寄生现象所束缚。

对古地中海商业发展被阻断的经典解释是野蛮人对罗马帝国的入侵，一个具有影响力的解释是比利时历史学家亨利·皮朗（Henri Pirenne）提出来的。他认为古地中海曾经有发达的商业文明，但是后来被外来势力中断了。阿拉伯帝国的入侵中断了古地中海的商业文明，靠封锁连接东西方的地中海商路破坏了古代商业体系。由专业商人阶级推动增长的"交换经济"被封建贵族统治的出租经济即"消费经济"所替代。依据皮朗的解释，城市的发展和商人的解放使商业复活了。商业模式最主要的前提就是关于资本主义同城市之间的关系，城市从资本主义诞生时就存在。这种解释模式认为城市在欧洲拥有独特的史无前例的自主权，有利于商业贸易并被市民阶级统治，市民阶级最终从古代的文化和政治寄生现象的桎梏中解放自己。都市经济和商业活动以及商业理性的解放伴随生产技术的改进，生产技术的改进造成交易的解放。这解释了近代资本主义产生的原因。

伍德认为所有这些解释都有一个共同的前提，即贸易和市场的持续

---

① Ellen Meiksins Wood, The Origin of Capitalism, New York: Monthly Review Press, 1999, p. 12.

性。商业利润遵循贱买贵卖的原则，资本主义的交换和积累依赖对剩余价值的占有。市民阶级作为进步的代表、作为城市居住者，通常不从事体力劳动而从事脑力劳动。古代城镇居住者为中产阶级的发展开辟了道路，推进了资本主义的发展，历史也证明了资本主义的发展过程也是中产阶级持续增加的过程。"换句话说，商业化的解释不承认资本主义强制的特殊性以及市场在资本主义社会运行的特殊性，资本主义特殊的运动规律促使人们进入市场和生产者依赖劳动生产率的提高来有效地生产，这些运动规律包括竞争、利润最大化和资本积累。这种模式不需要解释社会所有制关系和剥削模式的特殊性，而它们决定着这些运动规律的特殊性。"①

事实上，商业化根本无法解释资本主义的起源。它设想资本主义的诞生是商业发展的自然结果。人们通常根据资本主义合理化规则来规范自身的行为，以便追求利润和提高劳动生产率。历史已被资本主义运动规律所影响，资本主义靠生产率的发展来推动持续的经济发展。如果一种成熟的资本主义经济要求任何解释，那么将需要鉴别阻碍其自然发展的障碍，这些障碍的清除将有助于资本主义的持续发展。主要问题是市场被设想为一个可供选择的领域以及商业社会被认为是一个完美自由的社会。"市场"概念看起来已经超出了人类自由的范围。"市场与一种历史理论相关联，这种理论认为近代资本主义是自然和不可避免的结果，遵循普遍的、贯穿历史的、不可改变的规律。这些规律的运行至少在当前已被阻碍，它的最终产物——自由市场是一种能够促使控制和管理的互动机制，但是它最终不能被阻碍。"② 马克斯·韦伯、菲尔兰德·布隆德尔（Fernand Braudel）等对商业化解释进行了修正。韦伯认为充分发展的资本主义起源于特定的历史条件。"他考察的是早期的资本主义，甚至是古代。但是他毕竟开始将欧洲与世界其他部分区别开来，强调西方城市和欧洲的宗教因素，特别是解释西方资本主义发展的特殊性。"③ 亲属关系、统治模式、宗教传统是阻碍世界其他地方资本主义发展的因素。城市和交易的自然而不可阻挡的发展、城市和市民的解放意味着资本主义的产生。伍德认为韦伯应该吸取其他关于资本主义发展的设想，不仅西欧的市场环境是资本主义发展的条

---

① Ellen Meiksins Wood, The Origin of Capitalism, New York: Monthly Review Press, 1999, p. 15.
② Ibid., p. 16.
③ Ibid., p. 17.

件，而且多元化的欧洲也遵循历史发展的必由之路。

伍德指出，对商业化解释的批判有影响的是人口学解释，人口学解释认为欧洲经济的发展依赖于人口增减的周期性。但人口学解释无法超越商业化解释，其根本前提仍然是不清楚的。"人口学解释认为封建主义向资本主义的过渡是受供求关系法则支配的。与商业化解释相比，供求关系法则可能被更加复杂的因素所决定。这些因素可能与社会的城市化进程和交易的增长没有多少联系，而与人口的周期性增减相关。但是对于从封建主义到资本主义的转变来说，它仍然被看作普遍的、贯穿历史的市场法则。市场的本质和法则从来没有被质疑。"[1] 资本主义市场比非资本主义市场更注重质量而不是数量。在各种关于商业资本主义的论述中，一些历史学家认为资本主义是一种扩张的过程，作为资本主义核心的商业重要性从欧洲的一个地区扩展到另一个地区，从意大利"城邦"（罗马、威尼斯、米兰等）到荷兰、从西班牙到其他帝国主义国家的殖民扩张，其顶峰在英帝国，不仅扩展了欧洲贸易的范围，而且精炼了其工具，从意大利复式记账法到英国产业革命的生产技术都得到普及，结果成就了近代资本主义。不管是否借助于城市化进程或贸易的增长以及周期性的人口增减，封建主义向资本主义的过渡都能实现。这些观点都把向资本主义的转变看作是对普遍的、贯穿历史的市场法则的回应。

伍德认为，历史社会学派（当代西方社会学中侧重从历史角度进行比较文化研究的流派，力图调和马克思和韦伯的学说，常常用历史的社会变迁来展示社会经济和文化的基本结构。）主要关注长期的社会改变进程。但是仍然有质疑以上关于资本主义起源各种解释的趋势，例如，迈克尔·曼（Michael Mann）认为历史社会学派的立场是"偏执目的论"，产业资本主义在中世纪欧洲已经出现。欧洲资本主义的原动力是经济权力的增强和商业流通的扩大，是技术进步和商业扩展。"技术进步和商业扩展的解释仍然依赖于限制的缺失：资本主义在欧洲自由发展是因为缺失根本的社会管理而导致了基本的自治权。此外，个人所有制发展为资本主义所有制，因为没有集体或阶级掌控垄断权。总之，不仅对资本主义的产生而且对成熟的产业资本主义，上述解释都是无效的。"[2]

---

[1] Ellen Meiksins Wood, The Origin of Capitalism, New York：Monthly Review Press, 1999, pp. 17 – 18.

[2] Ibid. , p. 19.

卡尔·波兰尼（Karl Polanyi）在名著《大转型》和其他著作中指出，个人追求利润的动机与市场交换相关，即使在市场发育很好的地区，市场与社会仍然有明显的断裂。近代以前社会把经济关系和运作隐藏在非经济的亲属、共同体、宗教、政治等关系中。经济动机之外有其他动机，如地位、名誉或共同体的稳定性。在市场交换以外还有组织经济生活的方法，特别是互惠和再分配。伍德认为，波兰尼直接挑战亚当·斯密（Adam Smith）的"经济人"假设和交换的自然倾向。波兰尼认为存在于前资本主义社会的市场仍然屈服于经济生活，被另外的经济活动原则所操控。"不仅如此，这些市场，甚至在最广泛和最复杂的商业体系中依然依据与现代资本主义市场不同的逻辑而运行。"① 局部市场或远地贸易不是竞争而是对前资本主义社会市场的补充，对外贸易只是远地间的搬运。商人的工作是将商品从一个市场搬运到另一个市场，在区域贸易中商业活动被严格地限制。一般来说，竞争因会导致混乱而被排斥。波兰尼认为只有在近代才有把经济与非经济动机区别开的制度和关系。因为人和自然以劳动与土地的形式表现出来，两者在被价格机制驱动的市场中成为商品，社会变成市场的附属品。市场经济只能在市场社会存活，在这种社会，经济不再隐藏在社会关系中，社会关系反而隐藏在市场社会中。波兰尼不是唯一关注市场在前资本主义社会中从属角色的人，具有前瞻性的经济史学家和人类学家必定承认各种经济活动的非市场原则在从最原始的到最精致的社会中运行。其他的经济史学家没有关注贸易原则的具体改变，波兰尼的解释特别引人注目，因为他描述了市场社会与非市场社会之间的断裂不仅仅在于经济原则的不同，而且有社会转变带来的断裂。波兰尼坚持认为断裂是自我调控的市场体系内生的，对社会关系和人类精神都一样。

三　资本主义的农业起源理论

伍德指出，资本主义的产生与城市密切相关。"资本主义在城市中产生和发展的观点已经暗示了在城市文明产生资本主义的道路上有很多障碍。"② 资本主义的产生是由于独特的城市自主权以及大量的城市阶层如资

① Ellen Meiksins Wood, The Origin of Capitalism, New York: Monthly Review Press, 1999, p. 20.
② Ibid., p. 68.

产阶级的产生，资本主义在西方产生不是由于其以成熟形式存在于社会的母体中，而是在萌芽状态中，封建制度通过交易的自然扩展来促使资本主义发展和走向成熟。伍德认为，对这种设想最有益的纠正观点是资本主义及其独特的积累和利润最大化的动力不是在城市而是在乡村中产生的，在一个非常特别的地方和较晚的人类史时期产生。它不仅需要交易的扩展，也需要人类基本关系和实践的转变，同古老人类自然的交往模式决裂。

伍德指出，几千年来人类耕种土地来满足物质需要，在漫长的从事农业生产的过程中，人类被分为农业生产者和劳动成果的占有者。占有者和生产者之间的分离呈现出许多形式，但直接生产者普遍是农民，这些农民掌握再生产的工具特别是土地。同一切前资本主义社会一样，这些生产者直接掌握再生产的工具，意味着他们的剩余劳动被剥削者占有。剥削者对其剩余劳动的占有是通过马克思所说的"超经济"的手段，即军事的、法律的、政治的强制手段。资本主义与前资本主义社会的区别不在于城市或农村、工业或农业，而在于生产者与占有者之间的剥削和被剥削的关系。"只有资本主义是通过纯粹经济手段占有剩余劳动。在成熟的资本主义中，直接生产者一无所有，生产手段、生活资料甚至自身劳动都必须通过工资和交换实现，所以资本家不通过强制手段而占有剩余劳动。"[1] 生产者和占有者之间的这种特殊关系以市场为媒介。各种市场已在人类历史中存在，人们在这些市场中以各种方式和目的交换与出卖他们的剩余产品，但资本主义的市场具有特别的不可替代的功能。在资本主义社会中一切为市场而生产，资本和劳动也由于自我再生产的需要而完全依赖市场。工人依赖市场出卖他们作为商品的劳动力，资本家依赖市场购买劳动力，并将其作为生产手段，以便通过工人生产的商品或服务来实现他们的利润。"市场的依赖导致市场在资本主义社会中成为不可替代的角色，不仅作为交换或分配的机制，而且也作为社会再生产的主要支配者和管理者。为了达到市场支配一切的目的，前提是必须使市场渗透到粮食的生产中。"[2] 这种独特的市场依赖体系要具备的强制力是竞争、积累和利润最大化的规则。这些强制规则意味着资本主义必然会以不同于其他社会的方式来扩展，必将产生新的市场，并将其强制命令渗透进人类生活的各个方面，包括自然界和人类社会。

伍德指出，甚至在 17 世纪晚期，包括英格兰在内的世界绝大部分地

---

① Ellen Meiksins Wood, The Origin of Capitalism, New York：Monthly Review Press, 1999, p. 70.

② Ibid., pp. 70 – 71.

区是自由的，不受市场强制的影响，但一个巨大的交易体系已经存在并扩展到全球，交易的原则是贱买贵卖。国际交易必然是搬运交易，商人在一个地方购买商品并在另一个地方出卖以获取利润。但是在单一的和相对统一的欧洲国家（像法国），非资本主义的生产原则居于主导地位，没有单一和统一的市场，人们在这种市场中获取利润的方式不是靠贱买贵卖，也不是靠搬运交易，而是靠生产更多的高价商品，以便同这个市场中的其他人竞争。在这种市场中，交易仍然倾向于销售奢侈品以满足统治阶级的需求，不存在大量廉价商品销售的市场。农民不仅生产粮食也生产衣服，将剩余的产品拿到当地市场出售，以便同其他人交换另外需要的商品。在这里，交易原则同生产的原则一样。"在西欧农民虽然保有土地，但是他们没有使自己的劳动力成为商品的权利。地主或政府官僚借助于'超经济'的权力和特权，以租金和税收的方式来占有农民的剩余劳动。当所有的人都在市场中买卖之时，作为生产者的农民、地主和政府官僚都不直接依赖市场来进行自我再生产，他们之间的关系也不以市场为中介。"① 与这种做法不同的是 16 世纪末的英格兰。英格兰是个非常有效的统一君主制国家。在 11 世纪，诺曼人作为统治阶级在英格兰建立一个有效的军事政治统一体，英格兰由此成为一个更加统一的国家。在 16 世纪，英格兰为了消除封建分裂，将领主的权力集中于中央政府。这和欧洲其他国家不同，欧洲其他国家仍然是破碎化的法律体系和领主的特权，反对国家的中央集权。

伍德认为英格兰的中央集权有其物质基础和规则。在 16 世纪，英格兰有发达的道路网和水上交通网，伦敦成为欧洲最大的城市，并同英格兰的城市保持着紧密的联系，由此英格兰具有了发达的国内市场。英格兰农业的发展为国民经济提供了物质基础。英格兰农业有两个独特之处：第一，英格兰的统治阶级具有两个特色：一方面，英格兰是中央集权制国家，贵族很早被去军事化，没有其他封建制国家常有的主权细分化经历，尽管国家为统治阶级服务并作为执行统治阶级命令及捍卫所有制的工具，但英格兰没有其他欧洲国家贵族的那种超经济权力或政治权力构成的所有制关系。另一方面，在中央集权的国家和贵族的土地所有之间存在着交易阻塞。第二，英格兰土地长期异常集中在大地主手里意味着他们可以用新的办法使用自己的财产，缺乏榨取剩余劳动的超经济权力，更多的是追求

---

① Ellen Meiksins Wood, The Origin of Capitalism, New York: Monthly Review Press, 1999, pp. 73 – 74.

增强经济权力。这造成以下结果：一方面，英格兰的土地异常集中造成大量土地由借地农而不是自耕农耕种；而法国大部分土地在农民手里并长期保持占有在16世纪到18世纪普遍存在。另一方面，由于地主的超经济权力被削弱，不能强制性地从借地农那里榨取更多地租，只有依赖于借地农生产的效率。这种情况下，地主强烈地促使借地农寻找新的方式增加出口。"在这个方面，地主与贵族有很大的不同，后者在历史上一直依赖于财产的强制来榨取农民的剩余劳动，不靠直接生产者来提高劳动生产率，而靠增强自身的强制力——通过军事、法律以及政治的强制力来提高榨取剩余劳动的力量。"[1] 借地农不仅要直接面对地主的压力，也要面对提高生产率的压力。英格兰的借地权是多样的并有许多地区性的变化，但越来越多的人使用便宜地价（不是依据习惯或法律，而是由市场状况决定）。借地农不仅在市场中为消费者而竞争，而且也为保有土地而竞争。借地权的保有依赖于偿付能力，不具有竞争力的生产意味着失去对土地的掌握，因此必须提高生产竞争力。为了满足便宜地价的要求，其他潜在的借地农为了同样的借地权而互相竞争，借地农被迫生产高消费的商品，以弥补占有。"所有制关系体系的影响在于许多农业生产者包括相对富裕的自耕农都依赖市场来实现对作为生产手段的土地的占有。"[2] 体现了作为机会的市场与作为强制的市场之间的差异，也揭示了基于传统的设想来解释资本主义发展的无力。农民屈从于封建地主的超经济权力，小商品生产者如果给其机会将会成为资本家。地主像从前榨取农民的剩余劳动一样，现在则采取货币地租的形式来代替对劳动服务的剥削。在法国农民掌握了财富并有能力抵抗来自地主的迅速增长的压力，只交纳少量的固定地租，享有财产受保护的权利，屈从于变动而非固定的地租。"在英格兰，推动商品生产、刺激生产率提高和经济增长的是不固定的、变动的地价。在法国，由于农民掌握土地并且交纳少量的固定地租，所以没有这样的刺激存在。换言之，市场不是提供机会而是提供推动小商品生产者进行积累的强制。"[3]

伍德认为市场的强制在英格兰和法国有不同的影响。到现代早期，许多英格兰的传统地租变成了便宜地价。虽然借地农认为传统地租能给他们

---

[1]　Ellen Meiksins Wood, The Origin of Capitalism, New York：Monthly Review Press, 1999, p. 76.

[2]　Ibid. .

[3]　Ibid. , p. 77.

更多的安全，但他们仍然会在市场的压力下出售自己的产品，以提高在市场中的竞争力。具有竞争力的农业生产者获得成功，并且对土地的掌控更加有力；无竞争力的生产者被淘汰并成为一无所有的大众。竞争性的市场强制是剥夺直接生产者的主要因素，但是这些经济力量毫无疑问借助于直接的强制力的干预来收回借地农的土地或剥夺他们习惯性的权利。一些历史学家夸大了英格兰农民的数量，英格兰农民可能要经历漫长的时期才能彻底消失，但相比欧洲其他国家，英格兰是个特别的国家，市场的强制加剧了英格兰的大土地所有者和一无所有的大众之间的两极分化。地主、资本主义性质的借地农和雇佣劳动者组成的三角关系是英格兰农业发展的结果，雇佣劳动随着劳动生产率提高的压力而增加。在提高农业生产率并可以维持大量非农业人口的同时，造成大规模的劳动人口和廉价的国内市场。这种市场没有历史前提，是英格兰产业资本主义形成的背景，市场的强制增强了剥削以提高生产率。这反映在英国的殖民地中，实际上更早地反映在早期美国，在美国独立的小农业生产者被认为是一个自由共和国从农业资本主义开始就需要的基础：增强自我剥夺以及占有，并被更大型的企业所代替。同英格兰相比，法国封建制的危机被其特殊的国家形式解除，贵族长期地拥有政治特权，当封建制被专制主义代替的时候，政治特权不被纯粹的经济剥削或资本主义的生产所替代。相反，法国统治阶级获得了新的超经济权力，以税收的方式，通过对农民的剩余劳动的占有为专制主义国家构建官僚机构。甚至在专制主义的高峰，法国仍然保留一种竞争性的法律体制。在这些条件下，完美的经济理论仍然主张靠超经济手段来压榨农民，而不是鼓励生产竞争和改良。相对于英格兰，法国缺乏刺激资本主义发展的动力。伍德指出，与英格兰早就清除了资本主义发展的障碍并形成了国内市场相比，法国直到拿破仑时代才真正建立了交易和市场的原则，开辟了资本主义发展的道路。"重要的是竞争性的国内市场的发展不是资本主义发展的必然结果，而是资本主义社会的原因。统一和竞争性的国内市场反映了剥削模式和国家本质的改变。"[1] 法国统治阶级的政治特权或超经济的剥削权意味着国家和经济之间没有真正实现统一。法国统治阶级的剥削权是由政治上的特权来维系的，政府成为贵族和市政法律的残余，统治阶级在专制主义之下除了获得新的经济之外的权力，没有带来

---

[1] Ellen Meiksins Wood, The Origin of Capitalism, New York： Monthly Review Press, 1999, pp. 79 – 80.

国家与经济的真正统合。而在英格兰国家的政治形态的强制力和经济形态的剥削之间区分明显，统治阶级的私人经济权不仅没有损害国家的政治统一，反而形成了中央集权的国家和统合的国民经济的共存。

伍德的资本主义农业起源理论直接来自于布伦纳，但也有许多新的发展。她认为布伦纳解决了过去 200 年间社会科学的一个核心问题，即成功地揭示了资本主义市场的特殊性不是机会而是强制。资本主义不是自然而然生长出来的，只有当生产关系特别是社会财产关系发生转变的时候，这种强制才会实现，而且只有在英格兰才能发生。伍德强调欧洲封建制度在西欧内部有多种形态，产生了不同结果，资本主义只是其中之一，英格兰具有其他欧洲国家没有的产生资本主义的特殊条件。英格兰的领主将经济契约强加于租地农的原因是由于统治阶级拥有特殊的经济权力。伍德对布伦纳观点的辩护有一些值得肯定的地方，如伍德分析英格兰的特殊性，注重历史材料的分析，将英格兰和法国进行比较，指出两国阶级斗争的差异等。伍德的资本主义农业起源理论对我们有如下重要的启示：

其一，资本主义不是人类天性自然不可避免的结果或者朝着交换方向的旧社会的发展趋势。资本主义是较晚和非常特殊的历史条件下区域化的产物，它成为当今世界普遍性的制度不是人类天性或贯穿历史规律的结果，而是其内在特殊运动规律的产物。那些运动规律要求巨大的社会转变，要求人类新陈代谢的转变，以提供基本的生活必需品；其二，资本主义从其产生起就存在着深刻的内在矛盾并有向社会主义转变的趋势。英格兰农业资本主义具有显著的影响，物质繁荣的条件存在于早期英格兰，但是以占有和过度剥削为代价。这些条件也构建了资本主义发展的基础并寻找新的更奏效的殖民扩张模式，帝国主义也在寻找新的市场、劳动力和资源。其必然结果是：为了提高生产率和供养大量人口而对一切利润强制的屈从。这意味着人们通常朝不保夕、忍饥挨饿。一般来说，资本主义的生产能力和生活质量之间存在巨大的差距。利润和生产是不可分割的，造成了剥削和贫穷。不负责任的土地使用和环境破坏是追求利润的生产伦理的结果，"资本主义产生于人类生活的核心，借助于农业资本主义，相互作用的转变揭示了资本主义体系内在的破坏性冲动，因为资本主义屈从于利润的逻辑。换句话说，资本主义的起源揭示了资本主义的实质秘密。"[①] 资

---

① Ellen Meiksins Wood, The Origin of Capitalism, New York: Monthly Review Press, 1999, p. 118.

本主义扩张有巨大的影响：占有、传统所有权的消灭、市场强制的不合理要求、破坏环境。这些已使剥削和被剥削阶级之间的关系转变为帝国主义和附属国之间的关系。如果资本主义的破坏性影响已经持续再生产了自身，那么其积极影响没有从其产生时就开始增长。一旦资本主义在一个国家建立并开始强加其强制力于欧洲其他国家和整个世界，那么资本主义在其他地方的发展将不会遵从其诞生地的运动轨迹。市场的强制比以前更加明显，资本主义的繁荣以大多数人生活条件的下降和世界性的环境破坏为代价。资本主义的破坏性影响已经大大超过了其物质上的成就。伴随着竞争性的压力、积累、被更多发达国家强加的剥削、资本竞争带来的不可避免的危机，资本主义的消极影响更加显著。资本主义的扩张已经渗透进社会生活和自然环境的各个方面，人道的、真正民主的和生态可持续发展的资本主义已经变得明显地不切实际。资本主义造成生活世界的殖民化，加剧人、自然与社会之间的矛盾，必将走入其生命的终结。尽管资本主义自身的转变是不可能的，但仍然具备向社会主义转变的可能，因为社会主义是建立在资本主义创造的物质和精神文明成果基础之上的；其三，市场强制导致自由市场的缺失和剥削的产生。一旦市场强制设定了社会再生产的模式，占有者和生产者都要屈从于竞争、生产率的提高、资本积累和增强剥削的要求，甚至占有者和生产者之间的分离也不可避免。一旦市场被当成一种经济强制，经济角色变成了自我再生产的市场依赖者甚至工人拥有生产手段，个人或集体都将屈从于市场的强制——竞争和积累，从而使无竞争力的企业及其工人破产。英格兰农业资本主义的历史表明市场强制规定经济和管理社会再生产，工人阶级和农民阶级都将无法逃脱被剥削的命运，不存在真正的自由市场，更不存在"市场社会主义"。"当人们被警告市场不仅意味着大规模和各种消费品的超级市场，也意味着失业和贫穷。市场能够扮演经济管理者的角色，能够成为单一的信息来源，成为消费者和生产者之间交流的一种方式，也能保证企业的优胜劣汰。"[1] 这并不意味着社会市场（处于各种社会关系中的市场，而不仅仅局限于商品市场）比没有控制的自由市场资本主义更差。不能回避市场成为经济管理者的一些问题：直接生产者的市场依赖、劳动力的商品化、市场社会化的条件、人类需要面对市场的能力。

---

① Ellen Meiksins Wood, The Origin of Capitalism, New York: Monthly Review Press, 1999, p. 120.

伍德的资本主义农业起源理论的缺陷表现在：其一，伍德的论证具有欧洲中心论的色彩，只注重考察西欧特别是英格兰的资本主义的产生，将资本主义的产生归结为英格兰与世界其他地区的差异，实际上英格兰的特殊性并不在于其经济地位，而在于土地对于农民的商品属性，在于社会财产关系在英格兰的形成和确立；其二，伍德的论述暗含了英格兰或西欧的优越性，忽视对世界其他国家特别是中国和印度等文明古国的经济史研究。这些国家具有同英格兰类似的经济特征，但并没有向资本主义过渡，其原因就在于这些国家都缺乏金融与军事的联合，无法激活自身的资本主义因素。欧洲资本主义的产生并不是单一因素驱动的结果，而是包括农业、金融和军事在内的多因素共同作用的结果，也不是采取市场交换的和平方式，而是以军事手段掠夺其他国家和地区的资源并在世界经济发展中获取最大利益的结果；其三，伍德强调借地农——自耕农在资本主义产生过程中的作用，但没有对英格兰或法国借地农保有土地的类型进行划分，也没有论述他们接受经济契约的时间，历史已证明自耕农在推动所有制改革和耕种技术的变革方面也具有重要的作用；其四，伍德论述资本主义起源的商业说、人口说、绝对主义国家说和农业资本主义说是比较到位的，但她一方面声称坚持马克思的历史唯物主义；另一方面却没有坚持马克思的生产方式与阶级斗争学说，只是从农业的层面对资本主义的起源进行描述，没有深入经济结构内部进行考察。伍德的资本主义农业起源理论虽然有某些缺陷，但为我们从新的角度认识资本主义的起源及本质提供了帮助。要考察资本主义的起源就必须坚持历史唯物主义的分析法，从多个角度接近历史真相。

第二节　资本主义的原始文化

伍德认为资产阶级范式无法揭示资本主义的起源及文化特点。资本主义的原始文化肇始于文艺复兴运动，展示了人对理性和自由的追求。只有将"资本主义"与"资产阶级社会"进行比较，才能真正揭示资本主义原始文化的本质和特点。伍德对资本主义原始文化的阐述有利于我们对资本主义本质的认识，对中国的社会主义文化建设也具有重要的理论启示。资本主义的原始文化特指英国资本主义的早期文化，包括：其一，从欧洲封建制产生的英国资本主义历史与其他国家不同，英国产生的是带有古代残余的君主立宪政体。其二，资本主义所谓的进步伦理观在其早期就是模糊的。其三，英国资本主义的发展反映了资产阶级与"资本主义社会"的不一致，资本主义与现代性并不是一回事。伍德论述了资本主义起源的"资产阶级范式"和英国的特殊性及衰落，揭示了资本主义原始文化的构成，实现了对资本主义原始文化的"重释"。

一 资产阶级范式

所谓资产阶级范式是指资本主义起源的解读模式，认为资本主义产生于封建社会的母体中，封建制的解体使蕴含在其中的资本主义要素获得解放，资本主义由此自然产生，资产阶级是封建制向资本主义过渡的主要推动力量。伍德认为，尽管英格兰是世界上第一个资本主义制度产生的地方，但是西方文化已经产生了与英格兰情况不符的关于资本主义主导性的看法：真正的资本主义实质上是一种城市现象，由商人和资本家创造。这种主导性的历史范式决定着近来所有历史争论的框架。由于英格兰历史的特殊或不充分的发展，一些西方学者认为它无法按照这种主导性范式进行解释，一些"修正主义"历史学家也否认这种"社会转变"的模式能解释英格兰的历史，一些人否认法国革命的"社会表演"，倾向于将法国革命史——"社会表演"定义成主导的解释范式。这种范式的问题是当它包含重要的真实元素时，它不符合任何实际存在的历史发展模式。如果历史根据无法符合传统的进步范式，那么历史必定被简化为偶然性或一系列的事件，而不是历史性的进程。伍德用简单的对比来表示：乡村与城市、农业与商业和工业、集体主义与个人主义、非理性与理性、地位与契约、强制与自由、贵族与资产阶级。古代和现代进步的运动规律以人类知识、理性或更加特殊的技术进步为标志，这些发展与一般的阶级兴起和消亡相关，通常以资产阶级、知识的占有者、革新和发展，最终以资本主义的掌控者和自由主义民主胜利的形式展现。在英格兰存在资本主义，但是它不被资产阶级承认。在法国，有成功的资产阶级，但是它的革命工程同资本主义没有关系。资本主义在任何地方都不是衰落的贵族和兴起的资产阶级之间简单对抗的结果，不是城市活动家与乡村白痴之间致命遭遇的自然产物。

伍德指出，在回顾意识形态的渗透之前，英格兰资本主义的演变是不符合资产阶级范式要求的。英格兰农业资本主义的活力同地主阶级的商业相关，资产阶级与贵族之间的对立的缺失等都揭示了一个相当不同的历史转变范式。约翰·洛克（John Locke）认为古代和现代之间的区分标准同知识的进步有关，但是它既不在贵族和资产阶级之间，也不在城乡和农业及商业之间表现出来。在洛克的财产权概念中，财产同生产与非生产，同消极出租地主和农业改良之间有着紧密关系。这种区分古代和现代的进步标准同样适用于地主和市民、贵族和资本家，他们是消极占有者，生产性改良具有某种模糊的进步性。

18世纪末产生了改良的概念，它依据的是"商业社会"代表了人类发展的最高层次和走向卓越的趋势。大卫·休谟（David Hume）与古典政治经济学都认为传统土地财富、代表不同道德标准的"商业社会"与改良的结合是前提。但是这个观点既不能抵制商业化解释模式，也不能作为农业贵族与城市资产阶级之间阶级冲突的理由。当然有上升与衰落的阶级，但是休谟揭示了这种事实："起源于农业的上升阶级与挥霍财富的古代贵族之间的对立。古代贵族没有将他们的土地当作获取利润的手段，也没有增加城市和财富以及提高'中产阶级'的权力。"[1] 亚当·斯密（Adam Smith）论述了英格兰农业的生产率，将经济的发展归功于工业与农业之间的劳动分工以及城乡之间资源分配的分离，这种分离与分工促进贸易增长和提高生产率。"如果贸易是发展的动力，如果城乡之间的联系对其发展是关键因素，那么发展的动力就不是来源于城市或资产阶级，这个阶级是作为对寄生性的地主阶级反抗的阶级而存在。"[2]

伍德认为在法国也产生了一种经济思想，这种思想认为农业是所有财富的源泉，但是如果没有法国大革命，一切都不可能实现。与英国相比，法国有根本不同的传统：法国没有农业资本主义，其农业陷入停滞状态，法国资产阶级与贵族更多的是对抗性关系。但是法国农业资本主义的模式不是在革命的时期被构建的，资产阶级与资本主义的结合是一种合成的范式。革命的资产阶级已经占据专家和政府管理者的绝大部分，而不是古典多元资本主义或是商人和贸易者，出租人的职业仍然保留资产阶级的意识观念。鉴于英国的经济发展，联系英格兰早期议会政府的发展，法国大革

---

① Ellen Meiksins Wood, The Pristine Culture of Capitalism, London and New York: Verso Press, 1991, p. 5.

② Ibid. .

命激烈和值得模仿的反抗贵族特权的斗争被认为是对每一次反抗经济停滞和政治排斥的象征。

伍德指出，洛克仍然坚定地关注英国农业模式。对洛克构造概念的扩展——像农业"改良"——确定了他关注于财产的生产与非生产性使用，扩展了商业或商业利润的渠道，传统的商业原则是贱买贵卖，生产率和财富的增长来源于"改良"，洛克对于资本主义起源的分析同那些将资本主义定义成古典"资产阶级"的活动或城市和贸易的增长的人相比更加接近与众不同的资本主义的逻辑。洛克认为所有制起源于南英格兰富于活力的农业地区，而不是对古代商业活动的简单扩展，这种扩展构建了一种建立在竞争性强制导致劳动生产率提高基础上的自我持续发展的社会动力概念。

伍德认为，不能从当代或中世纪的传统的商业活动中推断出资本主义的产生，但将资本主义与资产阶级结合起来已经成为一种趋势，资本主义制度的特殊活动、动机和强制不是古代社会形式的扩展。资本主义仅仅是具有更多的贸易、市场、城市以及包括以上所有的正在上升的"中产阶级"。这种趋势有着重要的影响，目前通常将资本主义当成历史性的存在——至少潜在的，而且至少回归其历史上有趣的方面——只要求以自然发展的方式来消除阻碍其发展的障碍。资本主义是一个久远的机遇而不是一种新的历史性的特殊强制。机遇的掌握者——交易者、零售商、商人、资产阶级——同城市与市场一样久远。障碍也存在于他们前进的道路上，同特权贵族和受制约的大众一样久远。这些障碍是顽固的，可能要求采取暴力措施来消除，而不是变成一种新的社会权力。

伍德认为，按照资产阶级范式，资产阶级革命当然已在马克思主义的原则中被突出地阐述，这种模式的绝大多数特征表现在马克思主义的思想中，资产阶级与贵族的对立表现在英国和法国革命中，资本主义潜伏在封建制的裂缝中，只等待爆发。"以上所有的政治经济学批判的核心在于坚持资本主义的特殊性和它的运动规律，否定资本主义只是古代商业社会的扩展以及资本积累与古代商业社会获利之间存在显著差别，拒绝对资本主义的分析运用历史的逻辑的方法。"[①] 马克思主义的阶级概念引导我们寻找资本主义的运动规律，不是在兴起与衰落的阶级动因中，不是在衰落的剥

---

① Ellen Meiksins Wood, The Pristine Culture of Capitalism, London and New York: Verso Press, 1991, p. 8.

削阶级间的单一变动和对剥削的渴望中，甚至不是在一个阶级反抗另一个阶级的革命活动中，而是在剥削者与被剥削者之间的持续关系中——不是贵族与资产阶级而是地主和农民以及在每一种社会形式的矛盾中，这些矛盾引发危机、混乱、暴力冲突（不仅在他们之间，也在社会各阶级之间）甚至革命。

伍德指出，资本主义并不是永存的，也不是在没有充分发展之前就从封建制的束缚中解放出来。资本主义的产生伴随着其特殊的运动规律，这是需要解释的，这种解释至少在马克思及传统历史唯物主义理论中被很好地阐释，它与英国历史的特殊性有关。英国农业资本主义的历史具有"三合一"的特点：地主、资本主义的借地农与雇佣劳动者之间的结合。自从马克思阐述了英国农业史以来，这种"三合一"的关系已在马克思主义者的解释中成为一个主题，布伦纳通过考察关键数据和人物，特别是英格兰借地农（英格兰借地农是指地主占有大量土地，农民通过市场竞争机制来保有借地权），进一步解释了资本主义发展的机制。与地主和农民不同，英国借地农从经济地租的条件下分离出来后没有获得所有权的保证，甚至对土地的占有也必须屈从于竞争性市场的要求，这迫使他们依靠革新的专业化和积累来提高生产力。马克思已经揭示了资本主义的原始积累，认为农民由于被强制驱逐和竞争性的经济压力而被剥削。作为抽象的自动化技术进程结果的"工业化"观念，"不是在一般生产力提高的前提下的阶段，而是贯穿于历史，它借助于资本主义的社会关系、资本主义的剥削、资本主义的竞争和积累原则，是资本主义特殊运动规律的结果。"[1] 生产力的发展水平对工业资本主义的突破来说是一个必要条件，但这只存在于英国所有制关系的条件下。当英国资本主义的特殊历史被放置于一个更大的背景下，如从古代罗马到现在的西方发展史，以及更大范围的地理政治和经济关系的国际网络，就没有单一的、线性的甚至平行的历史发展的欧洲模式。

伍德指出，历史唯物主义传统中关于封建制向资本主义转变的最重要的著作很少依据资产阶级范式，更多的是诉诸与众不同的多样性。马克思主义历史学家都坚持认为从封建制转变到资本主义要经历漫长的过程，在这个过程中，革命不是转变的主要动因，其动因是长期和复杂历史过程中

---

① Ellen Meiksins Wood, The Pristine Culture of Capitalism, London and New York: Verso Press, 1991, p. 9.

的危机，这个过程并没有随着革命事件而结束。多布、希尔顿、布伦纳辩论关注的是地主与农民之间的关系，而不是贵族与资产阶级的关系，他们明确地反对任何以下的假设："城市是固有的资本主义，对封建制不利，金钱与市场对封建制有侵蚀作用，或者贸易的增长是向资本主义转变的主要动力。"① 这种观点也倾向于暗示"资产阶级"与"资本主义"之间的某种差别。

伍德认为在马克思主义的早期著作中仍然有这种倾向，即认为资本主义仅仅是业已存在的"原始的"小规模的商业生产和温和的农民活动特别是自耕农活动的简单扩展而已，认为资本主义市场与其强制相比更多的是一种机遇。资本主义不再是一种无法解释其早期存在的假设，这种假设认为资本主义是非资本主义社会中阶级关系的无目的性的结果，是直接生产者对竞争强制的屈服，他们有责任进入市场，以便获取再生产与生存的手段。

二　英国的特殊性及其衰落

伍德认为资产阶级范式依赖有影响力的观点，即认为英国资本主义衰落的原因是由于其早熟和不充分的发展。这种观点认为自从英国资本主义产生始，英国的资本主义就发展不充分，英国处于经济停滞状态，英国精英不合理地占有了运用于现代工业生产中的商业和金融资本，象征英国已经进入了前现代时期。围绕着这种观点的争论一般关注维多利亚时代和英国未来经济的发展。最有影响和最普遍的观点认为我们必须追溯到 17 世纪，并且要超越经济对政治与文化的基础作用的看法，比较英国与欧洲其他国家的差别。佩里·安德森（Perry Anderson）和汤姆·莱恩（Tom Nairn）认为英国经济的缺陷是由于古代体制的持续以及英国资本主义的早熟和在未受挑战条件下的发展，工业与商业发展不协调以及资本主义经济与根本没有转变的"上层建筑"（前现代化国家和贵族文化）之间的不适应。他们的观点形成了莱恩—安德森命题。莱恩—安德森命题主要关注的是英国的民族性问题。其一，依据莱恩—安德森命题，17 世纪英国革命不彻底，它只改变了英国社会的经济基础，而没有改变它的上层建筑，土地贵族依然在统治英国；其二，由于 17 世纪英国革命的不彻底，而且是以

---

① Ellen Meiksins Wood, The Pristine Culture of Capitalism, London and New York: Verso Press, 1991, p. 10.

宗教斗争的形式进行，所以英国的资产阶级从未形成革命的意识形态；其三，英国不成熟的资产阶级革命导致不成熟的工人运动，因此英国工人阶级缺乏革命传统，也无法接受马克思主义的革命理论。依据莱恩—安德森命题，英国从来没有经历完全意义上的"资产阶级革命"，而这是欧洲其他国家实现现代化的原因。古代体制留给英国的遗产是当它的第一次早熟式的发展和早期的主导地位终结后就没有革新的资源了。莱恩—安德森命题的目的是解释英国衰落的原因，不仅包括对英国衰落特殊性的解释，也包括对英国特殊性的解释。

　　莱恩—安德森命题坚持了两个主要设想：一是英国的衰落是独特的和唯一的，英国早期资本主义的产生根本没有受到挑战，而且英国资本主义发展不充分，但问题是资本主义发展的不充分应该在欧洲大陆更加合理才对；二是英国仍然是农业和贵族资产阶级统治的国家，没有完全实现其社会规则和主导文化的转变。尽管未成熟的资产阶级从来没有实现控制"现代化"过程的霸权，但原始的商业和资本的金融形式给英国工业资本带来永久的缺陷。这个命题的核心观点是：后发的资本主义国家不会遭受同样的混乱，因为它们更加"现代化"和实现了更加彻底的资产阶级革命。这些设想后来以各种方式被修改。佩里·安德森认为英国"衰落的景象"可能构成了一个更具普遍性的形式，它已经在美国复制，并最终成为发达资本主义世界普遍性的现象。同时，他仍然认为英国的例子是特殊的，英国资本主义由于其手段的贫乏而无法实现工业的振兴。他的问题是资本主义历史起源的解释能否经得起检验，特别是关于英国"缺陷"的普遍化是否包括所有欧洲的资本主义国家。安德森的这个大胆观点后来被阿尔诺·迈耶（Arno Mayer）进一步阐述。"古代政治体制"延续到20世纪的欧洲，暗示了英国的"缺陷"不是很特别。比安德森和迈耶走得更远，汤姆·莱恩认为古代政治体制延续的时间更长。英国显著的独特性既不在于其"缺陷"，甚至也不是其危机的形式。实际上，如果莱恩将资本主义的胜利推迟到20世纪70年代，那么他的这些观点看起来需要作出根本的调整："依据莱恩的观点，资本主义取得决定性胜利的景象也在其他地方被复制，但是英国取得胜利的原因也是其病因之所在，而绝大多数资本主义国家没有英国的古代残余。"①

---

① Ellen Meiksins Wood, The Pristine Culture of Capitalism, London and New York: Verso Press, 1991, p. 13.

伍德指出，对安德森关于英国的解释作出简单性的一般化的选择将导致对一般性危机的质疑，这是安德森不能接受的，不是因为这种观点无法对美国作出解释，而是因为英国真正存在着重要的特殊性。安德森强调，英国工业的特殊范围，对小规模商品生产的爱好，对资本和生产集中的排斥和英国海外投资的不合理等都包含着一种特殊的文化结构。安德森已经指出英国是从西欧的一般文化和学术传统中分离出来的。依据莱恩的观点，这使英国的民族身份要通过古代形式的君主和前资本主义的意识形态来界定。如果其他的资本主义国家遭遇相似的命运，如果英国古代的封建残余必须被放置于一个更大的欧洲缺陷的背景中去，那么安德森的观点是：英国衰落的特殊性依然能被其古代政治体制的特殊性所解释。尽管莱恩—安德森命题必须进一步具体地在"个人的更低水平"上进行解释，但是古代残余的保留是其特殊性的体现，安德森认为，这可以在历史的审判中进行辩护。

伍德指出，在安德森关于英国历史的解释中有两个不同的命题存在。这两个命题虽然在其著作中是交织在一起的，但是分离出其主要的观点是可能的。命题一论述了早熟的资本主义和"温和的"资产阶级革命，由于英国的贵族和农业起源，英国的资本主义发育不全，资产阶级与贵族之间没有对抗性的冲突，资产阶级未摆脱附属地位，改变国家和主导文化的企图也归于失败。相反，欧陆资本主义国家从更加彻底和激烈的资产阶级革命中获利，从资产阶级与贵族之间明显的对抗性中获利，显示了资产阶级和古代体制及文化上层建筑的完全转变的胜利。"英国相对的失败与其他资本主义国家的成功同前者的早熟和后者的相对成熟有关。"[1] 命题二开始于早熟的资本主义，但是关键的因素不是古代体制的持续性，而是早熟和不受挑战的资本主义发展障碍的缺失。当代英国资本主义的缺陷是由于其起源时的优势。"英国资本主义并不是纯粹意义上的所谓的第一次上升和第一次衰落，也不是古代体制的问题。这个观点更准确地说是英国早期和无与伦比的革命使英国丧失了扭转衰落的方法。"[2] 早期英国资本主义从来没有面临构建制度和习俗以便提高或加速发展的问题，而且它的缓慢的和"自然的"工业革命不像后来的德国的工业化进程，没有由官僚主义创造、

---

① Ellen Meiksins Wood, The Pristine Culture of Capitalism, London and New York: Verso Press, 1991, p. 15.

② Ibid. .

有效的、广泛的对技术教育体系的需求，过去的胜利变成了目前的停滞。

有一种观点认为英国是世界上第一个资本主义国家，它的优势深刻地影响了它的未来发展，它的特殊发展过程赋予英国资本主义独特的病态景象，显著地表现在资本和生产的集中化，但这是在以后国际竞争的条件下所要求的。伍德认为这种观点是值得怀疑的。如果英国资本主义是第一个资本主义，而且因此也是唯一产生资本主义的地方，看起来它是自发的，并且不是来自于更多的"现代化"国家的外在竞争压力的反映，这种温和革命留下了贵族形式以代替一系列的革命屠杀，虽然使资本主义的运动规律更加稳固，开创了资本主义发展的新模式，但也使得资本主义在保留古代政治体制形式的基础上呈现出不稳定发展的态势，加剧了"政治"与"经济"的分离，削弱了资本主义发展的动力。

三　资本主义原始文化的构成

伍德认为资本主义的原始文化由五个部分组成，分别是：语言学、社会思想、绝对主义、社会的总体性和哲学史、社会世界的碎片化。

1. 语言学。伍德指出，语言形式是普遍的社会差别的模式，它是人类交易的最基本要素在等级制中的反映，在英国文化中有同语言分离的形式，这要追溯至英国的早期政治经济学。英国在欧洲国家区分社会阶级的行动中不是例外，靠语言习惯中的不同声音来区分，但是传统发音是占主导地位的社会差异的语言标准。英国的"语言官僚主义"（用语言来表明身份）相对处于弱势，按照表达方式，存在于语言中的是物质而不是声音。尽管一个特定流畅的演讲从传统上来说同英国精英相关，但是语言表达的培养是英国上层阶级文化突出的特征。在英国，语言表达简化和精练化有一个长期的传统。"这也已经显示了社会语言差异范围的狭窄，社会语言强调发音的等级，这是作为考察语言学的阶级统治的一种工具。"[①]

语言学的传统可以追溯至 17 世纪，而且与英国的政治经济学的发展相关，适合经济基础和上层建筑的隐喻。"从起源和动机看，它同法国的古典主义语言规划明显不同，法国古典主义的风格形式表现为精心构造的

---

① Ellen Meiksins Wood, *The Pristine Culture of Capitalism*, London and New York: Verso Press, 1991, p. 82.

文化政治，这是更大的合理化工程的一部分，并被绝对主义国家所控制。"① 这个古典工程（古典主义的语言规划）被阿科德米·弗朗科斯（Academie Francaise）创建于 1638 年。如果法国古典主义是绝对主义的美学，那么英国语言变革的标准则属于不同的文化。英国新语言学原则最系统化的表述来自于贵族艺术。它在复辟时期（1660 年查理二世的王朝复辟）表达了"现代化"精神，要求一种严格的简约的语言为"新科学"服务。对语言文字的简约态度没有扩展成类似生产与商业的艺术，但被贵族社会的绅士所采用。汤姆斯·斯普特（Thomas Sprat）在 1677 年已经指出这点，并被新科学的支持者所鼓励，他们宣扬隐喻技巧和提倡一种亲密的、直白的、自然的话语形式，积极表达清晰的感觉和轻松的论述。威廉·沃顿（William Wotton）早在 1694 年就阐述了新科学，并在学术和商业界中间产生了巨大的影响。弗兰西斯·贝克（Francis Bacon）的语言学工程不仅代表对古代体制的拒斥，也代表对新科学的反抗，至少也暗示了对非功利主义思想和政治经济学的批判。这种批判不只显示了资产阶级与贵族之间的对抗。新科学的前提是农业改良以及建立在技术革命和圈地运动上的生产力的提高，结果提高了地主的地位和成就了商人。

伍德指出，清教徒的影响表现在语言学中，但是与新的语言苦行主义和色彩斑斓、尖刻的、富有诗意的语言相比，它不令人瞩目，所以甚至在早期最严肃的清教徒的观点中，暗指与隐喻具有丰富的内涵。在 17 世纪中晚期，存在明显的语言学断裂。雄辩和修饰不再存在，从英语散文中消失，但是新的语言文化被稳固地建构于更高层次的英语学习中（最著名例子是英国哲学，它超越了平淡与普遍，形成了其专业化的特点），以及在绅士教育和"政治"演讲传统中。

2. 社会思想。安德森在《民族文化的构成》一书中对英国社会科学的分析给我们一个最具挑衅的观点。该书发表于 1968 年学生运动的高潮时期，这篇文章如同《新左派评论》的宣言，赋予了这个期刊的学术使命：介绍欧陆左派思想——关于变革"欧陆最主要保守社会"的"平庸"和"无生机"的民族文化。伍德指出，依据安德森的观点，作为社会科学面貌出现的英国民族文化最独特的特征是："英国是唯一的西方社会——从来没有产生一种经典社会学，从来没有一种系统化和总体化的社会理论

---

① Ellen Meiksins Wood, The Pristine Culture of Capitalism, London and New York: Verso Press, 1991, p. 82.

能适应社会关系的整体需求，并且作为对早期总体化体系反映的欧陆社会学而出现。"①

伍德认为，英国社会科学已经具有了其独特性，但安德森认为英国的社会学充斥着心理学，包含了物质与思想的个人主义和一系列结构性与内在原则联系上的扭曲，这在政治理论、经济学与历史学的分离中表现得特别明显。正确评价这些特征依赖于揭示它们的来源。尽管将英国社会思想的特殊演变归结为早期英国资本主义的根源，但安德森认为欧陆社会理论在资产阶级革命爆发之前没有历史感，甚至可能在 19 世纪工人阶级政党出现之前也是如此。欧陆社会理论"总体化"的特征是资产阶级文化的产品，植根于对古代体制的挑战，是在对社会主义政治威胁的过程中实现的成果。安德森认可的唯一前例是马克思主义，"古典社会学作为资产阶级对欧陆马克思主义的反映而臭名昭著地出现。"② 但从一个更长的历史角度来看，法国和德国社会思想既具有共同性也具有差异性，都具有生机和活力，英国的社会思想则具有理论贫困化的问题。

3. 绝对主义。伍德认为在欧陆思想中，关于社会总体性的前提问题有一个漫长的历史，同资产阶级霸权或资本主义的现代化冲动没有关系，至少要追溯到法国 16 世纪的绝对主义、共同原则的持续性、政治经济权力的封建边缘和中心的联合。在让·伯丁（Jean Bodin）政治思想中有形似的观点："国家作为一种合作实体的网络概念在一个有机的官僚主义的'和谐'中结合。"③ 早期绝对主义的反对者更多的是合作实体间的关系和身份政治中的公共权力的平衡。实际上，平衡或"和谐"作为一个有机统一体的共同部分存在于 16 世纪法国的政治辩论中，出现在系统化的哲学论著中，也表现在实际的政治生活中。

法国绝对主义的主要前提是税收/政府机构构成了作为私人占有集中化工具的国家，代表了文明社会与国家的联合，它的原子化模式侵入了"政治"和"经济"领域。实际上这是商业原则的特点：经济自身不作为一个自主领域而存在，相反，被归于政治共同体之下。松散的商业与联合的国家之间的关系在商业体系中并不会令人惊讶，这暗示"利润在国外"、

① Ellen Meiksins Wood, The Pristine Culture of Capitalism, London and New York: Verso Press, 1991, p. 85.
② Ibid., p. 86.
③ Ibid., p. 87.

"贱买贵卖"、分立的市场之间的贸易、一个人的获得建立在另一个人的失去基础上。更一般来说,作为一种政治共同体的社会概念实现了在欧陆社会思想中的复兴。当特定的经济"和谐"的观念已经在英国政治经济学中建立的时候,法国社会思想家认为社会是一个商业贸易网络,贸易是内在分裂的,而且只有当屈从于政治的同化之时,贸易才能有助于经济的繁荣。

卢梭(Rousseau)也激烈地批判法国的绝对主义,激烈地批判将社会作为一系列商业贸易的观念——这个观念的历史可以追溯到拉罗彻斯科德(La Rochefoucauld)。福斯卡特(Physiocrats)从经济视角进行分析,将英国的经济发展当成成功的模式。黑格尔是德国移植英国政治经济学最多的人,他将亚当·斯密的市场变形为政治种类,将"公民社会"作为公民与国家之间的中介,并且提出"公民社会"的组成部分应该是中世纪社团的现代变体。

4. 社会的总体性和哲学史。伍德指出,作为一个政治共同体的社会主导思想也存在于其他最具特色的欧陆社会思想的框架中,这被称为"法的精神"。社会模式的识别依赖于基本的法律和政治原则或规则。这揭示了社会关系的总体性对于"哲学史"的伟大来说是普通的:"任何社会制度的一致与统一的原则都是在古希腊政治学意义上组成的。"① 不是纯粹的法规制定的框架,而是社会关系的总体性与"精神的统一"(使用孟德斯鸠的说法)借助于一种主导的文化原则而相互渗透,这种主导原则依赖于社会总体的结合与完整。"哲学史"不是个别事件的组合,而是具有社会总体性和政治转变的普遍原则,这种历史在 19 世纪晚期实现,但是根源于欧洲绝对主义的嵌入。对绝对主义来说,孟德斯鸠已经深刻地影响了黑格尔。黑格尔被认为是古典社会学的创始人,孟德斯鸠的"哲学史"主要考察了罗马的伟大与衰落——这些主题以不同但互补的形式出现于《论法的精神》中。他直接地反对必瑟普·博斯维特(Bishop Bossuet)的普遍历史观,博斯维特的历史观被设计成为君主专制的神学辩护,君主专制由官僚意识形态产生。博斯维特已经阐明了单一的、不可分的君权,被认为是满足上帝的要求。如果孟德斯鸠被"自由"和反专制主义所驱使,那么就无法在一般层面上适应专制主义君权渴望的总体性(从社会关系、意识形态

---

① Ellen Meiksins Wood, The Pristine Culture of Capitalism, London and New York: Verso Press, 1991, p. 89.

甚至神学层面对大众进行控制）。

当传统社会结合的原则被阶级斗争和"多众社会"威胁时，社会学的原则在 19 世纪出现了，这是对 19 世纪资产阶级危机的反映。这些社会条件不仅存在于德国、意大利或法国，也存在于英国。社会成员与领域之间的结合和社会命令的统一在欧陆社会学思想中是一个历史悠长的主题，而在英国从来没有发生过。破碎化的政治学已经给社会思想的传统提供了一个主题，英格兰的分裂对资本主义社会的影响已经破坏了传统的稳固性和习俗的纽带。但是英格兰已经实现了长期的民族统一，具有统一的国家权力和自信的、统一的统治阶级，长期习惯于强加自身的统一模式于"联合王国"的非英格兰部分。

5. 社会世界的碎片化（the fragmentation of the social world）。社会世界就是指人们的日常生活世界，包括政治、经济、文化等一切领域。伍德认为在英国，封建制过渡到资本主义没有经历良好发展的绝对主义的中间环节。在法国，伯丁（Bodin）将国家描述为"家庭、大学或共同体"的统一、圣·托马斯·斯密斯（Sir Thomas Smith）将"全体国民"定义成大量的自由个体。当法国继续充当统治阶级谋利的工具之时，英国迅速成为依靠纯粹经济手段占有个体财富的工具。在洛克和配第的书中，生产伦理被提出，这反映了商业系统的实际，在商业系统中，经济的成功越来越依赖于在单一的竞争性市场中的生产优势，是生产率而不是古典的商业获利。古代商业社会缺乏有效的国家管理，并最终被清除，准备给自由经济学让路。新的政治经济学不再关注自身，而是关注市场的自我运动和自我和谐的机制。商业共同体被作为社会组成部分的个体代替，国家与公民社会的分裂、经济的自主化都与英国资本主义的演变相关。英国资本主义的演变导致社会世界破碎化，变成理论上分离的领域，将社会学从历史中剥离出来。历史作为一种社会关系和进程被认为是自然的，"甚至早期的古典政治经济学仍然承认历史，但是后继者很快就不承认历史的作用，他们倾向于将历史当成'存在物的存在方式'的舞台，并在商业社会中达到顶点，而商业社会的运动规律就成为自然规律。"[1]

伍德认为，社会世界的碎片化更多地与资本主义的发展相关，而不是与其对资本主义的阻碍相关。如果西方社会思想从古典社会学的黄金时代

---

[1] Ellen Meiksins Wood, *The Pristine Culture of Capitalism*, London and New York: Verso Press, 1991, p. 92.

开始，那么资本主义的发展就消除了古代体制的残余，古代体制已从总体化的视野中消失，而不是趋近它。社会世界更加原子化，它将所有的社会科学从历史中抽象出来，割裂了社会科学与社会现实之间的历史联系。现代社会学最具影响力的总体性学术（马克思主义是例外）借助于他们长期的系统化的概念和系统化的平衡观倾向于支持而不颠覆现状。无论如何，总体性的传统没有妨碍欧陆文化造成与社会世界最彻底的分裂。在后结构主义和后马克思主义的原则中，偶然性已经成为社会生活和历史最根本的原则，而且社会理论中关键性的总体权力概念已被明确地消除。"在这个非常时刻，当世界更加呈现出资本主义的总体性逻辑和它的霸权冲动，当我们有最紧迫的需要去理解全球的总体性，流行的学术思潮，从历史的'修正主义'到文化的'后现代主义'，这个世界已被分割成不同的碎片。"①

伍德对资本主义原始文化的论述有以下特点：一是坚持历史唯物主义的原则和方法，深入到英国资本主义早期发展的经济过程中，揭示了英国资本主义的特殊性和特殊的运动规律。二是从欧洲资本主义的整个发展历史出发，比较了英国、德国、意大利和法国等国家的资本主义发展，揭示了资本主义的衰落同其古代残留的文化体制有关，它是英国的资本主义革命不彻底和资本主义发展不成熟的原因。三是驳斥了所谓主导的资本主义历史的资产阶级范式，这种范式实质是"修正主义"的体现，它割裂了历史发展的普遍性与特殊性的关系，无法在总体的社会关系中揭示历史发展的规律。四是揭示了资本主义与现代性的矛盾关系，认为资本主义对现代性来说既是机遇又是挑战，资本主义所谓的进步是模糊和虚假的，它对现代性的挑战和破坏性更加显著。

伍德对资本主义原始文化的论述也有以下理论局限性：一是坚持认为英国资本主义的特殊性在于其产生的特殊历史条件和特殊运作方式，过分强调从西欧主要资本主义国家的对比来揭示英国资本主义发展的优越性，她的这种对比在一定程度上能抓住资本主义发展的特征，但如果坚持从马克思的经济结构和社会总体性的角度来考察就缺乏深度，无法真正揭示资本主义的起源和发展以及资本主义早期发展过程中经济基础与文化上层建筑之间的关系。二是在揭示资本主义文化的组成部分时，有一种片面化的

---

① Ellen Meiksins Wood, The Pristine Culture of Capitalism, London and New York: Verso Press, 1991, p. 93.

倾向。历史唯物主义强调经济基础和上层建筑的统一，强调上层建筑是经济基础的反映，与生产力和生产关系一起构成了社会历史发展的推动力，但伍德只是从语言学、社会思想和政治体制层面谈资本主义原始文化的构成，没有将文化上层建筑同资本主义早期经济发展的实际结合起来，强调资本主义原始文化形成的偶然性，忽视资本主义原始文化的普遍性。三是对资本主义原始文化的二重性阐述不足，也没有将资本主义的原始文化同资本主义相对成熟时期的文化进行比较。历史唯物主义坚持认为资本主义的文化既有相对于封建主义的先进性，又有其历史的局限性和过渡性。资本主义的文化价值观高扬自由、民主、平等、人权等价值观念，对巩固和发展资本主义制度以及促进现代社会的形成和发展发挥了十分重要的作用，但资本主义的文化没有达到历史终结论者所称的完美状态。

第三节　资本帝国主义及其终结

伍德从后工业时代的世界格局出发，指出随着资本的全球化扩张，资本主义建立了庞大的帝国，但是资本帝国主义存在着一些矛盾，这些矛盾导致资本帝国主义濒临崩溃的危险。伍德揭示资本主义的最新发展形态及其矛盾，对我们批判资本主义和进行社会主义和谐社会建设具有重要的理论和现实意义。

一　资本帝国主义的本质

伍德指出，"美国是第一个也是迄今为止唯一的一个资本主义帝国。这样讲并不是因为它是第一个拥有帝国的资本主义力量，而主要是因为它很大程度上是通过'操控'资本主义的经济机制来控制整个世界。"[1] 她又用曾经的"日不落帝国"——英国的全球扩张为例来反证这一事实。她指出英国是一个传统的资本主义帝国，以瓜分世界领土和建立直接的殖民统治来维系自身的统治。美帝国主义主要不是依靠直接的殖民统治和军事

---

[1]　［加拿大］埃伦·M.伍德：《资本的帝国》，王恒杰、宋兴无译，上海译文出版社2006年版，第2页。

掠夺等暴力手段来达到其经济霸主的地位，而是依靠运用资本主义的经济法则或依赖资本并通过市场的力量来对全球实施统治的新型帝国，"说到底，资本帝国主义所追求的是在任何可能的地方无须借助于政治统治而树立经济霸权。"① 从其推行的门罗主义—杜鲁门主义—霸权主义等一系列外交政策的变迁就可以知道美国从很早的时候就运用自身的政治、经济和军事条件在西半球及其以外的地方构建自己的势力范围，以确保自己的利益不受损害。

伍德指出要正确认识资本帝国主义就必须深入到资本的全球化扩张中，揭穿资本帝国主义的假象，"紧随其后的是一个我们称之为'全球化'的时期，也就是资本的国际化时期，其内容包括资本在全球范围内的自由、快速流动和最具掠夺性的金融投机。"② 这种资本的全球性扩张正如列斐伏尔和哈维在《空间的生产》和《新帝国主义》等著作中所揭示的是一种资本在全球的空间生产，这种扩张以追求资本的积累和超额利润为目标，试图将资本主义的一些基本法则：如竞争、利润最大化、资本无限增长等推向全球并以此进行经济控制。她进一步地指出了传统帝国和资本帝国的区别和联系，即前者靠"超经济"的强制手段对其领土和属地进行直接的政治统治，而后者则运用纯经济手段来实施统治并扩大自己的势力范围。她说明资本主义全球化的本质，"实际上，现行的'全球化'意味着附庸经济形式的市场开放及其面对帝国资本时的脆弱，而帝国经济则尽可能保持不受全球化反面效应的影响。全球化与自由贸易无瓜葛。相反，它应是出于对帝国资本利益方面的考虑而对贸易环境所做的'操控'。"③

全球化是资本进行扩张和谋取最大利润的全球化，是资本谋利的工具和手段，使特定地区弱势化以及非资本化的地方和领域资本化，但是"这并不意味着帝国列强会像发展自身的资本主义那样在所有的地方都鼓励资本主义经济的发展。这只是说必须使附属国经济在面对资本主义市场经济的法则时弱不禁风，其主要方式即强迫它们向帝国资本开放市场，以及进行某些社会改造，例如，把封建农夫改造成依赖市场的资本主义农民，因

---

① ［加拿大］埃伦·M. 伍德：《资本的帝国》，王恒杰、宋兴无译，上海译文出版社 2006 年版，第 2 页。
② 同上书，第 100 页。
③ 同上书，第 101 页。

为自给自足的农业已被以出口为导向的专业化经济农业所取代。"① 这种强制不仅通过显著的军事和政治力量来直接施压，而且也通过市场的作用间接地来实现。资本无情的自我扩张就是通过这种隐形的方式来突破国家的地理空间界限，并实现其经济霸权的。

伍德概括资本帝国主义的本质特征：第一，资本帝国主义是以美国为代表的资本主义国家实施全球贸易和政治经济控制的手段；第二，资本帝国主义的目标是为实现资本的利润最大化，而不是全人类的幸福，它不可能实现真正的全球化；第三，资本帝国主义是以民族国家的市场为基础扩展而来，民族国家是其避难所和导流器，是其传播资本的不可替代的工具。总的来看，伍德坚持马克思的历史唯物主义原则，依据经济基础与上层建筑的关系来分析不同历史时期的资本主义的"帝国"形态及本质，为我们更好地理解马克思的历史辩证法提供了新的独特视角，对我们进一步分析资本帝国主义的内在矛盾运动奠定了重要基础。

二　资本帝国主义的发展历程

伍德认为资本主义本身就具有帝国因素，一切都靠市场来调节，经济行为人要受到竞争、资本积累和增值的强制。她通过传统帝国与资本主义帝国之间的对比分析，揭示了资本帝国主义产生的必然性及其特点。历史上的资本主义帝国主要有四种形态：财产帝国、商业帝国、殖民帝国、资本帝国。

财产帝国是以军事手段为主要手段实施财产控制的帝国。伍德将罗马帝国和中华帝国进行比较，从帝国财政收入的来源来看，中华帝国的物质基础是农民，国家向他们直接征税；罗马帝国的农民更多的是作为士兵存在，他们是罗马对外扩张的主要力量，较少承担赋税，其财政收入主要来源于帝国扩张。从帝国贵族的角色来看，由于中华帝国的主要财富来自于政府机构而不是靠固定资产，因此它限制土地贵族的发展，保护农民的土地所有权；罗马帝国的贵族在国内外都是地主阶级。从帝国对私有财产的控制角度看，中华帝国倾向于限制私有财产的发展；罗马帝国则把控制私有财产权作为其政权之外的另一关注点。"罗马帝国就居于一个双重基础

---

① ［加拿大］埃伦·M. 伍德：《资本的帝国》，王恒杰、宋兴无译，上海译文出版社2006年版，第10页。

上：一个强有力的私有财产制度和一支强大的军队。"① 这种私有制是罗马帝国衰落的原因，它同封建主义制度类似，都是一种破碎化的权力制度，都以私有财产作为基础，将政治和经济权力统一于领主制，并在没有强大的中央政权支持的情况下对其所依赖的农民进行统治和剥削。这种帝国模式主张先征服后殖民，不将新的疆土归于一个官僚机构下，而是分散依附于私有财产的政治经济权力，由一个弱势的中央政府进行控制。这表明罗马帝国政府的经济影响力已超越了其政治权力，帝国对经济的控制也受制于其超经济的权力——军事、法律等。

商业帝国并不是指其统治建立在经济压迫之上，其目的也不是进行财产和殖民掠夺，而是夺取国际贸易的控制权。实际上，每一种帝国或多或少都是在对贸易控制的基础上形成，只是这种帝国更加注重对贸易的控制，其本质是商业性的。伍德分别以阿拉伯穆斯林帝国、威尼斯帝国和荷兰共和国为例来阐述。伍德认为阿拉伯穆斯林帝国同后两种类型的帝国模式有很多不同，但有一个共同点："不论这些国家之间有多大的不同，它们都在广大的地域上维持了自己的统治，其手段不单纯是扩展一个强国的控制范围，而是通过在其区域四分五裂的市场中，完善其作为关键性经济纽带的角色。"② 从连接帝国的纽带来看，中华帝国主要是官僚机构，罗马帝国主要是土地贵族，商业帝国主要是零售商和贸易商，这些帝国都要依靠军事力量来保证领土和贸易控制。这个帝国中的贸易原则是贱买贵卖，这种利润不是来源于竞争性生产的优势，而是依赖于来自于超经济权力，比如政治权力和宗教权威等。它与资本主义的利润截然不同，"资本主义利润产生于一个有机的、具有正常竞争条件市场中的高生产效率和高成本效益。相反，非资本主义的商业利润则依赖于市场的隔离，在此市场低价买进，在彼市场高价卖出；真正意义上的巨额商业财富来源于武力维护下远距离市场间进行沟通的优势。"③ 威尼斯帝国建立在集体领主制的基础上，统治周边的乡村，并以各种形式从土地中聚敛财富以维持公共权力机构，为了维持对周边乡村的控制和在贸易中的主导地位，同周边的城市国家进行了无休止的战争，导致了战争的商业化，将军队变成了一种直接维

---

① ［加拿大］埃伦·M. 伍德：《资本的帝国》，王恒杰、宋兴无译，上海译文出版社 2006 年版，第 19 页。
② 同上书，第 30 页。
③ 同上书，第 35 页。

护其商业统治的手段，军队也成为可交换的商品。这种商业帝国最显著的特点就是"最具商业特征的经济与超经济的剥削手段在高度军事化的城市统治下的联合：某种意义上的城市商业封建主义"。① 荷兰帝国无论在商业化程度还是在贸易规模上都远超威尼斯帝国。荷兰共和国仍然依赖超经济权力，仍然按照非资本主义原则运行，但其完善了商业帝国，更加注重贸易的绝对优势。

殖民帝国以英国为代表，以通过殖民来加强帝国势力为目的。英国殖民的首要目标是爱尔兰，不仅通过军事征服和政府强制来实施统治，而且还有通过"殖民开垦"来改造爱尔兰社会，将其纳入到英国经济中，使其成为一种依赖性的存在。殖民帝国不再以通过贸易网络来保证贸易优势，预示着某种观念的变化："即从通过不平等交易，'贱买贵卖'来获得收益的商业利润观向通过竞争性生产及由'改良'而导致的生产力提高取得收益的资本主义利润观的转变。"② 这就产生了新的殖民理由和形式。殖民帝国同其他帝国一样是残暴的，也坚持超经济竞争，更倾向于利用军事手段来保证在国际贸易中的控制地位，通过殖民掠夺和定居来实现，带来了经济法则的扩张，经济法则对资本主义的推动作用是独一无二的："一方面，生产者的'无产性'迫使他们出卖劳动力以换取工资；而另一方面，剥削者又受制于市场的压力不得不参与竞争和积累。"③ 它需要超经济权力来维持。英国的对外殖民活动突出表现在美洲，特别是北美十三个殖民地的建立，确立了殖民帝国的运行方式，这些殖民地被置于一个更大的资本主义经济体系之中，殖民地形成了自己特有的阶级：富有的种植园主阶级，辛苦劳作而贫穷的奴隶阶级。这表明在资本主义发展的特定阶段对非资本主义剥削模式的运用以残暴的种族主义为特征。在印度，殖民掠夺以成熟的非资本主义超经济剥削为手段，比如税收和贡赋，使英帝国成为传统的非资本主义的帝国主义，对领土的控制也越来越关注，最终演变成军事暴政。表面上看，从商业帝国到领土帝国与资本主义本身以经济剥削和经济法则取代超经济形式相矛盾，但实际上预示着在资本主义法则基础上建立领土帝国必然要失败。"资本帝国主义的获利性只有当经济法则自身强大

① ［加拿大］埃伦·M. 伍德：《资本的帝国》，王恒杰、宋兴无译，上海译文出版社2006年版，第40页。
② 同上书，第58—59页。
③ 同上书，第64页。

到足以延伸到任何可触及到的超经济力量之外，并靠自身强力推行而不需帝国政府提供日常管理和强制之时方可显现。"①

资本帝国（资本帝国主义）脱胎于旧帝国，是在资本主义法则国际化的背景下形成的。它不再是帝国宗主和殖民地的关系，而是主权国家间的复杂相互作用。"这种帝国主义当然地把整个世界都纳入了自己的经济轨道，不过，这个世界正在越来越变成一个由民族国家组成的世界。……这种经济帝国会由一个凌驾于复杂的国家体系之上的政治军事霸权来维持，这个国家体系包含需要遏制的各种敌人和需要加以控制的朋友，还有随时能够服务于西方资本的一个'第三世界'。"② 美国是迄今为止唯一的资本帝国，以维护其全球经济霸权为目的。全球资本需要一种高度制度化和规范化的社会、政治和法律秩序，帝国霸权比以往更需要一个由诸多民族国家组成的有序国际体系，以此来确保帝国资本能够安全、自由畅通地在国际体系中扩张和增值。资本帝国主义实际上是对帝国经济权力追求的进一步的强调，并没有完全消除传统帝国的掠夺形式，对世界贸易的控制也没有改变，运用的仍然是军事、政治、经济、法律等手段，只不过军事手段是最后的和辅助的手段。

三　资本帝国主义的矛盾及其终结

伍德认为资本帝国主义具有三重矛盾：其一，资本帝国主义的全球性扩张与弱化竞争对手的矛盾；其二，资本帝国主义对地理空间界限的突破与追求社会秩序稳定的矛盾；其三，资本帝国主义追求利润最大化与普通民众购买力持续下降之间的矛盾。这三重矛盾都是由其根本矛盾——生产资料私人所有制和社会化大生产造成的，在全球化时代，资本帝国主义的矛盾越来越多，在这些矛盾的共同作用下，它必将走向终结。

首先，资本帝国主义的全球性扩张与弱化竞争对手的矛盾。伍德指出，由于资本帝国主义的本质并不是为了实现世界的经济一体化和繁荣，而是为了实现资本对全球的控制，所以资本帝国主义从诞生的时候起，就天然地包含了资本主义的一个主要矛盾："在最大范围内推行其经济'法

---

① ［加拿大］埃伦·M. 伍德：《资本的帝国》，王恒杰、宋兴无译，上海译文出版社2006年版，第87页。
② 同上书，第97页。

则'的需要与尽量减少这种普遍化给资本带来的破坏性后果之间的矛盾。竞争推动了资本主义，但是资本总要尽量弱化竞争。它必须不断地扩大自己的市场，并不断在新的地方寻求利润，然而它又通过阻挠主要竞争对手的发展，以独特的方式阻挠市场的扩张。"① 伍德非常明确地揭示了资本帝国主义在全球化统治的过程中一方面既要扩展市场又要限制市场，另一方面既要鼓励竞争又要弱化竞争的事实。尽管资本的本质是一样的，但是资本的构成却不同，这是因为：其一，由于资本的竞争性积累逻辑会使单个资本家采取通过扩大投资和改进生产方式来提高自身的竞争力和市场份额，才能获取利润；其二，随着绝大多数单个资本的获利以及资本家之间竞争的激烈化，特别是投机性金融资本的存在，使得资本过度积累和整个行业的利润率呈下降趋势。要么资本家压低工人工资或让大量工人失业以降低生产成本，要么寻求新的发展领域和空间，否则那些在竞争中失败的资本家就会破产，这从已经出现的周期性的经济危机和持续的生态危机中可以得到证明。在这个过程中也呈现出三个对立关系：资本与其所雇佣的劳动者之间的对立、资本家与资本家之间的对立、资本主义生产关系与整个社会之间的对立。对于总体性的资本来说，它的目标是获取最大限度的超额利润，它必然会采取各种方式去积累资本，从而使得某些资本的力量足够大而形成垄断性的资本，而其他的弱小资本就处于弱势地位，而且随着资本的增长，资本利润由于竞争而减少。受害的首先是小资本家。在这种资本的博弈中，原来分隔的未被纳入资本帝国主义体系的市场就成为全球性资本扩张的对象，而当这些市场饱和时资本就会迅速溜走，必然会给竞争者带来双重的危害。

其次，资本帝国主义对地理空间界限的突破与追求社会秩序稳定的矛盾。伍德指出，资本帝国主义的本性要求推进资本的全球扩张，它必须依赖一定的政治和文化条件，特别是对稳定的社会秩序有着强烈的需求。"资本主义就其本质而言，是一种无政府主义制度，在这种制度下，市场'规律'对社会秩序的瓦解具有不断的威胁性。然而，或许与其他社会形态相比，资本主义更需要社会运程的稳定性和可预见性。"② 资本帝国主义是魔鬼和天使的统一，既具有破坏性又具有建设性，既具有超脱性又具有

---

① ［加拿大］埃伦·M. 伍德：《资本的帝国》，王恒杰、宋兴无译，上海译文出版社2006年版，第11页。

② 同上书，第7页。

依赖性。这是由于资本逻辑和领土逻辑的矛盾导致的。一方面，资本要进行全球性扩张就必须突破现有的、已控制的地理空间——民族国家或地区；另一方面，资本又必须借助于其强势的军事和政治手段在一定的地理空间进行积累和增值。伍德指出在资本帝国主义的控制下，全球性的资本比以往任何时候都需要一个高度规范化的并被市场经济法则所侵蚀的社会。国家的重要性就体现出来，"国家在当今全球资本主义环境下，甚至或许可以说特别是在当今的全球资本主义环境下，是资本主义力量的最集中体现，且资本帝国所依赖的正是一个多元国家体系。"① 而美国就是当今这个力量主要的集中地。民族国家是资本积累和扩展所需条件最可靠的保证，也是资本向政治统治之外的领域进行扩张的唯一手段和工具，起着"平衡器"的作用。没有一个组织和跨国机构能代替民族国家履行维护社会秩序和生产关系的职能，更别谈其对于资本积累和增值进行控制和管理了。无论是在资本帝国主义的经济中还是附庸经济中，民族国家仍然在发挥着其他机构所无法替代的作用，民族国家平衡这种矛盾的实质就是在资本全球化的过程中实现并扩大资本的利润。

最后，资本帝国主义追求利润最大化与普通民众购买力持续下降之间的矛盾。伍德从资本在世界发展的不平衡中获利出发，揭示了资本帝国主义不可能实现真正的经济全球化，"一方面资本不断要求降低生产成本，而另一方面则需要不断扩大消费，这就要求人们有足够的购买力，这两者之间存在着不可克服的矛盾。"② 资本帝国主义正是利用了全球发展的不平衡（贫富差距、数字鸿沟、文化差异）以及世界民族国家多、弱、小的特点而加以剥削和控制的。由于资本无限追求利润的本性没有改变，为了获取利润，必须鼓励人们进行商品的消费，而这种消费其实是一种虚假的消费，资本通过广告等大众媒体宣传消费主义的价值观和生活方式，使人们相信消费才是人的幸福所在，使人们沉湎于资本主义的虚假消费中不能自拔，逐渐失去了对社会的批判精神，依附于资本主义制度，丧失了对自由和解放的追求。劳动者在生产和生活中进一步受着资本的剥削和压榨，处于弱势地位，丧失了购买力，失去了进一步改善生活的条件。普通民众购买力的下降导致市场的萎缩，而资本的目的是追求利润最大化。资本利润

---

① ［加拿大］埃伦·M.伍德：《资本的帝国》，王恒杰、宋兴无译，上海译文出版社2006年版，第4页。

② 同上书，第102页。

最大化与市场的空间限制之间的矛盾直接导致生态危机。资本的本性在于无限追求利润、不断地进行扩张并掠夺自然资源，由于自然界本身没有扩张的能力，资本的扩张必然会受到生态的制约，导致自然环境的破坏和生态危机的爆发。资本的全球性扩张必然要求过度消费，而一方面普通劳动者购买力严重不足制约了消费；另一方面由于资本过度积累导致生产过剩和劳动力过剩，从而遏制了生产。总之资本帝国主义在第三重矛盾的影响下，只追求短期的经济效益，忽视长远的生态利益和人类的可持续发展，必然会走向自我毁灭。

伍德指出了资本帝国主义的经济法则对资本突破地理空间界限的推动作用，并发展了马克思的资本主义社会基本矛盾学说。社会的基本矛盾运动是人类发展的根本动力，资本主义社会的基本矛盾——生产资料私人所有制和社会化大生产的矛盾仍然没有改变，依然左右着资本主义社会的发展进程，资本帝国主义的实质是资本的竞争性积累和利润最大化，在资本的全球性扩张中，资本主义的经济理性被逐渐确立，人、社会与自然都被纳入到资本空间生产和扩张的势力范围中。

伍德在揭示资本帝国主义的本质和内在矛盾的发展后，进一步指出由于资本全球化的扩张导致虚假全球化的产生，这种虚假的全球化导致资本内在矛盾的加剧和整个资本帝国的解体。她主要从两个方面来阐述：第一，全球化是资本主义的全球化，是资本进行全球扩张的全球化，它不是为了人类的自由和幸福，而是为了资本的增值和控制，这就会带来世界的动荡和不安，破坏了世界的和平与发展，必然会招致全世界人民的反对；第二，由于资本帝国主义的内在三重矛盾的存在导致资本内在结构的不稳固，从而损害了资本主义的生产关系，导致其自身的终结。

伍德认为全球问题（比如生态危机、贫富差距、社会动荡、军事冲突等）并不仅仅是一种经济和政治问题，不是由全球化造成的，而是由于全球化背后所隐藏的资本主义制度造成的。这是因为"资本主义——无论是民族的还是全球的——是由某些系统的法则推动的，包括诸如竞争原则、利润最大化原则以及资本积累原则，这些法则必然要求把'交换价值'置于'使用价值'之先，把'利润'置于'人民'之上。"① 全球化只是资

---

①　[加拿大] 埃伦·M. 伍德：《资本的帝国》，王恒杰、宋兴无译，上海译文出版社2006年版，第5页。

本帝国主义实施影响的结果，要解决这些问题就必须批判资本主义及其最新形态资本帝国主义。

伍德指出，资本帝国主义矛盾对于世界的影响是多方面的：其一是它促进了世界资金、技术、人力、资源的流动，在一定程度上发展了世界的经济，但在更多的方面带来了世界南北差距的拉大；其二是它在一定程度上既有利于消除贸易壁垒和实现自由贸易，又凭借自己的实力在世界推行其社会制度模式，严重侵犯弱小国家的利益；其三是它到处掠夺资源和进行过度生产，导致世界的生态危机和资源的短缺，严重威胁着人类的长期稳定发展。

伍德指出，尽管这种新型的帝国主义已经将整个世界纳入自己的经济霸权主义和文化殖民主义模式中，但是必须借助于国家的作用，国家对资本的作用是至关重要的，"不论是在帝国经济中还是附属经济中，国家都仍然在为全球性资本积累提供着不可缺少的环境，决不亚于其为地方企业提供经营环境；而最后的结论是：正是国家为全球性资本创造了生存并自由驰骋于世的条件。"[①] 伍德认为，国家的某些权力已经受到资本的侵蚀，成为直接的剥削者，有利于资本的增值和扩张。但国家、资本与无产阶级之间保持着某种动态平衡。"一方面，国家必须帮助那些无产的没有其他生存手段的人口在无'工'可做的情况下能够活命，在对劳动力的需求处于不可避免的周期性萧条时维持一支工人后备军。另一方面，国家必须确保切断一切逃避路线，确保不能轻易获得为资本提供'付薪劳动'之外的生存手段，以便使无产者不会从资本需要时则出卖劳动力的压力下解放出来。"[②] 为了积累和扩张，资本无情地对工人及广大劳动者进行剥削，广大劳动人民处于弱势地位，他们的生活已经全面异化，随着这种异化的加深，工人阶级必将认清资本帝国主义的实质，明确自身的革命任务，重新燃起革命的激情，将资本帝国主义推翻。资本的扩张有利于工人阶级的觉醒和变革资本主义制度的革命，因为资本仍然要依托民族国家的地理空间和对工人阶级的剥削，不可能存在真空中。伍德通过对资本帝国主义阶段的工人阶级地位的揭示，明确了工人阶级在资本主义社会中仍然是遭受异化最深的阶级，他们的革命意识也不会被资本主义的意识形态所消解。伍

---

① ［加拿大］埃伦·M. 伍德：《资本的帝国》，王恒杰、宋兴无译，上海译文出版社 2006 年版，第 105 页。

② 同上书，第 8 页。

德坚持了马克思的阶级理论，并在新的形势下对工人阶级的状况做了新的论述，明确了工人阶级的革命主力军的地位，启发我们进一步探索在资本的控制下如何扩大革命的阶级基础和群众基础以及工人阶级革命的路线问题。

伍德的资本帝国主义的矛盾学说有着重要的理论和现实意义，但也有其理论局限。其一，伍德立足于西方发达社会的现实，运用历史和逻辑相一致的方法，揭示了资本帝国主义是资本主义的最新形态。这与马克思和列宁等经典马克思主义者的论述不完全一致，列宁从19世纪末的资本主义发展现实出发，提出了"帝国主义是资本主义的最高阶段"的论断，列宁的判断是符合当时实际的。但伍德认为这实际上是预设了一种非资本主义的环境，误认为帝国主义在扩张到非资本主义的地理空间之前就会灭亡。伍德指出不应作这种预设，应该将非资本主义的空间当作帝国主义发展的条件，并要重视前资本主义的政治、军事手段的作用。伍德的这一观点是新颖而独特的，是对列宁帝国主义学说的深化。

其二，伍德从成熟阶段的资本主义出发，分析资本帝国主义的全球扩张，揭示了在资本主义的经济法则驱动下，资本帝国主义以纯经济手段来谋求世界的政治、经济霸权的企图。西方生态学马克思主义者从资本主义制度、技术的资本主义使用、资本主义的文化价值观等方面对资本主义进行了深刻的批判，揭示了资本主义制度及其生产方式的反生态本性，从生态学维度重构了历史唯物主义。马克思从批判资本出发，揭示了资本主义的三大拜物教，阐述了资本主义必然灭亡和社会主义必然胜利的历史观。伍德是从资本帝国主义的全球扩张出发来发展历史唯物主义。

其三，伍德指出资本一方面带来了全球经济、政治、文化的一体化，实现了全球市场的统一，有利于人类文明的发展；另一方面，资本帝国主义已经在事实上成为一种占统治地位的全球性制度，仍然有很多无法克服的内在矛盾，这些矛盾造成了人类无限的战争和人类总体的异化，带来了严重的生态危机和社会危机，资本帝国主义必将在内在矛盾运动和危机中解体并被社会主义所代替。如马克思和恩格斯在《共产党宣言》中所指出的："资产阶级生存和统治的根本条件，是财富在私人手里的积累，是资本的形成和增殖；资本的条件是雇佣劳动。……于是，随着大工业的发展，资产阶级赖以生产和占有产品的基础本身也就从它的脚下被挖掉了。它首先生产的是它自身的掘墓人。资产阶级的灭亡和无产阶级的胜利是同样不可避免的。"① 资本帝国主义无论如何发展都改变不了灭亡的命运。

其四，伍德的资本帝国主义理论有一定局限性。她从历史性角度分析了资本主义从财产帝国（主要运用军事手段进行财产控制的帝国）到资本帝国的发展过程，有助于把握资本帝国主义本质和内在矛盾运动，但她忽视了对资本主义和社会主义的共时态分析，对当前的各种社会运动——生态运动、女权运动和反全球化运动等也没有作出必要的回应，不能让人全面理解当今资本主义全球扩张的现实，她对资本主义国家调整政治经济政策以适应资本的扩张论述不够，忽视了对资本帝国主义阶段的各种阶级、阶层和国家以及市民社会之间关系的分析。

---

① 马克思、恩格斯：《共产党宣言》，人民出版社 1997 年版，第 39—40 页。

第三章 伍德对历史唯物主义的重建

伍德历史唯物主义思想的重要任务就是要对历史唯物主义进行彻底的"地基清理"，恢复历史唯物主义的本来面貌。伍德坚持马克思主义的历史观，将马克思主义同新的社会主义运动结合起来，批判了欧洲中心论与西方具有代表性的三种历史观，重建了历史唯物主义的基本概念和批判路径，恢复了历史唯物主义的批判精神，明确指出历史唯物主义仍然是批判资本主义最有力的思想武器。

第一节 伍德对西方三种具有代表性的 历史观的批判

伍德认为马克思的历史唯物主义植根于政治经济学的批判，其核心是坚持资本主义的特殊性和历史性，否认其法则是历史的普遍规律，而一些非批判性的马克思主义和后马克思主义拒斥马克思的政治经济学批判，坚持经济决定论、技术决定论以及机械的单线发展论，将资本主义的规律看作超历史的自然规律。要恢复马克思历史唯物主义的本质必须批判这些历史观。

一 伍德对技术决定论历史观的批判

伍德指出，在马克思主义内部一开始就存在着两种历史观，一种是马克思的历史唯物主义，按照马克思的历史唯物主义，生产力和生产关系的矛盾构成人类社会的基本矛盾，在这一基本矛盾中，生产力是决定性的力量；生产力由劳动者、劳动对象和以生产工具为主的劳动资料构成。以生产资料为主的劳动资料是衡量不同社会历史阶段生产力发展水平的标尺，生产工具的发展又取决于蕴含于其中的科学技术含量。另一种是非批判性的马克思主义的历史观。由于马克思主义哲学的阐释者不能对马克思的历史唯物主义作出全面准确的理解，历史唯物主义学说就被曲解为"经济决定论"或"生产力决定论"，并进一步变形为"科学技术决定论"。它又分为两支：一支是坚持技术决定论和机械的单线发展论。"在这种理论下，按照某种普遍的自然规律，生产力较低的生产方式总是不可避免地会被生产力更高的生产方式来替代。这种马克思主义的观点很难将自己与传统的社会进化论和进步区别开来，或者很难与古典政治经济学相关联的'静态'历史观区别开来，后者视历史为'存在方式'的连续演替。"① 这种观点抹杀了资本主义的历史性和特殊性，错误地将资本主义的运动规律当作历史的普遍规律，无法揭示资本主义的本质、资本主义的发展特点以及社会发展的规律。另一支是以阿尔都塞结构决定论为代表的历史观。

伍德从三个维度批判了技术决定论的历史观。

首先，阶级和历史的维度。伍德认为技术决定论否定了阶级的存在，无法解释阶级的形成和发展。她认为汤普森对阶级形成的论述有两个突出的特点：一是对过程的深刻认识；二是揭示生产关系逻辑的能力。与结构主义的马克思主义强调历史的非连续性、碎片化不同，汤普森揭示了阶级的形成过程和阶级力量的存在，认为历史是动态的、连续性变化的过程，而结构主义的马克思主义把是否符合理论放在首要地位，看不到历史的实际联结。非马克思主义的历史学家不认同阶级概念，否认阶级的存在，认为阶级是理论的构造，不具有现实意义。这实际上是没有处理好"基础"和"上层建筑"的关系，把"基础"当成与"社会"对立的"物质"，没有认识到基础对上层建筑的决定作用，要么否认阶级及阶级意识和阶级力量的存在，要么认为基础是由生产的技术力量组成，历史是由技术决定的，"技术决定论的思维框架驱策我们将劳动的技术过程作为阶级形成的决定性因素，而不是将生产关系和剥削关系作为它的决定性因素，而后者正是汤普森（马克思也是如此）所认定的关键因素，生产关系和剥削关系

---

① ［加拿大］艾伦·伍德：《民主反对资本主义——重建历史唯物主义》，吕薇洲等译，重庆出版社 2007 年版，第 4 页。

本身就能解释资本主义积累逻辑对从事不同劳动过程的工人所施加的共同经历与体验。"①

伍德认为技术决定论忽视对具体社会形态的考察，无法科学准确揭示社会发展的动力。阶级是马克思历史唯物主义中的一个核心概念，是创造物质生活条件及社会生活世界的社会生产组织。"阶级不总是体现剥削者和被剥削者面对面对抗意义上的直接关系，当这些对抗不存在时，阶级关系并不比非阶级对抗更容易产生冲突。"② 历史唯物主义强调阶级及阶级斗争对历史发展的推动作用，更注重对社会物质生活和社会再生产组织的关注。阶级斗争的过程即是生产者和占有者进行斗争的过程。伍德认为在马克思主义的发展过程中产生了两种代表性的解释，"第一种把生产关系和阶级置于一个更大的、超历史的技术发展的背景之下。另外一种是探求每一种社会形式的特殊运动法则以及占统治地位的社会所有制关系。"③ 伍德强调的既不是生产力和生产关系，也不是阶级和阶级斗争，而是它们赖以运行的社会形式。伍德指出，以上的问题涉及对历史发展的原动力及其过程的解释，从而形成了两种历史理论，"一种是提出一些一般的、超历史的和历史变革的普遍规律（总是指某种技术决定论），另一种是强调每一种社会形式的特殊性（通常是探索占有者和生产者之间占优势的社会关系所决定的特殊'运动规律'）——之间的区别。"④ 前者以约翰·罗默（John Roemer）为代表，他继承了分析学马克思主义的威廉姆·肖（William H. Shaw）的技术决定论思想，肖认为"马克思把生产力看作是历史中具有动力性的、决定性的因素。但是，这种决定因素的性质和后果，并没有得到广泛的理解，甚至在马克思主义者中间，也不乏反对'技术决定论'者——反对马克思强调的'技术决定论'"；⑤ 后者以美国当代马克思主义历史学家和分析学马克思主义的重要成员罗伯特·布伦纳为代表，他继承了马克思的历史分析方法，重新考察了资本主义的起源。布伦纳深入资本主义的历史发展进程中，批判机械唯物主义和经济决定论回避资本主义起源问题的做法，认为促成封建制向资本主义转变的决定力量不是市场、贸易和技术，而是土地关系的自身变革。

① ［加拿大］艾伦·伍德：《民主反对资本主义——重建历史唯物主义》，吕薇洲等译，重庆出版社2007年版，第68页。
② 同上书，第111页。
③ 同上。
④ 同上。
⑤ 同上书，第58页。

伍德指出，技术决定论片面地认为较低技术与较高技术存在必然的前后相继关系，而不考察形成技术和技术应用的社会历史条件。伍德分析了罗默和布伦纳的技术观，罗默认为资本主义通过技术和生产力的发展从英国扩展到欧洲其他地方，主张较低的生产力之后必然是较高的生产力，生产力的发展是生产方式转变的唯一原则，强调资本主义发展的普遍性。布伦纳认为"较低生产力的'经济结构'后面并不是必然地衔接较高生产力的'经济结构'，并且强调了'自给'增长过程首次实现的条件的历史特殊性。"① 布伦纳将资本主义的发展置于技术变化的普遍性之下，揭示了特殊历史条件下如何产生资本主义的技术规则和扩张动力的问题。历史唯物主义在本质上同技术决定论对立，强调每一种社会形态的特殊性及其内在的逻辑进程和运动法则，不坚持历史的普遍性原则和预先假设一个没有检验的前提；技术决定论的实质是回避资本主义的特殊性和否定历史发展的多样性。"根据马克思的考察，历史唯物主义的实质性真理和古典国民经济学的真理属于同一类型：它们在一定的社会制度和生产制度之内是真理。"② 技术决定论是一种单线发展论，将技术从生产力中抽象出来，夸大了技术在生产力和社会历史发展中的作用，抹杀了历史发展的阶段性和曲折性，将历史限定在静态和机械的发展轨迹上，最终走向了唯心主义和历史虚无主义。

其次，资本主义的维度。伍德认为技术决定论否定历史发展的多样性，无法揭示资本主义社会的特殊性和运动规律。伍德指出，"宣称资本主义极大地促进了技术发展是一回事，而主张资本主义因促进了技术发展才得以发展，或主张因为历史以某种方式要求生产力发展，所以资本主义不得不发展则是另一回事。"③ 资本主义同技术和生产力发展间的关系不是绝对的，技术决定论同"资产阶级"的进步理论没有多大区别，是对马克思主义关于历史发展多样性的误解。虽然马克思强调现代工业文明的技术基础，但他并没有认为技术是第一位的，马克思从资本主义制度出发探讨技术革命，强调资本主义的技术革命是为了维护资本主义制度，而不是为了最大限度地减少必要劳动时间和实现工人的劳动解放。马克思并不主张

---

① ［加拿大］艾伦·伍德：《民主反对资本主义——重建历史唯物主义》，吕薇洲等译，重庆出版社 2007 年版，第 119 页。

② 同上书，第 120 页。

③ 同上。

技术决定论式的单线历史变革理论,而是强调生产力和生产关系的辩证关系及其对历史变革的影响。技术只是生产力内在组成部分的一个要素,要起作用必须结合社会制度和组织形式。"技术革新(当它们真正发生时)的利用(绝没有被有保障地广泛使用)到底能否决定社会变革——社会变革的速度和方向如此不同,比如英国(农业资本主义最终出现)和法国(农业停滞最终出现)完全没有与它们各自不同的封建技术水平的不同相一致。"① 在这里,伍德继承了布伦纳"再生产规律"的观点,即每种生产方式都有其特殊性、内在逻辑进程、运动法则和特有危机。伍德没有否认资本主义社会技术革新的重要性,而是怀疑技术革新是历史变革的动力。技术革新的确对社会生产力的发展有推动作用,但这并不意味着较低的生产力会被较高的生产力自然代替,生产力无法决定历史变革的必然性和发展方向。

伍德指出,技术决定论同传统意义上理解生产力与生产关系的矛盾关系一样是空洞和形式主义的,不能将历史上生产关系的改变归结于生产力的发展,更不能归结于技术革新。技术决定论将资本主义的特殊的运动规律当作一切社会普遍的运动规律,将生产力和生产关系当作普遍的社会规律,是片面的。马克思坚持资本主义的特殊性和其独特的"运动规律"——资本积累、商品化、利润最大化和竞争性强制,认为资本主义生产力的发展和历史变革存在着张力,避免对资本主义先入为主的理解和对资本主义发展动力的忽视。马克思从没有偏离过资本主义动力是特殊的而且是前所未有的这一观点,他认为无论在历史上被观察到的进步倾向是多么普遍,资本主义的特殊逻辑和它通过技术手段提高劳动生产率的强迫性冲动都不能被简化为这些普遍倾向。它们需要特殊的解释。资本主义受资本积累和增值的逻辑驱动,不断向全世界渗透,试图建立全球霸权,这是资本主义的本质所在,不能认为是历史的本质和运动规律,资本主义特殊性的认识要求否定技术决定论的单线性、机械性的思维。

伍德指出,技术决定论是对资本主义特殊矛盾的背离,同资本主义对立。资本主义的特殊矛盾是资本形成的一般的社会权力和资本家个人对这些社会生产条件拥有的私人权力之间的矛盾。这个矛盾是由资本引起的,资本既是生产的起点也是生产的终点,是制约资本主义生产的核心因素。

---

① [加拿大]艾伦·伍德:《民主反对资本主义——重建历史唯物主义》,吕薇洲等译,重庆出版社 2007 年版,第 131 页。

技术决定论认为技术是变革社会生产方式的原动力，这与资本在资本主义社会的生产体系中的核心地位矛盾，而且技术变革并不必然带来生产方式的转化。实际上"如果没有生产关系和阶级的转化，就不能出现以变革生产力为内在运动原则的生产方式。"① 由于资本自我增值的限制，资本主义的技术发展在一定时期不仅不会促进生产力的发展，反而会破坏生产力，阻碍社会变革。

资本主义是人类社会最后的剥削制度，代表着人类历史上迄今为止最高的生产力水平和剥削程度，代表了资本与劳动矛盾关系最终的消解，代表了阶级的消亡和"直接生产者的自由联合体"重新占有生产资料的开始。"生产的不断变革，一切社会关系不停的动荡，永远的不定和变动，这就是资产阶级时代不同于过去一切时代的地方。一切固定的古老的关系以及与之相适应的素被尊崇的观念和见解都被消除了，一切新形成的关系等不到固定下来就陈旧了。一定固定的东西都烟消云散了，一切神圣的东西都被亵渎了。"② 在这不断变动的资本主义历史中，社会物质条件对历史变革起着决定作用，技术决定论却认为是技术及其变革决定着历史的发展，技术是自主和独立于社会的，这是片面和武断的。资本主义的发展是一个动态的综合发展过程，其动力是多元的，不能简单归结于技术。技术决定论强调技术是自主的，"是因为其视技术为'黑箱'，不关注技术本身的构成，只关注技术对社会的后果分析。即使在技术专家、发明家那里，技术虽然并非'黑箱'，但他们最为感兴趣的、投注最大精力的也是技术的'效力'如何、'功能'如何。"③ 人们只关注技术的效用而不关注技术的社会和制度含义，技术成为资本主义社会最大的意识形态之一，遮蔽了对技术和资本主义历史发展的正确认识。

最后，社会主义维度。伍德批判了两种马克思主义，一种是技术决定论的马克思主义，它坚持社会主义的目标是使生产力最大限度发展。另一种是马克思本人对历史的解释，它认为历史是直接生产者和生产资料相分离的过程。有两种社会主义的方案，一种方案是"生产资料重新被直接生

① ［加拿大］艾伦·伍德：《民主反对资本主义——重建历史唯物主义》，吕薇洲等译，重庆出版社 2007 年版，第 135 页。
② ［德］卡尔·柯尔施：《卡尔·马克思——马克思主义的理论和阶级运动》，熊子云等译，重庆出版社 1993 年版，第 152 页。
③ 王汉林：《"技术的社会形成论"与"技术决定论"之比较》，《自然辩证法研究》2010年第 6 期。

产者占有"，它是建立在牺牲劳动人民利益基础上的经济发展。另一种方案强调民主，最终实现"直接生产者的自由联合体"。马克思关于人类普遍趋势的观点具有重要的理论和现实意义，"他关于直接生产者与他们自己的劳动资料、生活资料和再生产资料的日益分离的评论，比起技术决定论来，既得到了更系统的发展，也更为有效。"①

伍德认为马克思强调的是阶级斗争对历史运动的作用，是历史的特殊性和多样性，而不是技术决定论意义上单线、偶然或意外的历史观。资本主义自身积累和竞争性强制的逻辑，将实现普遍化并掩盖其他生产方式，为社会主义的实现提供了良好的条件。社会主义不能被简单地认为是建立在资本主义的发展之上，不是资本主义的扩展和改进，而是具有自身的特殊性，"不是一个被利润最大化、积累、所谓的'增长'所驱动的并伴随有物质的、人类的生态的浪费和退化的体系——而是一个价值和创造力没有被狭隘的技术进步观念所限制的体系。"② 资本主义与生产力是辩证的关系，资本主义既对生产力有推动作用，也随着生产力的发展积累了更多更复杂的矛盾和进一步变革的可能性。社会主义消灭了资本主义的特殊矛盾，使直接生产者和占有者之间的关系合理化，将人类的创造力从资本主义的强制剥削和扩张中解放出来，实现生产条件和生活质量的统一。社会主义在消灭资本主义剥削制度的同时实现生产力的大发展，社会主义具有更加明显的比较优势。"把社会主义方案与资本主义积累和技术决定论分开是很值得重视的，因为根据技术决定论，社会主义的历史使命显然只是对资本主义的发展和'进步'加以改造。这种误解不仅会使社会主义生产的解放作用受到质疑，而且也会使越来越容易感受到环境恶化的人们怀疑马克思主义与资本主义一样会带来不加选择的'生产主义'、不可持续的'增长'以及生态灾难。"③ 社会主义不会成为只强调生产，而忽视自然和人类社会的生产主义，它是人、自然和社会三者的统一体，是实现人类解放的必由之路。

伍德指出，社会主义必然要否定单线的技术决定论，它建立在阶级消亡的前提下，而不是建立在技术决定论的终结目标前提下。技术决定论不

① ［加拿大］艾伦·伍德：《民主反对资本主义——重建历史唯物主义》，吕薇洲等译，重庆出版社2007年版，第140页。
② 同上书，第141页。
③ 同上书，第142页。

能正确理解资本主义的特殊性和特殊矛盾，无法在社会物质生产过程中实现技术的良性发展，推动人类文明的发展。技术决定论者认为马克思也主张生产力决定论或技术决定论，社会主义只有在这种决定论的指引下才能实现普遍性，但马克思并不是技术决定论者，"反对把马克思说成是技术决定论者的思潮在 20 世纪此起彼伏，早在 20 世纪上半叶，卢卡奇就激烈地反对技术是客观上决定生产力发展进步的原则的庸俗唯物主义观点，认为它将明显地导致历史宿命论。柯亨反对把马克思的观点说成是技术决定论，认为这是污蔑。柯尔施则指出，马克思的社会生产力的概念同技术统治论者的唯心主义抽象毫无共同之处；后者臆想社会生产力脱离一切社会的规定性，可以纯粹由自然科学与工艺学来确证与测定。"① 马克思建立在资本主义社会批判基础上的技术哲学思想不是宣扬技术决定论，而是揭示技术在资本主义的剥削和扩张中的地位。技术是一把双刃剑，技术以人本和生态为原则能实现人、自然与社会之间的和谐；反之，以资本和市场为原则会导致生态和社会危机。

以上三个维度是紧密联系的统一体，首先，伍德从阶级和历史维度对技术决定论进行了批判，否定单线发展论，重新确立了马克思的动态历史发展观和历史分析法。其次，伍德将马克思的历史分析法运用到对资本主义的分析中，认为资本主义具有历史性和阶段性，具有特殊的运动规律，其规律不是历史的普遍规律，是一个有起源和终结的历史过程。最后，伍德指出，资本主义的特殊矛盾无法在资本主义体制内解决，只有通过社会主义解决，既要承认资本主义的特殊性，又要承认社会主义不只是资本主义的简单扩展，而且是具有内在逻辑的社会关系体系。社会主义能消除技术决定论的技术至上带来的生产能力和生活质量分离的问题，也能消除生产主义的误解，真正实现自然、人和社会的统一与和谐。伍德的批判有三个特点：其一，伍德坚持了马克思的历史分析方法，揭示了技术决定论忽视社会物质基础和社会形态，抽象谈论技术对社会变革和历史发展影响的错误观点，厘清了部分西方学者对马克思技术观的误解，明确指出马克思不是技术决定论者；其二，伍德将技术决定论同历史唯物主义的普遍性问题结合起来，认为资本主义社会具有特殊性和独特的运动法则，不能将技术当成资本主义社会发展的决定性条件，这既不符合当代资本主义社会发

---

① 牟焕森：《马克思与技术决定论研究》，《科学技术与辩证法》2002 年第 3 期。

展的实际，也不适合对前资本主义社会进行解释。其三，伍德强调经济基础和上层建筑是密不可分的，上层建筑具有重要的反作用，但反对将经济因素当作唯一的决定因素，注重考察生产力背后的动力。其四，伍德的批判对我们重新认识技术在历史发展中的作用大有裨益。技术对社会生产力的提高有推动作用，但不能就此承认"技术决定论"，技术不能单独成为决定社会发展的力量，技术要发挥作用，必须同生产力的其他要素相联系，不能脱离一定的生产关系，不能忽视不同社会制度和阶级的影响。

伍德对技术决定论的批判也有一些不足之处：其一，伍德忽视了对技术决定论的自然和文化条件的分析，没有同技术的社会形成论进行比较，更没有对技术决定论进行区分，从而使其批判的深度和历史感欠缺。其二，伍德对马克思主义内部及西方学术界技术决定论的批判不够深入和全面，对马克思主义同技术决定论的关系论述不足，降低了其理论说服力。其三，伍德没有将技术与组成社会生产力的其他要素进行比较，更没有对未来社会主义社会中的技术作出预见，无法全面理解技术的社会效应。伍德对技术决定论的批判具有重要启示：伍德认为技术决定论忽视了资本主义和社会主义的特殊性，否定了社会主义与资本主义的不同本质。社会主义社会有自身的发展规律，它的本质是促进人的全面发展和社会和谐，而不是单纯的创造物质财富。技术决定论坚持生产主义，没有将生产与人的生活质量结合起来，无法实现生产的价值。伍德认为技术决定论推崇技术，视技术为万能，但技术既不能解决生产问题，也不能解决生态环境问题。技术的资本主义使用带来的是生态环境的恶化和生态危机向发展中国家的转移，因此，要拒斥资本主义的经济理性，回归生态理性，建设生态社会主义社会和实行生态文明。伍德认为技术决定论推崇技术的价值而忽视人的价值，遮蔽了人的创造性和潜能，不管是政治革命还是生态革命，都是为了实现人的自由全面发展，技术只是人用来实现自身价值的手段和工具。

伍德对技术决定论的批判从以下方面丰富了历史唯物主义。首先，伍德指出技术决定论否认生产关系和上层建筑在一定条件下对生产力和经济基础的反作用是不符合历史事实的。在特定的历史条件下，生产关系和上层建筑对社会发展具有决定作用，如中国之所以没有从封建社会过渡到资本主义社会就是因为没有实现上层建筑的变革，没有发生西方的"文艺复兴"等思想解放运动。其次，伍德论证技术决定论是单线决定论的历史观，违背了历史唯物主义的历史是由多因素造成的结论。历史是在主体人的作用下，由政治、经济、文化等多种因素构成的，而不能简单归结于单一因素。再次，伍德提出技术决定论对历史发展的单一因素的强调无法彰显人在历史发展过程中的作用。历史唯物主义认为历史是丰富多彩的，历史规律的普遍性蕴含于历史发展的多样性之中。最后，伍德揭示技术决定论用技术来预测历史的发展，而历史唯物主义拒绝预设历史发展的结果，坚持从阶级和经济双重维度，运用充分的历史事实来总结历史发展的规律。

二 伍德对阿尔都塞结构决定论历史观的批判

伍德从重建历史唯物主义出发，批判性地分析了结构主义马克思主义的重要代表人物阿尔都塞的结构主义历史观，指出这种历史观是非历史的和形而上学的，是西方马克思主义走向后马克思主义的重要理论基础。阿尔都塞的结构决定论历史观认为社会形态是由经济、政治和意识形态这三种不同地位的要素构成的，经济基础并不起决定作用，政治和意识形态等对社会的发展也起着同样重要的作用。伍德认为这种历史观是自相矛盾的，最终取消了经济基础归根到底的决定作用，陷入了二元悖论中，既无法保证马克思主义的科学性又无法彰显马克思主义的人道主义。

1. 批判阿尔都塞结构决定论历史观的缘由

伍德指出，由于苏联在世界社会主义运动和阵营中的领导地位，斯大林主义①成为苏联马克思主义发展过程中的正统理论，其他形式的马克思主义同斯大林主义相比都是异端邪说，是要受到批判的。斯大林主义遮蔽了历史唯物主义的基本方法和原则，割裂了生动的社会实践与理论的关系，将马克思主义改造成僵化的理论教条，具有浓厚的教条主义和形式主义色彩。从实际上看，斯大林主义只是苏联马克思主义的一个形态，并不是马克思主义的全部，更没有穷尽对马克思主义的发展。

---

① 斯大林主义是一套以苏联 1929—1953 年间领导人约瑟夫·斯大林命名的政治和经济理论体系。其主要包括了共产主义国家通过广泛的政治宣传手段，建立起围绕某一独裁者的个人崇拜政治氛围，并以此来保持共产党对全国人民的政治控制。斯大林主义是西方反共势力强加给斯大林的，斯大林生前从未使用过这个词，也没有认为自己创造出一套能与马克思列宁主义并列的理论。斯大林主义是马列主义思想的一种解释和一个把马列主义现实化了的政治系统，成功地在 20 世纪 20 年代通过"五年计划"使苏联工业产业化。

随着苏共二十大以后对斯大林主义的批判和否定，在西方社会主义革命相继失败的背景下产生了西方马克思主义，西方马克思主义内部形成了早期人本主义、法兰克福学派、结构主义的马克思主义等多种流派，它们热衷于对传统马克思主义的批判，主要批判马克思主义发展中的技术决定论和经济决定论等，"西方出现了形形色色的马克思主义，它们经常富有成果地将马克思主义转向了新的'人道主义'或文化领域，而它们与历史唯物主义中的唯物主义模棱两可的暧昧关系仍然没有解。历史唯物主义的'历史'概念也因此而含糊不清。"①

西方马克思主义的各种流派从各自不同的角度对马克思主义（历史唯物主义）进行解读和重构，它们都注重马克思主义的人道主义所带来的解放意义，忽视了马克思主义的科学性，无法正确认识历史必然性和偶然性的关系。"阿尔都塞清醒地认识到这种人道主义解释在反对斯大林教条主义解释的同时，走向了另一个极端，它会成为资产阶级反对、修正马克思主义的理论武器，使我们陷入到资产阶级的意识形态的包围之中。"② 阿尔都塞从维护马克思主义的科学性出发，提出马克思主义是"理论上的人道主义"，即非科学的意识形态。"马克思的理论反人道主义不只是清算费尔巴哈而已：它也是既直接针对着现存的社会和历史哲学，又针对着哲学的古典传统，因而是通过它们针对整个资产阶级的意识形态。……因为我们仍然必须理解历史唯物主义的理论反人道主义，就是说，必须理解马克思主义的社会形态和历史理论不把人当作是一种重要的概念的这一做法。"③这就是历史唯物主义科学的客观本质。随着欧洲共产主义运动的兴起与衰落，阿尔都塞认为马克思主义出现了根本的危机，批判了马克思主义的社会形态和剩余价值学说，指出马克思主义的辩证法应该是多元决定的辩证法，历史实践中的矛盾是具有复杂结构的整体而不是孤立的。因此，阿尔都塞提出偶然相遇的唯物主义来补充历史唯物主义。在阿尔都塞看来，偶然相遇的唯物主义与各种必然的唯物论和目的论相反，是一种截然不同的理论，"后者是隐蔽的唯心论，是西方形而上学理论的各种变体，是假定

① ［加拿大］艾伦·伍德：《民主反对资本主义——重建历史唯物主义》，吕薇洲等译，重庆出版社2007年版，第7页。

② 郭华：《晚期阿尔都塞转向"偶然相遇的唯物主义"的原因探析》，《南京社会科学》2011年第9期。

③ ［法］阿尔都塞：《自我批评论文集》，杜章智、沈起予译，台湾远流出版公司1990年版，第232页。

意义优先于一切现实的逻各斯中心主义的变体。抹去偶然相遇的唯物主义的最高明的理论是将偶然性置于脱离必然王国的人类自由王国的领域。与这种自满地认为偶然性存在于必然性的样式之中或是必然性之外的观点相反，我们认为必然性需要与偶然性相遇。"①

2. 伍德的批判

伍德认为以阿尔都塞结构决定论为代表的历史观否定马克思对形而上学和非历史主义的唯物论的批判、对资本主义特殊性的坚持和对古典政治经济学的批判。这种历史观有几个特点："首先是在非社会性的、技术术语的条件下使用经济'基础'的概念，这样的概念与任何事情都不相符，是'基础/上层建筑'这种暗喻最为机械的运用。第二，是机械的、事先规定的、单线的生产方式更替的历史观，与古典政治经济学及其'文明'的发展阶段论有许多共同点。第三，是关于历史过渡尤其是从封建主义向资本主义过渡的非历史观，它把需要加以解释的东西当作假设前提，将资本主义的原则和运动规律倒用于在它之前的所有历史阶段。"② 伍德指出，阿尔都塞的结构决定论是在论述马克思和恩格斯的辩证法的不同时提出来的，是为了维护马克思唯物主义的科学性、反对唯心主义、拒斥简化论和非历史主义，强调社会因果关系的复杂性和多样性，同时又保留了经济归根到底的决定作用。其内容包括：任何矛盾在历史实践中都表现为有结构的复杂整体，矛盾的本质、作用及职能反映着它同复杂整体不平衡结构的关系；在任何一个复杂的整体结构中，矛盾既起决定作用又被这个整体结构的各个方面和各个层次所决定，因此矛盾是由多元决定的。这被阿尔都塞看作是马克思主义辩证法的本质以及同黑格尔的辩证法的根本区别。阿尔都塞指出，不管是线性因果观还是表现因果观都是僵化的因果观，"马克思正是在否定这两种错误因果观的基础上确立自己的结构因果观。"③ 阿尔都塞反对将马克思的辩证法看作是黑格尔辩证法的简单"颠倒"，特别是将马克思的方法归结为黑格尔的总体性原则。阿尔都塞将马克思和黑格尔在总体性上的不同归于因果观的不同，黑格尔主张的是"表现因果观"，

① ［澳］奥古斯都·伊鲁密纳蒂：《阿尔都塞论偶然相遇的唯物主义》，寇荷超译，《国外理论动态》2008 年第 2 期。

② ［加拿大］艾伦·伍德：《民主反对资本主义——重建历史唯物主义》，吕薇洲等译，重庆出版社 2007 年版，第 6 页。

③ 张一兵：《问题式、症候阅读与意识形态——关于阿尔都塞的一种文本学解读》，中央编译出版社 2003 年版，第 290 页。

马克思则坚持"结构因果观",它们的区别表现在三个方面:"一是结构因果观认为,结构是一个出现在或内在于它的要素/效果之中的原因,而不是外在于它们的;二是结构因果观认为,结构只存在于这些要素/效果和它们的关系的总体中;三是结构因果观认为,结构并不完全地出现在它们中间的任何一种之中,只是作为一个结果,以其决定性的不再出现在那里,在这个意义上,可以把它描写成既出现又不出现在它的效果之中。"①阿尔都塞据此认为马克思的辩证法和矛盾观既不是一元论也不是多元论,而是"多元决定论"。阿尔都塞的二元论允许其支持者一方面放弃"粗略的经济主义";另一方面又在理论层面上坚持相当粗略的决定主义。伍德认为这是在理论和历史之间建立僵化的二元论,是一种悖论,最终将结构决定论排除在历史之外。伍德的看法是犀利的,马克思主义既反对那种只强调经济的积极和主导因素而忽视其他因素的庸俗的经济决定论,又反对将经济以外的其他因素的作用无限拔高的极端主义。阿尔都塞认为"'单纯的'、非多元决定的矛盾观念,正如恩格斯所批判的经济主义那样,是'毫无内容的、抽象的、荒诞无稽的空话。'"②据此阿尔都塞指出,社会系统内的矛盾是相互依存的,并不取消在矛盾中占统治地位的主导结构,但最终混淆了历史发展的主要矛盾和次要矛盾的关系,演变为极端唯我论。阿尔都塞的结构决定论的核心是多元决定,认为结构中的原因是多元的,多元的原因产生了整体的结果,多元的原因既是导致结果的原因也是其他原因导致的结果。多元决定的思想最终导致阿尔都塞抛弃辩证法,拒斥结构主义,为后马克思主义的兴起提供了思想源泉。

伍德从基础和上层建筑的关系指出,阿尔都塞及其拥护者为了解决"简化论"和人的作用之间的关系而将人的作用从社会科学中排除、持"结构"决定论。经济基础是人在物质生产过程中结成的关系,上层建筑是人在政治和意识形态领域结成的关系,这些关系都是由人结成的,没有人也就没有这些关系,人既是社会关系的载体也是社会关系的主体,社会形态也是由一定社会关系中的人构成的。阿尔都塞为了解释历史发展的复杂性和坚持经济归根到底的决定作用,提出"多元决定论",这不仅违背了历史唯物主义的基本原理,将经济基础同上层建筑等量齐观,而且也使

---

① 徐崇温:《阿尔都塞的多元决定论和马克思主义》,《中国社会科学院研究生院学报》1997年第3期。

② [法]路易斯·阿尔都塞:《保卫马克思》,顾良译,商务印书馆2006年版,第103页。

经济基础/上层建筑具有机械性，使其成为离散的和非连续性的，社会结构也概念化了。阿尔都塞的结构决定论的历史观不是将历史融入结构，而是将结构建立在纯理论的建构之上。这既无法实现理论和实践的统一也无法对历史的特殊性和社会生活的复杂性进行科学准确的考察，结构主义者把是否符合理论放在优先地位，往往看不到历史，阿尔都塞多元的结构决定论分割了结构和历史，将经济从社会和历史中分离出来，将经济等同于技术，将资本主义生产方式等同于资本主义的结构，让历史处于自在状态而无法分析现实世界，将世界看作是一系列连续的、自我封闭的、静止的结构，将技术作为历史发展的动力，最终无法解答历史的特殊性和人的作用之间的关系。"阿尔都塞的马克思主义并没有将马克思主义理论争论的术语决定性地从斯大林主义正统派中解脱出来。基础/上层建筑的模式仍然保留了它机械的特征，它仍然依据离散的、非连续的、相互间外部关联的'因素'、'层面'或'方面'将社会结构概念化。"①

伍德指出，阿尔都塞对"生产方式"和"社会形态"作了严格区分，认为由结构决定的生产方式在经验中是不存在的，实际存在的社会形态是特殊的、偶然的。"阿尔都塞的理论简单地将结构主义决定论和历史偶然性一分为二，这种二元论所产生的结果却被阿尔都塞主义者的下列行为掩盖起来了：一是他们对历史写得很少；二是一旦他们冒险进入经验世界，就表现出虚假的严格，在那里，简单的历史描述通过对结构理论的分类范畴进行无限扩大的推理演绎而被伪装成理论上严格的因素解释。"② 阿尔都塞主义者指出"生产方式"在理论上包含政治、经济、文化和意识形态的整个社会结构，这些因素在社会形态中处于同等地位，这就既否定了经济的基础性地位也否定了政治和意识形态的上层建筑地位，忽视了"社会形态"是由人所结成的社会关系构成的，而不是由脱离人的社会关系构成的。但是阿尔都塞并没有说明"生产方式"包括不同层面，"但它肯定构成了在理论上产生社会总体的基础——一个在经济、政治和意识形态的关系总体上把握的资本主义。"③ 阿尔都塞的结构主义历史观不仅没有正确区分生产方式和社会形态，反而加剧了对二者之间的混乱。阿尔都塞的目的

---

① ［加拿大］艾伦·伍德：《民主反对资本主义——重建历史唯物主义》，吕薇洲等译，重庆出版社 2007 年版，第 50 页。
② 同上书，第 49—50 页。
③ 同上书，第 53 页。

就是要用经验事实建立一种理论结构，这种结构主义的方法关注的是现象之间的联系，而不是人与人之间的关系（社会关系），遮蔽了人的历史作用，夸大了结构的决定论作用。"阿尔都塞主义很快以一种新的错误选择，简单地取代或补充了以前的错误选择。它给马克思主义者提供了这样的选择，即在结构与历史、绝对的决定论与不可简化的偶然性、纯理论与纯经验主义之间进行选择。"① 阿尔都塞的结构决定论最终变成了纯粹的经验主义，丧失了历史洞察力。

伍德对阿尔都塞结构决定论的历史观的批判凸显了如下议题：其一，历史唯物主义的基本范畴及其相互关系。伍德指出，阿尔都塞从结构因果观出发，认为生产关系是生产力的存在条件，上层建筑是社会结构的存在条件。这从理解经济基础和上层建筑、生产力和生产关系的辩证统一是合理的，但夸大了二者的相对独立性，将经济基础和上层建筑等量齐观，认为上层建筑和生产关系有很强的相对独立性，甚至同经济基础和生产力具有同样的作用力，相互起作用，决定着历史的发展。阿尔都塞的这个观点是对历史唯物主义基本范畴及其相互关系的误解，历史唯物主义在坚持经济归根到底的决定作用的同时，没有忽视上层建筑和生产关系的能动作用，上层建筑和生产关系是在经济归根到底的前提下才起着能动的反作用，但这并不意味着经济基础和上层建筑就能够等量齐观，二者是有着严格界限的。其二，后马克思主义对阶级政治的消解。伍德认为阿尔都塞试图恢复马克思主义科学性的努力值得赞赏，他反对庸俗的经济决定论和技术决定论的做法也是值得肯定的，但是他的结构决定论消解了历史唯物主义的基本原则，取消了经济的基础地位，从而对后马克思主义的形成起到了推波助澜的作用。后马克思主义否定拒斥阶级政治，主张话语政治和激进民主，消解了历史唯物主义的批判功能。"后马克思主义不过是通往'反马克思主义'的小小驿站而已。"② 后马克思主义的这种否定经济归根到底的决定作用、强调政治等上层建筑的做法与阿尔都塞异曲同工，阿尔都塞的结构决定论成为法国后马克思主义形成的重要思想资源。"后马克思主义的形成发展，有着复杂的理论和现实原因。在法国的历史语境下，

---

① ［加拿大］艾伦·伍德：《民主反对资本主义——重建历史唯物主义》，吕薇洲等译，重庆出版社2007年版，第50页。

② ［加拿大］艾伦·伍德：《新社会主义》，尚庆飞译，江苏人民出版社2005年版，再版导言第2页。

后马克思主义的话语大都与阿尔都塞的思想有着千丝万缕的联系。"① 其三，结构主义马克思主义对历史唯物主义的辩证法和历史观的消解。伍德指出阿尔都塞的结构决定论历史观的目的是为了说明历史的特殊性和社会生活的复杂性，但却将结构置于历史的外部，制造了必然性和偶然性的二元对立，消解了马克思的历史唯物主义辩证法和历史观。虽然阿尔都塞建构了"结构辩证法"和"结构决定论的历史观"，但是却丧失了解释历史的特殊性和人的作用的能力。阿尔都塞认为个人只是众多社会矛盾关系中的一个环节，只能在这种多元矛盾的社会结构中起作用。多元决定不把有结构的复杂整体的发展看成是在一个外部力量的作用下偶然产生的，而看成是这个复杂整体内部的每个结构、每个矛盾通过主导的结构产生的具有规定性的作用。"在阿尔都塞看来，马克思主义的本质是在对传统政治经济学变革的基础上发现了结构性的因果规律，而结构性因果律是整体性的，对马克思来说，任何矛盾在历史的整体中都表现为结构性的因果律，或曰多元决定论。"②

伍德对阿尔都塞结构决定论历史观的批判也有如下的失误：其一，伍德虽然指出了阿尔都塞结构决定论的历史宿命论特点，但忽视阿尔都塞提出的结构决定论对区分马克思主义和人道主义的重要作用。其二，伍德虽然强调唯物史观，强调没有机械的、绝对的决定论，但没有认识到阿尔都塞的结构主义的解读方式为我们认识马克思主义提供了新的视角和方法。其三，伍德虽然指出阿尔都塞结构决定论的历史观犯了经验主义的错误，否认工人阶级的历史主体性；但又强调工人阶级只有在"社会经历"中才能实现阶级意识的觉醒和阶级的形成，没有认识到经验在阿尔都塞结构决定论中的重要作用。其四，阿尔都塞结构决定论的目的既为了澄清马克思和黑格尔辩证法之间的区别又为了批判经济主义，伍德忽视了这一点。

伍德对阿尔都塞结构决定论历史观的批判对中国特色社会主义建设具有重要的意义：其一，要注意处理好经济建设与政治、文化建设等方面的关系。经济基础决定上层建筑，政治和文化都属于上层建筑范畴，上层建筑体现经济基础并对经济基础产生能动反作用。经济建设、政治建设和文

---

① 徐克飞：《阿尔都塞的"多元决定"思想与法国当代马克思主义》，《云南社会科学》2012 年第 1 期。

② 枫叶、邢立军：《毛泽东的矛盾观与阿尔都塞的多元决定论关系论析》，《吉林师范大学学报》（人文社会科学版）2007 年第 4 期。

化建设都是社会主义建设的重要组成部分，经济建设居于核心地位，政治建设与文化建设为经济建设提供条件。苏东剧变正是由于没有坚持以经济建设为中心的基本原则，扩大政治内斗和军备竞赛，丧失了稳定和可持续发展的条件。中国改革开放前后三十年的对比深刻揭示了搞阶级斗争（政治斗争）是没有出路，只会加剧社会的混乱、制约社会的发展；但是并不意味着不讲政治、不搞先进文化建设，不意味着用政治代替经济，偏离经济建设这个中心。在当前世情、党情、国情发生重大变化的背景下，中国特色社会主义建设必须坚持"一个中心、两个基本点"的基本路线，注重抓好"五位一体"建设，才能不断巩固社会主义的经济基础，推动社会主义事业全面发展。其二，要处理好社会矛盾、搞好社会建设。阿尔都塞认为，社会形态是由多种矛盾构成并共同作用的。一方面，由多种矛盾构成的社会结构中必然存在主导结构和从属结构，主导结构决定着社会的性质和发展趋势。另一方面，矛盾决定结构又被复杂的结构决定，矛盾是互相决定并互相转化的。阿尔都塞的结构决定论具有浓厚的法国色彩，是从法国社会实际出发对马克思主义的发展，提出了诸如青年马克思和老年马克思的区别、马克思主义是理论上的人道主义和反历史主义、马克思的辩证法与黑格尔辩证法的区别等一系列新观点。这些观点深化了对马克思主义的认识，坚定了对马克思主义的信念。

三　伍德对马克斯·韦伯目的论历史观的批判

伍德从资本主义的起源、资本主义的定义、城市和方法论四个维度批判了韦伯的历史观，认为韦伯的历史观是一个单线的、目的论的、以欧洲为中心的历史观。韦伯不仅没有超越马克思的历史观，反而退回到前马克思的目的论，这种目的论认为所有的历史都是趋向于资本主义的冲动，在历史的运动中资本主义的目标总是预先设定好的，不同社会形式之间的区别在于它们是鼓励还是阻碍这个单一的历史冲动。韦伯历史观的核心是通过资本主义经济的棱镜过滤掉历史概念的框架，在诸多历史模式中寻找西方文明的特殊性，将西方的历史普遍化，宣扬资本主义的合法性是天生的。

（一）批判韦伯历史观的缘由

第一，澄明西方学者对马克思历史唯物主义的误解。伍德指出，将韦伯与马克思进行比较是学术界的一贯做法，认为韦伯与马克思是对立的，韦伯的理论是批判马克思主义的有力武器："马克思是一个简化论者、经济决定论者，韦伯对多因论以及对意识形态和政治学的独立性有更加成熟的理解；马克思的历史观是目的论的并且是以欧洲为中心的，韦伯的观点更适合于人类文化和历史模式的易变性和复杂性。"① 总之，韦伯正确揭示了人类历史发展的规律，马克思则将人类的历史简化了，无法解释生动的社会实践及其发展过程。但事实相反，不是马克思而是韦伯颠倒了历史的发展，韦伯的理论才是一个单线的、目的论的、以欧洲为中心的历史观，韦伯的历史观既没有超越马克思主义诞生前的独断论，也没有超越马克思主义内部存在的经济决定论、技术决定论和结构决定论，而是陷入了目的论的泥潭中。"这种目的论认为所有的历史都是——尽管有时或者经常受到阻碍——趋向于资本主义的冲动，在历史的运动中资本主义的目标总是预先设定的，不同社会形式之间的区别与它们是鼓励还是阻碍这个单一的历史冲动有关。"②

第二，揭示资本主义的历史性和特殊性，将历史观从资本主义意识形态中解放出来。伍德指出，韦伯的历史观在西方学术界具有重要的影响，他片面地认为资本主义是由古老的商业社会自动发展而来的，商人阶级是推动资本主义形成的天然的精神动力，现在需要解释的是这种动力的解放。"韦伯历史社会学的核心是通过现代资本主义经济的棱镜过滤掉所有历史的概念框架。"③ 将资本主义看作是古老经济活动以及商业行为的成熟和扩张，强调宗教和政治形式在封建主义向资本主义过渡时期的决定性意义，混淆了资本主义形成的原因和结果，从而将资本主义的历史普遍化。普遍化的后果则是将资本主义起源的结果当作了原因，并将资本主义的种种假设强加到不同历史和社会形态的社会中，构成资本主义合法统治世界的意识形态。

第三，彰显启蒙的真正价值。伍德认为韦伯的历史观遮蔽了启蒙的价值，主要表现在他对启蒙价值的摇摆不定，并充满矛盾。而马克思则正确地认识到启蒙的进步意义，"和韦伯一样，马克思既认识到了进步，尤其

---

① ［加拿大］艾伦·伍德：《民主反对资本主义——重建历史唯物主义》，吕薇洲等译，重庆出版社 2007 年版，第 145 页。

② 同上书，第 145—146 页。

③ 同上书，第 153 页。

是资本主义进步的好处，又认识到了其弊端；但是他在抛弃目的论的同时，保留了对启蒙运动的批判和解放思想。"① 马克思对启蒙的正确认识将历史和社会理论从资本主义的意识形态中解放出来了。

伍德认为批判韦伯目的论的历史观能够反击西方学者对历史唯物主义的歪曲特别是对马克思的污蔑，也可以揭示资本主义的本质和彰显启蒙对当代理性和自由发展的影响。他从以下四个方面对韦伯的历史观进行了深入的批判。

（二）批判韦伯历史观的四个维度

伍德批判韦伯历史观主要从资本主义起源、资本主义定义、城市和方法论四个维度展开，深入地阐释了韦伯理论的特点和问题，为彰显马克思的唯物史观，澄明历史唯物主义奠定了理论基础。

1. 资本主义起源的维度。伍德认为韦伯主张新教伦理，将它同资本主义精神联系在一起，促成了经济理性与工作伦理的结合，在这种结合中也产生了资本主义，这是对马克思经济基础作用的否定。"但是这里的关键问题在于韦伯是唯心主义者而不是唯物主义者，或者是否韦伯把经济利益从属于其他动机。……关键的问题并不在于韦伯是否正确地识别了新教伦理的根源，不在于工作伦理是与资本主义相联系的经济发展原因还是结果，不在于思想是原动力还是结果。"② 韦伯主张的新教伦理无法解释资本主义的产生。韦伯的新教伦理理论同商业社会的理论一样，将需要解释的事情当作了前提，仅仅只是一种对交换和流通机制向生产的组织原则的商业转化的评论。"在对历史现象的因果分析中，总留有不确定性的余地，要在历史事件的进程中建立严格的决定论是不可能的。韦伯对合理资本主义兴起的因果分析便充分体现了这种历史不确定性的思想。新教入世禁欲主义伦理仅仅为资本主义的产生提供了一种心理动力，并说明宗教思想等非理性因素可以在历史上起巨大的作用。"③ 在韦伯看来，资本主义的产生除了私有财产制度、城市、市场等因素外，还有技术、交通和海外殖民掠夺等因素。资本主义的产生具有很大的偶然性和相对性。伍德指出，资本主义的生产从属于资本的扩张、积累、竞争与利润最大化的规则，市场和

① ［加拿大］艾伦·伍德：《民主反对资本主义——重建历史唯物主义》，吕薇洲等译，重庆出版社2007年版，第175页。

② 同上书，第153页。

③ 傅铿：《马克斯·韦伯的历史观》，《探索与争鸣》1988年第1期。

交换的结合带来的不仅是生产，也是"在这一体系内经济被竞争所驱动，利润由劳动生产率的提高所决定——以社会所有权关系的转变为前提，它通过使直接生产者的生活和自我再生产资料的获得依赖于市场这一历史上前所未有的方式，使它们从属于市场规则。"① 韦伯并没有对这个独特的历史结构进行解释，而是对其进行了假设。新教的工作伦理无法解释贸易和生产力之间特殊的资本主义关系，韦伯的工作伦理体现了一种理性习惯，这种习惯把劳动与资本主义精神混同，充当了资本主义的意识形态。将劳动同资本主义精神等同形成了这样一种历史观——不是劳动阶级和占有阶级、被剥削者和剥削者之间的对立，而是两个不同的占有阶级和两种对立的所有权之间的对立。在这里，"经济活动"是市场交换，"劳动"是资本家的占有，生产是为了利润构成了韦伯理解工作伦理和资本主义产生的基础。最终，"韦伯以相对论的方法主义代替历史唯物主义，在分析资本主义的起源上表现为唯心主义。"②

2. 资本主义定义的维度。伍德认为韦伯对所有权关系不感兴趣，倾向于将封建主义向资本主义的转变看作是非个人或超历史的技术过程的表现，或理性化过程的一个阶段，是生产组织从属于经济理性的过程。韦伯指出，"资本主义可以在不同社会存在，表现为不同的形式，既有现代的工业理性资本主义，又有在罗马帝国存在的农业奴隶资本主义。"③ 不管哪种形式，市场规定着资本主义经济的特征，劳动市场并不是资本主义固有特征，而是另一种技术的发展，是理性化的自发过程和劳动分工的另一种表现。实际上韦伯的经济概念没有区分物的有用效力和由人产生的有用效力，它们是两种不同的范畴。韦伯将资本主义的经济原则普遍化了。资本主义原则的普遍化被韦伯的"理性概念"及其在"经济行为"定义中所起的作用加强了。把理性选择的标准运用到构成经济行为的定义中去的结果是工人只有在出卖其劳动力的过程中算是参与了经济活动。工作行为本身不是"经济的"。韦伯的观点是矛盾的，无法解释经济现实。韦伯用"纯经济的"的术语来定义资本主义，忽视了社会关系特别是社会财产关系，

---

① [加拿大] 艾伦·伍德：《民主反对资本主义——重建历史唯物主义》，吕薇洲等译，重庆出版社 2007 年版，第 155 页。

② 刘先进：《辩证的理性主义及其重建——卢卡奇对韦伯理性化的批判》，《咸阳师范学院学报》2011 年第 2 期。

③ [德] 马克斯·韦伯：《文明的历史脚步——韦伯文集》，黄宪起、张晓琳译，生活·读书·新知三联书店 1997 年版，第 22—23 页。

剥离了资本主义的历史特殊性和经济行为与社会关系的联系，使现代资本主义在很大程度上变成了一种旧事物，对现代资本主义的解释变成了对消灭其障碍的说明，而资本主义发展的最主要障碍是各种政治因素。韦伯认为阻碍经济理性起作用的非经济的制度和价值也阻碍了商业的自然发展。在雅典、中国等古代文明国家，司法制度、政治统治形式、亲族关系等超经济因素制约了商业和贸易的自然发展，这些因素一方面加剧了亲族关系的膨胀；另一方面阻碍了城市自治和资产阶级的发展。"问题不是韦伯把历史的重要性归因于西方的城市自治或者其他地方的'宗教主义'以及亲族关系，而是从根本上假设资本主义的原则被隐藏在城市和市民团体中，只有某种外在的障碍阻止它们发展为成熟的现代资本主义。"① 不管资本主义处于何种阶段，都是在资本逻辑支配下运行的，其追求资本增值和利润最大化的目的永远不会改变，其资本与劳动的矛盾也不会改变，而且在资本主义走向成熟的过程中激发了阶级斗争和民主革命，使得资本主义不得不调整政策，转变统治方式，从而使得资本主义越来越在祛魅与返魅的过程中演变。"资本主义就像一个由宗教动物分泌出来以供它栖居、并且在它死后还继续存在的贝壳一样。没有人知道将来会是谁在这贝壳里生活，……那么会不会有机械的僵化掩饰在某种焦虑不安的傲慢下面。"②

3. 城市的维度。伍德认为韦伯的工作伦理回避了生产的定义，将古代城市当作消费中心，将中世纪城市当作生产中心，歪曲了生产和劳动的地位。对韦伯来说，是企业家而不是劳动者的社会和文化地位决定了生产和劳动的社会和文化地位越来越清楚，生产中心和消费中心的区别并不是主要依赖于从事生产的城市居民的数量，甚至也不是依赖于所生产的商品数量、范围或质量，不依赖于同样的生产性劳动的文化评价，而是依赖于与生产相联系的阶级的身份，尤其是依赖于生产被"真正的"资产阶级所控制的程度以及由此产生的对商业利润要求的服从。韦伯认为在古希腊民主缺乏的是现代意义上的资产阶级，生产者由生产附属于商业和贸易的程度来决定；社会冲突的双方不是工业无产阶级和工业雇佣者，而是债务人和债权人。雅典城邦中人们之间的利益是政治的而不是经济的，是"政治

---

① ［加拿大］艾伦·伍德：《民主反对资本主义——重建历史唯物主义》，吕薇洲等译，重庆出版社2007年版，第171页。

② ［法］梅洛-庞蒂：《辩证法的历险》，杨大春、张尧均译，上海译文出版社2009年版，第19—20页。

人"统治着"经济人"。古希腊劳动者受压迫的原因是缺乏行业协会和保护他们的法律,但伍德认为这恰恰反映了普通民众的强大而不是软弱,反映了其较高的地位而不是较低的地位。中世纪的行业协会与古罗马贵族和平民之间的划分有共同之处,在这里,民主本身就是平民的联合体。这再次表明,"韦伯的'工作伦理'定义回避了问题的实质;因为就像中世纪的城市是'生产中心'并不是因为它符合劳动者的利益而是因为它鼓励了企业家一样,'工作伦理'中对劳动的赞美与其说代表劳动者或者生产性劳动本身文化的提升,不如说代表着使工作服从于盈利性交换的需要。"① 资本主义工作伦理的形成不是由于对工作的赞美,而是由于将工作与生产率以及理论最大化等同起来,这实际上预先假定了劳动从属于资本以及商品生产的普遍化,直接生产者从属于市场规则,而中世纪的城市又容纳了经济理性,给工作伦理的形成铺平了道路。在这里,不是韦伯而是马克思认为生产从属于资本的积累、竞争和扩张是需要解释的,这种解释只能在封建社会的生产关系中,而不是在资本主义社会的生产关系中。韦伯错误地认为封建主义允许资本主义在其城市空隙中发展,但"说封建主义只是通过留出城市自治和市民自由得以繁荣的空间从而使资本主义的产生成为可能,就等于是假定城市和市民生来就已经是资本主义的了。"② 资本主义经济当然是在封建主义原则的基础上发展的,但是成熟的资本主义经济并不出现在最发达和自治程度最高的城市公社,问题不是农业向工业的转变,而是要对占有者和生产者之间的关系作出解释。无论是城市还是乡村,都是以这种方式转变的,即通过提高劳动生产力,使生产服从于资本主义竞争、利润最大化以及积累的强迫性冲动的规则。韦伯假定这种所有权关系而不作出解释,并幻想通过超历史的理性化过程加以解决。

4. 方法论的维度。伍德认为韦伯的方法是同义反复的循环论。虽然韦伯提出了"多因关系"概念,但这种概念否定了因果关系,是折中主义,无法解释任何一种社会的经济组织。"在这个概念模式中,'经济的'只在资本主义的意义上才存在。关于非资本主义经济,我们所能说的,多少有点同义反复的是,资本主义特有的'经济的'权力在形式和自治的意义上不占支配地位。如果'经济的'权力不占支配地位,某种'非经济的'权

① [加拿大]艾伦·伍德:《民主反对资本主义——重建历史唯物主义》,吕薇洲等译,重庆出版社2007年版,第162页。
② 同上书,第163页。

力一定会占支配地位。这与其说是复杂的因果关系，不如说是简单的循环论。"① 马克思的历史唯物主义强调对前资本主义和资本主义的区分，使"超经济的"形式成为"经济基础"定义的一部分。马克思强调政治经济学批判，其前提就是每一个社会形式都有其特殊的经济运动方式和自身的逻辑体系，自身的运动规律和发展模式，资本主义只是其中之一。"就马克思来说，不同形式的'超经济的'社会力量——政治的、法律的、军事的——在'经济的'定义中起着基本的作用，并能产生多种不同的经济结构。就韦伯来说，这些超经济形式本质上是外部因素，它们影响（促进或抑制，加速或阻碍）但从来不能从根本上改变这个单一的、普遍的、超历史的、真正的经济行为方式。"② 在韦伯这里，政治行为与经济行为没有实质关系，经济行为是独立自主地在运动。马克思在研究每种经济结构和社会形态的特殊性时，不是在超历史的、普遍的动力中进行考察，也不是在消除障碍和桎梏中考察，而是深入到它们的结构内部进行考察。以便寻找一种社会形态转变为另一种社会形态的运动规律。在马克思那里，资本主义并不是贸易和劳动分工的成熟过程和经济发展的自然结果，资本主义的原则不能被复制到所有的历史阶段中去。归根到底，马克思既认识到资本主义的好处，又认识到其弊端，他的政治经济学批判及生产方式概念将历史和社会理论从资本主义意识形态的限制中解放出来。

伍德对韦伯目的论历史观的批判取得了显著的成果，表现在：其一，坚持从多角度认识韦伯的历史观。先前的学者一般从一个或两个维度对韦伯的历史观进行分析，无法全面揭示韦伯的历史观。伍德从资本主义起源、资本的定义、城市和方法论四个维度全面分析了韦伯的历史观，既彰显韦伯历史观丰富的内容，又从丰富的内容中提炼出四个主要方面进行重点分析，很好地坚持了历史唯物主义的基本原则和方法，做到了辩证统一。其二，澄明了韦伯目的论历史观的本质和特点。伍德正确指出韦伯的历史观就是单线的、目的论式的历史观，是建立在欧洲中心论基础上的历史观，无法彰显人类历史发展的规律和总体发展趋势。韦伯认为历史是多变和偶然的，不可能抽象出普遍的规律，也无法全面准确地认识历史。认为只有多因论才能解释资本主义的起源和人类社会的发

---

① ［加拿大］艾伦·伍德：《民主反对资本主义——重建历史唯物主义》，吕薇洲等译，重庆出版社 2007 年版，第 173 页。

② 同上书，第 174 页。

展，但又否定因果关系的确定性，滑向了突出文化或精神在历史发展中作用的单线论，没有认识到社会历史的发展归根到底是经济基础（或生产方式）起决定作用。其三，注重韦伯和马克思历史观的比较。伍德将马克思和韦伯的历史观进行深入地比较，凸显了韦伯思想的总体性和复杂性。她揭示了马克思和韦伯都不是经济决定论者，认为不应该只从经济因素的角度来解释历史，历史是复杂的，是由多种因素共同构成的。韦伯是从个体角度来认识整个历史，马克思则从社会生产的角度来认识整个历史。韦伯认为人类社会只有农业社会和工业社会两种形式，马克思则认为有多种形式。

伍德对韦伯历史观的批判是独到而深刻的，但也有如下失误：其一，伍德误解了韦伯关于历史解释中的多元决定论和具体事物中的单线决定论之间的关系。韦伯的目的并不是要用片面的唯心史观代替唯物史观，而是强调历史的动态的演变和过程，主张在对历史的研究过程中突出单一因素或多种因素的重要性，但由于韦伯过于强调新教伦理对资本主义的起源及其精神的影响，使伍德认为韦伯是一个单一的文化决定论和目的论者。其二，伍德将韦伯及其思想当作马克思主义的对立面，一定程度上忽视了其理论价值。韦伯的历史观强调对历史规律的分析、对历史总体性的考察、对社会各个方面相互作用的认识等。这既同马克思的历史观有相同之处，又是对马克思历史观的有益补充。

伍德对韦伯目的论历史观的批判具有重要的启示：其一，进一步否定了资本主义的普遍性和不可替代性，强调了资本主义的特殊性和历史性。资本主义并不是从封建主义的夹缝中产生的，也不是在商人阶级的精神感召和商业社会的自然发展中产生的，而是在一个非常特殊的条件下产生的，任何忽视资本主义特殊性的做法都是对资本主义真实历史的违背，是理论上的唯心主义，实践上的霸权主义，是一种典型的欧洲中心论（西方中心论）。资本主义的运行规则也不是普遍的，而是建立在政治领域与经济领域、经济权力与超经济权力分离的基础上，通过分离资本主义实现了其统治权力的最大化。其二，深化理解当代资本帝国主义的本质。当代资本主义社会是一个全面垄断的社会，这种垄断从其诞生起就产生，包括政治、经济、文化和军事等各个方面。资本主义的垄断可以更好地维护其在国内和全球的统治，更好地维护其政治经济利益。当代资本主义其实是资本帝国主义，在资本逻辑的推动下扩展统治空间，导致劳动与资本的日益对立，带来周期性的金融危机和全球经济衰退。资本帝国主义为了维护其统治地位和垄断利益，不仅会牺牲弱小国家利益来转嫁危机，甚至会发动无限战争转移国内矛盾，实现资本的空间扩张。其三，要用正确的历史观教育人民群众，巩固马克思主义的指导地位。韦伯目的论历史观在西方有很大市场，这种历史观一方面混淆了历史发展的本来面貌，降低了非西方社会的价值；另一方面通过这种历史观控制西方大众，弱化西方大众特别是工人阶级的革命意识。苏东剧变和一些国家的"颜色革命"除了经济上的原因外，被资本主义的历史观控制而丧失免疫力是一个重要的原因。搞好历史观教育工作要从世情、党情、国情出发，要"两手抓"，"两手都要硬"，为推动政治、文化、生态和社会建设服务，用马克思主义的历史观教育人民，让人民群众正确认识资本主义及其与社会主义的关系，坚定对社会主义的信念，不断推进中国特色社会主义事业的健康快速发展。

总之，伍德对韦伯的批判再次证明马克思不是简化论者和经济决定论者，其历史观也不是目的论的和以欧洲为中心的；韦伯的多因论看似新颖，其实是彻底的目的论和单线论，无法适应历史的复杂性。伍德对韦伯目的论历史观的批判深化了对唯物史观的认识，对中国的社会主义现代化建设具有重要的理论和现实意义。

第二节　伍德对欧洲中心论的批判

伍德认为欧洲中心论产生于资本主义起源的认识与资本主义意识形态。资本主义起源的商业化模式不仅无法解释资本主义的起源，反而成为欧洲中心论的理论依据；资本主义的意识形态不仅扩大了欧洲中心论的影响，也为反欧洲中心论留下了陷阱。因此，要超越欧洲中心论就要揭示资本主义的真正起源、帝国主义的实质与资本主义的历史特殊性。

一　欧洲中心论的提出

"欧洲中心论"是当前学术界非常关注的问题。"欧洲中心论"也称

"西方中心论"①，是指将欧洲社会和文化的起源当成评估世界各地历史的规范，把西欧的历史进程当作整个世界不同民族和国家在其发展过程中遵循的规律。"欧洲中心论"包括相互联系的三方面内容："一是欧洲是依靠自身的内在力量兴起的；二是欧洲发现了世界，创造了世界历史和世界历史体系；三是欧洲模式是人类社会发展的唯一模式，与欧洲兴起的同时代的东方是长期停滞的，要靠欧洲的唤醒，必须走欧洲的道路。"② 她认为反对文化沙文主义、种族主义、帝国主义和欧洲"文化傲慢"的斗争是必要的，其目的在于反对"欧洲中心论"，消除欧洲文明优越论。文化沙文主义者认为，无论出于何种原因，"西方"已经实现了更高层次的发展，在各个方面都具有优势。文化沙文主义强调西方文化远远优于世界其他民族的文化，在过度的自负和自大中陷入了西方文化中心论，西方文化中心论是"欧洲中心论"的典型形式。种族主义者认为，欧洲白人要优于其他人种，是世界历史天然的主体，这是典型的欧洲民族中心论；非种族主义的史学家们对西方帝国主义在欧洲历史上的作用没有给予足够的重视；马克思主义者既不是种族主义者也不是文化沙文主义者，他们没有低估帝国主义灾难性的后果，但相信在欧洲某些特定的历史条件下产生了某些特定的历史后果，如资本主义的兴起与现代化的开展。对"欧洲中心论"的批判有助于我们更好地认识欧洲的"文化傲慢"，分析当代全球化和帝国主义的霸权实践，有利于树立正确的历史观。

伍德指出，"欧洲中心论"的提出与资本主义起源有关。传统的非马克思主义者对欧洲资本主义发展的解释是基于两个比较简单的假设："第一，作为一般'商业社会'（由亚当·斯密和其他人指称）的资本主义概念主要是城镇和贸易日益增长的结果；第二，当大量关键的财富积累完成时，这种商业化的过程达到成熟。"③ 这被称为资本主义发展的商业化解释模式，也是关于原始积累的经典理论。"商业化解释模式认为，自古以来就有商品交换市场，基于市场经济和分工技术的生产力的发展是贯穿历史

---

① 叶险明指出，"西方中心论"有三个相互联系又相互区别的层次：一是种族主义意义上的；二是政治立场和价值观念意义上的；三是思维方式和话语系统意义上的。参见叶险明：《马克思超越"西方中心论"的历史和逻辑》，《中国社会科学》2014年第1期。

② 郭劲松、叶秀梅：《"欧洲中心主义"的终结——贡德·弗兰克对人类历史的重新思考和定位》，《理论月刊》2006年第2期。

③ Ellen Meiksins Wood, "Eurocentric Anti - Eurocentrism", solidarity - us. org, May - June, 2001.

的动力，资本主义是这个历史进化的合理结果。"① 商业化解释想当然地认为资本主义在历史中潜伏着，并以此来解释资本主义的发展。"在商业化解释模式中，西方清除其发展障碍是最成功的。其主要障碍是'寄生性'的政治和法律制度，像封建主义或某种君主专制，也有一些外部障碍，像这样或那样的'野蛮人'入侵所导致的贸易路线的中断，所以贸易路线重启之时也是资本主义真正起飞之时。"② 商业化解释模式的资本主义起源论是一个循环论证，将资本主义当成了预先的存在，将资本主义的产生当作了历史的必然。

伍德认为，传统的商业化解释模式强调资本主义是在封建主义的裂缝中砸碎了封建主义的枷锁后而产生的，是商业发展的自然结果，认为只要消除阻挡市场和经济活动的障碍，资本主义就能在商业化活动中产生。其实障碍的消除并不一定能够产生资本主义，因为统治模式、宗教传统、交换关系等对资本主义的产生具有关键性影响，自古就有的商业活动并不必然带来资本主义的生产关系与市场的扩展，商业社会并不是完美和自由的社会，对市场的认识已经超出了人类自由的范围。这表明传统的商业化解释模式有对商业活动的迷信，夸大了商业活动的作用，迷信技术和市场，沦为庸俗的技术或市场决定论。商业化解释模式认为合理利己主义的个人从人类历史初期就有交换行为，交换行为伴随分工的发展而专业化，同时分工促进了生产工具的改进、生产率的提高事实上已经成为劳动分工专业化的主要目标。商业化解释模式同技术决定论密切联系，"资本主义即商业社会就被看作进步的最高阶段，随着技术进步和商业活动的成熟，商业活动从政治的、文化的种种束缚下获得了最终的解放。"③ 依据这些解释，进步的推动者是商人或资产阶级，他们是理性和自由的承担者，只需要从封建阻碍中解放出来就能够沿着历史和注定的道路前进。还有一些学者提出与经典的商业化解释模式不同的解释：第一，否认欧洲的优越性而强调其重要性，承认存在于人类史上的非欧洲经济和贸易网络的主导地位，例如，安德烈·贡德·弗兰克（Andre Gunder Frank）认为亚洲主导的世界经济一直持续到1750—1800年。第二，强调欧洲帝国主义在资本主义发展

---

① 冯雷：《评艾伦·伍德的〈资本主义的起源〉》，《当代世界与社会主义》2005年第4期。

② Ellen Meiksins Wood, "Eurocentric Anti‐Eurocentrism", solidarity‐us. org, May‐June, 2001.

③ Ellen Meiksins Wood, The Origin of Capitalism, Monthly Review Press, 1999, p. 12.

中的重要性。这与英帝国主义的作用有关，特别是与甘蔗种植园和奴隶贸易中的利润有关。在工业资本主义的发展时期，尽管1492年也是早期资本主义上升时期的一个重要里程碑，但是詹姆斯·莫里斯·布劳特（James Morris Blaut）认为欧洲经济的发展在很大程度上依赖于从美洲掠夺的财富。以上两个解释可以被合并成一个解释，即占主导地位的非欧洲贸易强国只要没有被西方帝国主义挫败就可能会产生资本主义。现在严谨的历史学家不会否认在亚洲和其他地区的非欧洲的世界贸易与技术的重要性或在资本主义的兴起之前与欧洲发展水平相当的模式。

伍德指出，按照商业化解释模式，任何地方的商人被视为是潜在的，亚洲、非洲和美洲的许多地区在欧洲帝国主义兴起之前在走资本主义之路，而欧洲的帝国主义阻止他们通向这条道路。欧洲中心论的批评者没有否认这种观点："欧洲与世界其他地区分离，但这种分离与'资产阶级革命'和/或一旦借助于贸易和帝国剥夺积累了足够多财富而导致的工业资本主义的到来有关。"① 由于广泛的世界贸易，帝国主义带给欧洲列强大量的财富，这是欧洲区别于其他地区的必不可少的因素，是区别于其他商业权力的关键。例如，詹姆斯·莫里斯·布劳特反对欧洲中心论，认为亚洲、非洲的"原始资本主义"区别于欧洲资本主义的产生的原因在于靠掠夺美洲获得财富，使欧洲产生资产阶级革命和工业革命两种类型的革命。资产阶级革命将政治权力赋予了那些占据殖民地财富而富有的阶级，他们一旦掌握权力就能够控制国家以便为资本积累服务和创造产业发展的基础设施，从此工业革命不可避免。按照这种观点，不仅欧洲的发展基本上是资产阶级力量的上升，而且先进和富裕的非欧洲文明的发展停滞是因为从来没有借助资产阶级革命而抛弃阻碍其发展的桎梏，资产阶级被视为进步的代理人和消除封建桎梏的主要力量。就像在古典政治经济学及其"原始积累"的概念一样，"现代"资本主义的飞跃是因为资产阶级通过各种方式管理和积累足够的财富。"同古典政治经济学一样，通过假设其早期形式而回避了过渡到资本主义的问题。"②

欧洲中心论与资本主义的意识形态有关。伍德指出，资本主义的意识形态是进步的，因为资本主义代表着人类的进步、是自然产生的，资本存

① Ellen Meiksins Wood, "Eurocentric Anti - Eurocentrism", solidarity - us. org, May - June, 2001.
② Ibid. .

在于资本主义的生产与工业中，资本主义国家是"合理"的并倾向于自由
和民主，表现在生产与工业化、现代国家、民主三个方面。其一，资本主
义生产与工业化的进步是意识形态。伍德指出，资本主义积累与竞争的特
殊要求代表了发展生产力的动力，资本主义的运动规律表现在其控制的生
产中，并将资本主义的逻辑渗透到工业领域。相反，"资本主义的内在逻
辑不是生产而是资本推动的，不需要采取物质形式，甚至在采取物质形式
时，提高生产力的动力由生产效率的强制所决定。既不是去减轻劳累也不
是创造一般的繁荣，而是像马克思所说的，提高失业率。"① 这意味着生产
的本质和范围将不由人类需求、社会责任或国家要求决定，而是由对个体
资本的生产与再生产来决定，这有利于解释资本的特殊强制性。这也意味
着不仅生产将会采取社会浪费或生态破坏的形式，大规模的和有效的生产
能力也同大范围的贫穷、失业、城市的肮脏、不健全的住房、教育和健康
医疗等并存，而且资本可能会牺牲国内的生产，转而投资于廉价劳动力的
其他地区，实际上工业生产在更有利的投资下被抛弃。资本的强制已经产
生了前所未有的高度丰富的物质财富，但是浪费、剥夺、文化退化、劳动
力和资源的不合理分配等同样是这个系统性强制的产物。通过资本逻辑将
生产与工业化的进步意识形态推向全世界，导致第三世界的贫穷与危机。
因此，资本主义生产与工业化一方面带来了世界经济的发展；另一方面带
来了全球性的问题，生产的进步成为纯粹的意识形态。其二，现代国家的
进步是意识形态。伍德指出，"德国是当时欧洲最为成功的经济体，有快
速扩展的工业化、高度集中的资本和生产；而英国在 19 世纪的贵族体制
下从来没有实现上述成就，只有帝国君主、官僚主义的绝对主义、软弱的
资产阶级存在。而同样的政体产生了福利保障、发达的社会保障体系、健
康医疗和工业关系。"② 德国之所以能实现这些成就，不是因为它比英国或
法国更现代、民主或自由，也不是因为它的资产阶级更成熟和独立，而是
因为国家的强大和资产阶级的脆弱，他们依赖于同帝国君主及古老贵族统
治阶级的联盟。在保留古代体制上德国做得很好，因为它能适应国际竞争
的要求并超越自身的局限。英国则相反，其国家与主导文化至少已经屈从
于资本主义的经济逻辑。在此条件下，英国议会的绝对主义来源于君主，

① Ellen Meiksins Wood, The Pristine Culture of Capitalism, London and New York: Verso Press,
1991, p. 164.
② Ibid. , p. 168.

而与其他发达国家的大众主权相反。它的选举体统不是民主的甚至不具代表性，国家的活动是秘密的，被保守的司法和外部的压力维持着，导致英国经济的失衡。因此，完全将现代国家与古代文化体制割裂开来是不切实际的，现代国家的进步也成为意识形态。其三，资本主义民主的进步也是意识形态。按照汤姆·莱恩的观点，英国的衰落不仅与一般的政治缺陷相关，也与民主的失败相关，资产阶级的民主被认为是一场灾难。"理性、永久的资产阶级公民概念、平等和法律权"在英国的背景下变成了"臣民、君主和阶级"。英国经济的衰退是由于英国的制度，特别是政治文化的障碍已经阻碍其发展。"一个过时的国家和不完善的民主已经阻碍了英国的经济发展，这也可能掩盖了民主与资本主义之间的明显的问题。至少这种方案有利于承认确定的政治'缺陷'和民主的限制是为资本主义经济的需要服务的。它从资本主义的经济中分离出来，采取帝国主义的冒险和在国外扶植代理人的形式或通过将经济危机转嫁给第三世界国家来获得政治稳定性。"① 资本主义民主是历史性的并且同资本主义存在结构性的联系。资本主义已经实现了史无前例的政治权力的扩张。司法和政治的差别是所有制关系的基础，在没有否定封建制的条件下，地主和农民不能享受平等的司法地位，自资本主义的占有不仅依赖司法而且依赖纯粹的经济强制之时，资本与劳动的关系是所有的无产者必须出卖他们的劳动力，以获得他们劳动的条件。这意味着在没有重新界定它的主导所有制关系和占有模式的条件下，资本主义能容忍普遍的选举权。普选是一种意识形态，意味着资本主义条件下的民主的进步已经伴随着公民的衰落。如果资本主义能包容公民身份，那么它也必定减弱了公民的价值，也可能要承受价值的扭曲。资本主义民主是被资产阶级重新编码的意识形态，英国等西方国家的民主的进步都是有限的。正是在上述进步的意识形态的控制下，以欧洲的自由、民主和工业化为标准的欧洲中心论应运而生。

欧洲中心论与反欧洲中心论的失误有关。伍德指出，回避封建主义向资本主义过渡的问题尽管与资本主义相联系，但反欧洲中心论的论据往往陷入"欧洲中心论"试图避免的陷阱。依据传统的解释，欧洲借扫除商业社会发展的障碍超越了其他文明；尽管非欧洲人未能完成其发展过程，但已经取得了很大进步，只是被西方帝国主义阻碍。在这里似乎不存在具有

---

① Ellen Meiksins Wood, The Pristine Culture of Capitalism, London and New York: Verso Press, 1991, p. 174.

独特的社会结构和社会生产关系，经济主体产生独特的行为方式和独特的运动规律的资本主义。"以大致相同的方式，传统欧洲中心论也采取避免讨论资本主义起源的方式，否认资本主义这一特定社会形式的特殊性，假设资本主义早就存在——原始资本主义，更不用说更早的贸易和商业活动的形式。"① 传统欧洲中心论没有解释新的社会形式如何应运而生，相反资本主义的历史是在这古老的社会实践中、在没有开端的历史中成长和成熟，除非这种成长和成熟已经被内部或外部的障碍阻挠。"欧洲中心论用部分虚假的理论代替对历史的理性解释，这种虚假的理论纯属东拼西凑，有时甚至自相矛盾，但是它在构建一种令欧洲人相信的神话中仍然起着不凡的作用，使欧洲人没有任何潜在的责任意识。"② 在这种虚假理论那里，资本主义恰好存在于原始资本主义及其很久以前，资本主义意味着有更多的钱、更高的城市化、更多的贸易和更多的财富。

伍德指出，欧洲中心论的惯用法是否认资本主义的特殊性以适应任何可以想象的历史发展模式，但具有讽刺意味的是标准的反欧洲中心论往往会阻碍我们对资本主义和帝国主义的认识。反欧洲中心论者已经提供了重要的关于西方帝国主义的信息，但没有说明西方帝国主义是如何和为何运作的。在 16 世纪和 17 世纪欧洲的主要大国都参与了殖民冒险、征服、掠夺、压迫和奴役。然而，这些冒险者与非常不同的经济发展模式相关，其中之一是资本主义。"在资本主义发展的铁定事实下，英格兰在海外殖民方面是出奇的缓慢；其明确的社会财产关系的发展——原始积累的过程不在古典政治经济学而在马克思主义的意义上。乡村社会财产关系的转变使它成为殖民地比赛中的主要竞争者。"③ 西班牙是早期殖民和古典原始积累的领导者，积累了巨额财富，特别是掠夺南美的银矿和金矿，并赋予资本以财富的含义，但没有朝资本主义的方向发展。相反，西班牙对殖民地巨额财富的花费基本上属于封建主的需求，特别是战争和其在欧洲的哈布斯堡帝国建设需要庞大的殖民地财富。

① Ellen Meiksins Wood, "Eurocentric Anti - Eurocentrism", solidarity - us. org, May - June, 2001.

② ［埃］萨米尔·阿明：《自由主义病毒/欧洲中心论批判》，王麟进等译，社会科学文献出版社 2007 年版，第 203 页。

③ Ellen Meiksins Wood, "Eurocentric Anti - Eurocentrism", solidarity - us. org, May - June, 2001.

二　欧洲中心论受到的挑战

第一，马克思的挑战。在《共产党宣言》中，马克思没有完全脱离"资产阶级范式"，认为作为一种新的社会形式的资本主义等待着由从封建桎梏中解放出来的新兴资产阶级释放。马克思在《资本论》第 1 卷的"原始积累"一节中对资本主义的历史起源进行了分析，指出："资本主义社会的经济结构是从封建社会的经济结构中产生的。后者的解体使前者的要素得到解放。……对农业生产者即农民的土地的剥夺，形成全部过程的基础。……只有在英国，它才具有典型的形式，因此我们拿英国作例子。"①马克思实际上揭示了两点：其一，资本主义产生于封建社会内部，主要是从工业而非农业中开始的。其二，资本主义的产生具有明显的地域性和特殊性，不是普遍的。"在《共产党宣言》中，马克思和恩格斯对资本主义在全世界的扩展作出了惊人的、预言式的想象，……但当马克思写作《资本论》时，他则强调了资本主义的特殊性，把它作为一种非常特别的地区现象来加以描述。"②马克思坚持认为财富本身并不是资本，资本是一种社会关系，单纯的财富积累不是资本主义起源和社会财产关系转变的决定性因素。马克思批判"原始积累"不是针对积累的数量而是针对积累的形式，将古典政治经济学的"原始积累"定义成一种社会关系而不是财富或利润，积累没有给资本主义带来什么，他认为抢夺盗窃、帝国主义的掠夺、商业利润等都是原始积累，都不会产生资本主义。社会财产关系的转变产生资本主义的"运动规律"："竞争和追求利润最大化，盈余再投资的冲动，以及提高劳动生产率和发展生产力的制度需要。"③在马克思看来，社会财产关系的转变发生在英国乡村。在新的土地关系中，地主越来越从资本主义租户的商业利润中抽取租金，而许多小生产者被剥夺，成为雇佣劳动者。真正的"原始积累"不是因为它创造了大量财富，而是因为社会财产关系产生了新的经济规则尤其是竞争的冲动，需要发展生产力，并产生世界上前所未有的新的运动规律。这揭示了马克思坚持资本主义的历史

---

① 马克思：《资本论》第 1 卷，人民出版社 2004 年版，第 822—823 页。

② 郝卫东：《美国学者伍德论马克思主义的现实意义》，《国外理论动态》1998 年第 2 期。

③ Ellen Meiksins Wood, "Eurocentric Anti‐Eurocentrism", solidarity‐us. org, May‐June, 2001.

特殊性，意味着资本主义有开端也有结束。资本主义不是不可避免的自然过程的产物，也不是历史的终结，而是在非常特殊的历史条件下出现的。如果资本主义在世界各地蔓延，不是因为先进的西方思想和做法的扩展，而是因为资本主义的特殊规则即由自我扩张的需求驱动。"马克思大体在彻底摆脱'东方社会停滞'等'西方中心论'词语表述影响的同时，把对资本主义的一般与特殊及其相互关系的认识从西欧推及世界，彻底超越'欧洲独特'说，最终完成了对思维方式和话语系统意义上的'西方中心论'的科学批判"①，实现了对"欧洲中心论"最科学、最有效的批判，丰富和完善了历史唯物主义的社会形态理论。

第二，卡尔·波兰尼（Karl Polanyi）的挑战。伍德认为，现在首要的是要抛弃资本主义潜伏于封建社会中，其发展是一个自然历史过程的观点。波兰尼已经抛弃了资本主义是人类社会自然发展而来的观点，认为如果资本主义是人类实践的普遍延伸，如果世界所有的人同理性和自由的欧洲人一样，那么资本主义就已成为普遍的。波兰尼坚持资本主义的历史特殊性，实现了对欧洲中心论的原则最重要的打击："即在工业资本主义时代，欧洲发展达到顶峰的发展路径是自然规律运行的结果，非欧洲文明没有采取这条道路，或在前进的道路上停滞于某个地方，因为它们在某种程度上具有致命的缺陷而失败了。"② 这种论断无视非欧洲地区的现实及其对世界文明发展的重要影响，事实是欧洲只到 19 世纪才取代亚洲成为世界的中心，但很快就走向了衰落，欧洲的兴起与暂时领先不是因为自身的特殊性和优越性，而是建立在对亚非拉国家的残酷掠夺的基础上，亚非拉国家的衰落与欧洲的兴起是同步的。非欧洲地区的衰落固然有自身的问题，但不是因为没有实行欧洲的道路导致的，也不表明非欧洲地区除了欧洲道路外没有其他适合自身发展的道路可走。正如弗雷德·布洛克（Fred Block）指出，"尽管波兰尼一直保留着对祖国匈牙利的深层感情，但他已经超越了欧洲中心主义的视野，并且认识到各种攻击性的民族主义是如何被某种全球经济安排所推动和支持的。"③

---

① 叶险明：《马克思超越"西方中心论"的历史和逻辑》，《中国社会科学》2014 年第 1 期。

② Ellen Meiksins Wood，"Eurocentric Anti - Eurocentrism"，solidarity - us. org，May - June，2001.

③ ［匈］卡尔·波兰尼：《大转型：我们时代的政治与经济起源》，冯钢、刘阳译，浙江人民出版社 2007 年版，导言第 13 页。

第三，莫里斯·多布和罗德尼·霍华德·希尔顿的挑战。马克思的见解被后来的马克思主义史学家继承，尤其是在 1950 年著名的"布伦纳辩论"中。这场辩论关注的焦点是：从封建主义向资本主义过渡的产生是受贸易增长的外部因素引发还是由社会财产关系发展的内部因素引发？历史学家莫里斯·多布和罗德尼·霍华德·希尔顿挑战了商业化解释模式，指出西方封建主义和向资本主义的过渡不是由贸易扩张、城市化或经济日益金融化带来的，封建主义作为一个系统由农民的生存权和"超经济"领域的领主的自我再生产构成。他们认为，强制剥夺剩余价值与城市化是相当兼容的，而贸易是该系统的一个基本特征。"甚至租金的扩展——不是实物或劳务的租金，并没有从根本上改变封建主义的逻辑。相反，实现过渡的关键因素是社会的财产关系与地主和农民之间的阶级斗争。"① 这是对资本主义发展的商业化解释模式的一个重要挑战，但仍然继承旧模式的重要假设。虽然这些马克思主义史学家将关注重点从城市转移到全国、从贸易和关系的扩展转移到剥削和被剥削阶级之间的斗争，但他们仍然认为需要对此进一步解释。他们也往往将资本主义的兴起归结于障碍的扫除，即使突破的不是资产阶级的解放，而是农民的阶级斗争。农民从封建障碍中解放出来，开始利用商业机会，靠从简单的小商品生产者发展成为资本家，实现向资本主义的过渡。

第四，罗伯特·布伦纳的挑战。罗伯特·布伦纳的观点建立在这些马克思主义史学家的论点基础上，尤其重视地主和农民之间的阶级关系。但他还是认为这些学者承认的旧模式太多：预先构建一个闭合的资本主义体系，认为资本主义早已存在，无论是原始资本主义或是小商品生产都将试图打破封建羁绊，成为成熟的资本主义。布伦纳认为资本主义是一个新的和历史上前所未有的社会形态，是一种生产方式到另一种生产方式的真正转变。他的解释同"市场依赖"相关，经济联合取决于资本主义产生所需要的一切市场条件，其中，为生存和自我再生产是最基本的要求。即使农民在参与市场交换，仍然拥有谋生手段，但是会被竞争和自由市场的冲动所屏蔽。布伦纳认为在英国，某些非常具体的社会财产关系依赖于市场的业主和住户，创造了一个依赖市场需要的经济主体。但在荷兰的部分地区，市场的依赖程度是不同的。布伦纳认为欧

---

① Ellen Meiksins Wood, "Eurocentric Anti – Eurocentrism", solidarity – us. org, May – June, 2001.

洲发展模式的不同是在一个市场依赖的社会财产关系的制度出现前，而不是在"资产阶级革命"或后来的工业资本主义发展时。他将资本主义设想为一种市场强制、一个系统，生产和社会再生产一定的竞争、追求利润最大化和提高劳动生产率是其不可逃避的要求。同汤普森（E. P. Thompson）等马克思主义史学家一样，布伦纳认为工业化不是一个由技术变革引起历史转变的过程，也不是资本积累的简单生产和欧洲独特的经济发展的原因，而是由非常特殊的社会财产关系所导致的特殊经济强制的最终产物。"社会财产关系，正如我所界定的，就是直接生产者之间的关系、剥削者之间的关系以及剥削者与直接生产者之间的关系，这些关系共同为个体和家庭获取生产资料（土地、劳动和工具）和/或从事既定的社会生产提供了可能性和具体形式。这就是说，这样的关系存在于一切社会之中并为个体经济行为设置了基本限制——可能性与范围。"① 社会财产关系为封建制向资本主义过渡提供了必备的条件。布伦纳的观点甚至挑战了传统意义上的"资产阶级革命"概念。他批判作为前资本主义存在的假设，打破了传统的欧洲中心论将资本主义的发展当作一般的欧洲过程的习惯，即认为它是欧洲种族或文化优越性的产物。"布伦纳不仅坚持资本主义的特殊性，这有别于近代早期欧洲以外的其他商业社会资本主义，而且确定了一个欧洲社会区别于另一个欧洲社会的社会条件。"② 他指出资本主义在英国而不是在法国兴起，不是指英格兰优于法国或西欧超过东欧和欧洲其他地方，而是指资本主义是在一个非常特殊的历史条件下出现的社会形态，揭示了资本主义的社会财产关系的历史特殊性。

　　第五，伍德对特殊条件和特殊道路论的挑战。在伍德看来，自由的资本主义世界是资本主义摆脱帝国主义的一个必不可少的条件，坚持资本主义制度的历史特殊性能使世界从西方的"文化傲慢"中解放出来。尽管这种观点也是欧洲中心论的观点，但没有其他更好的。伍德认为，虽然布伦纳的解释对我们破除欧洲中心论有很大帮助，但需要解释的问题还有很

① Robert Brenner, "Property and Progress: Where Adam Simith Went Wrong", Marxist History – Writing in the Twenty-first Century, in Chris Wickham ed., Oxford: Oxford University Press, 2007, p. 58.

② Ellen Meiksins Wood, "Eurocentric Anti – Eurocentrism", solidarity – us. org, May – June, 2001.

多。比如，在已有的其他资本主义经济的压力下，高度商业化的社会为什么没有成为资本主义？在欧洲和其他地方，有各种各样的非资本主义商业存在。某些商业权力实现了巨大的财富和文化的丰富性，无论是在国内还是在殖民地，贸易与大量的生产相关。然而，在某些社会财产关系转变缺失的情况下，竞争、追求利润最大化和发展生产力成为资本主义系统生产和再生产的必要条件，即使是最富有和最先进的商业社会也没有进行自我维持经济发展过程的活动，但在欧洲部分地区产生了资本主义和其最终的产业形态。在世界上的一些地区，商业、文化、科技发展水平大大超过了在英国的程度，呈现出资本主义发展的特殊道路。例如，中国很长一段时间远远领先于欧洲，至少在技术领域。即使传统的经济史也承认印度经济特别是其纺织工业的重要性。甚至在中世纪晚期和文艺复兴时期的佛罗伦萨，国内制造或文化成果都远远超过英国。文化、科技甚至商业发展的优势与资本主义产生在一个地方而不是在另一个地方与特殊历史条件无关。"反欧洲中心论的历史学家都强调欧洲尤其是英格兰的落后。但他们认为商业化解释模式的基本假设和原始积累的经典理论在传统欧洲中心论和反欧洲中心论中反复出现。"① 资本主义的出现是很难准确解释的，因为它同任何以前的"优势"或更高级的发展没有关系。

三　伍德对欧洲中心论的批判与超越

伍德的欧洲中心论批判有以下几个特点：其一，坚持从资本主义起源探讨欧洲中心论的产生。她指出资本主义是一个具体的历史的社会形态，具有其独特的系统性逻辑和自身的具体矛盾，在特定的时间、地点、历史条件下诞生，这有利于破除欧洲中心论宣扬的欧洲优越论。其二，充分借用布伦纳的"社会财产关系"概念和布劳特的"原始积累"概念来批判欧洲中心论，既坚持又在新的形势下发展了历史唯物主义的生产方式决定论和阶级斗争学说。其三，将"欧洲中心论"的产生与帝国主义联系起来，指出帝国主义在维护欧洲中心论中起着重要作用，拓展了对欧洲中心论的认识。

伍德对"欧洲中心论"的批判也有局限性：一是对"欧洲中心论"

① Ellen Meiksins Wood, "Eurocentric Anti – Eurocentrism", solidarity – us. org, May – June, 2001.

的批判视野狭隘，局限于资本主义起源，而没有从人类史和文化史的角度进行探讨，人类的发展正是由政治、经济和文化等多种因素共同作用的。二是在坚持资本主义历史特殊性的同时忽视了对非欧洲国家资本主义发展史特别是对印度和中国的研究。三是没有科学地阐述"欧洲中心论"的危害，也没有预测其未来的走向，更没有从空间的维度将资本主义和社会主义结合起来，从而也无法真正揭示"欧洲中心论"的实质。四是没有从历史唯物主义的社会发展形态理论出发澄明马克思批判"欧洲中心论"的历史和逻辑，无法科学准确回应欧洲中心论者的责难，也不能彰显政治经济学批判的作用。因此，对"欧洲中心论"的批判需要坚持几个原则：其一，坚持历史唯物主义的原则和方法。历史唯物主义既强调历史性也强调辩证性，认为要全面地、具体地认识和分析问题。"欧洲中心论"是一种唯心史观，片面地强调欧洲的重要性，认为欧洲永远是世界历史的中心，欧洲白种人是历史的主体，忽视从总体性层面认识世界史，既无法准确揭示近代欧洲对人类历史发展的进步作用，也无法彰显非欧洲民族和国家在世界历史发展中的地位和作用。因此要从总体性角度认识世界史，批判"欧洲中心论"的唯心史观。其二，坚持马克思主义的相关理论。马克思主义对欧洲历史作用的阐述非常具体和准确，一方面揭示了欧洲资本主义的本质与起源，认为它显著推动了人类历史的发展，但其发展是建立在掠夺和奴役广大亚非拉国家人民的基础上；另一方面揭示了欧洲资本主义具有历史性和特殊性，并不是世界发展的最终归宿。"资本主义是一种世界历史性的生产方式。至于这种生产方式是否能在某一国家或地区成为占统治地位的生产方式，是否能在某一国家或地区发展成为资本主义制度，则取决于'具体的历史环境'。"① 其三，坚持比较研究。要真正批判"欧洲中心论"必须比较研究近代史与当代史中欧洲与非欧洲地区的发展，通过近代史的比较凸显中国、印度等国家曾经长期居于世界历史的中心，而欧洲只是近代才逐渐赶上并超越了这些"早熟"国家，而且这种超越只是暂时的和不全面的。通过当代史的比较彰显欧洲文明已经产生了不可克服的深刻矛盾，患上了严重的"贫血症"甚至是"癌症"，欧洲模式（西方模式）既不能带给西方国家持续的稳定和发展，也无法帮助广大亚非拉发展中国家

① 叶险明：《马克思超越"西方中心论"的历史和逻辑》，《中国社会科学》2014年第1期。

解决经济社会发展中的问题、实现进步和繁荣，反而给这些国家带来严重的动荡和经济衰退。其四，坚持问题意识。要批判"欧洲中心论"必须坚持问题意识，要结合全球化、现代性、文化主义、殖民主义等问题进行深入探索，从"欧洲中心论"的产生、本质和影响等方面揭示它的片面性、虚假性和危害性，探寻一条超越"欧洲中心论"的道路。

伍德的批判深化了对"欧洲中心论"的认识，要超越"欧洲中心论"必须从以下几个方面进行全面的重建：

第一，由隔绝的历史走向整体的历史。人类历史（世界历史）经历了漫长的发展过程，在这一过程中，每个民族、国家和地区的发展极不平衡，有的长期或曾经居于世界历史中心地位，有的发挥着这样或那样的重要作用，世界历史呈现出群星璀璨的景观。总的来看，世界历史经历了一个由隔绝向整体迈进的过程。而"欧洲中心论"的世界史观过于强调欧洲史在世界史中的比重，将欧洲制定的历史分期和评判标准定为整个世界史的标准，弱化非欧洲国家和地区对人类发展的重要性。"非西方世界对世界历史的阐释都以西方所确立的标准为圭臬"①，非西方世界的历史往往成为一种陪衬，遮蔽了其应有的价值，割裂了世界历史的整体性。中国、印度等非欧洲国家和地区曾长期处于世界的舞台中心，引领当时世界的发展，对包括欧洲在内的世界和人类的发展作出了巨大的不容抹杀的贡献。"'欧洲中心论'在中世纪以前是不存在的，是不符合历史事实的。近代资产阶级史学家所编写的世界史，无视欧洲以外世界各国的历史，特别是无视以中国为代表的亚洲地区的历史发展，可以说是一部欧洲史。"② 因此，要破除"欧洲中心论"必须恢复中国等国家在世界历史中的地位，从整体性角度研究世界历史的发展，探求人类社会发展的规律。

第二，由资本主义的现代化走向全球民族国家的现代化。"欧洲中心论"之所以有这么大的影响，一个重要的原因就在于人们混淆了现代性与资本主义的区别，将资本主义的现代性等同于世界的现代性。"现代性这个概念应列入这样一种历史观，即无视在资本主义社会和非资本主义社会之间存在的一条很深的鸿沟。现代性的概念首先论述了资本主义的运动规

---

① 任东波：《"欧洲中心论"与世界史研究》，《史学理论研究》2006 年第 1 期。
② 叶洵灶：《对破除"欧洲中心论"，必须作具体分析》，《浙江师范大学学报》（社会科学版）1985 年第 2 期。

律，好像这些规律就是历史的普遍规律。……资本主义和现代性合为一体将导致掩盖资本主义的特殊性。"① 现代性与启蒙运动相关，一方面，启蒙运动宣扬的自由、民主、平等、法制等价值观有助于当时的思想解放和社会发展，对人类的历史发展也有重要的推动作用，但不能抽象地谈论这些价值观念。另一方面，"欧洲中心论"夸大了欧洲的作用，认为资本主义的现代化产生于15世纪的欧洲、英国是世界现代化的策源地，将资本主义的"现代化"强加于非欧洲国家，忽视非欧洲国家的独特发展道路。"欧洲中心论的最强有力论点，就是东方各国发展不出资本主义，或者说靠自己实现不了现代化。"② 由于亚洲等地区相对的衰落，资本主义科技和生产力的发展对世界历史的发展产生着重大影响，因此"欧洲中心论"宣扬的欧洲优越论就在不同程度上得到了人们的认可，非欧洲地区和国家需要做的就是按照欧洲的现代化模式来发展，结果只能成为欧洲的附庸。但是现代化并非西方化，"世界现代化首先表现出巨大的共性，即相似性，是共性使世界现代化得以成立。但现代化在世界各地又有不同——道路不同，经历不同，模式不同，表现方式不同，成功与失败不同，经验与教训不同——这些都是现代化的特殊性。"③ 因此，对包括中国在内的广大发展中国家来说不能盲目照搬西方的现代化模式，要进行现代性的反思，打破对资本主义的迷恋，探索符合本国国情的现代化之路。中国由向欧洲学习到向俄国学习再到独立自主地走自己的路就是不断突破"欧洲中心论"的束缚，探索超越欧洲现代化道路的过程，要实现中国的现代化和伟大复兴的中国梦就必须走中国特色社会主义的道路。

第三，由狭隘的文化走向共同体的文化。"欧洲中心论"实质上是一种"文化中心论"，"长期以来，人们也总是自觉地或不自觉地以西方文化、尤其是欧洲文化作为考察其他种类文化的参照系。"④ 从15世纪哥伦布环球航行及新航路的开辟开始，欧洲的"文化傲慢"认为欧洲的文化是独一无二的，欧洲代表了人类文化和文明发展的方向，是先进、光明和民主的象征，而亚洲等地区则是落后、黑暗和专制的象征，非欧洲地区已经

① ［加拿大］艾伦·伍德：《现代性、后现代性或者资本主义？》，宁跃译，《国外社会科学》1998年第3期。
② 马克垚：《困境与反思："欧洲中心论"的破除与世界史的创立》，《历史研究》2006年第3期。
③ 钱乘旦：《现代化研究远未过时》，《历史教学问题》2011年第1期。
④ 俞吾金：《突破"欧洲中心论"的思维框架》，《学术月刊》1998年第5期。

彻底衰败，需要按照欧洲的文化发展。这种文化优越论直接导致西方帝国主义国家毫无忌惮对外包括对欧洲内部的弱小国家发动战争。20世纪的两次世界大战就是西方文化优越论和西方文明破产的标志。因此，要超越"欧洲中心论"必须拒斥这种狭隘的"文化优越论"，彰显全人类文化的价值，明确每个民族和国家都对世界的文明发展有着贡献，但同时也不否认一定时期内占据世界文化发展中心舞台的民族、地区和国家的存在与作用，在此基础上各个文明相互交流和影响，形成全人类的共同文化，人类成为命运共同体。

第四，由封闭僵化的民族认同走向开放多元的民族认同。"欧洲中心论"的产生与"民族优越论"有关，"民族优越论"认为欧洲民族是上帝的子民，与上帝同在，而其他民族则是愚昧和未开化的，是被上帝抛弃的。西方话语中对东方的认识存在着或显或隐的歧视与偏见。"每个欧洲人，就他关于东方的所论而言，都可以正确地认为是种族主义者，帝国主义者，几乎纯粹的种族中心论者。"[1]"民族优越论"与西方二元对立的思维方式有关。二元对立的思维方式强调东西方的对立，认为东、西方都是同质性的存在，都具有固定属性，二者内部都是铁板一块、没有显著的差异，西方的优越总是与东方的落后相对应。这种论调将东方纳入西方的话语体系中，以西方标准来衡量东方，其实质是维护"欧洲中心论"，忽视了东、西方民族的差异性，没有看到民族认同是随着社会历史的发展而变化的。"我认为大问题就在于整个民族认同的议题，或者我会称为认同政治——也就是感觉到你所做的每一件事都必须被自己的民族认同允许，或经由它的过滤。我们大家都知道，民族认同在大多数情况下完全是虚构。我的意思是说，这种认同说所有的阿拉伯人都是同质的，而对抗所有完全同质的西方人。"[2]伴随着全球化，世界各民族的流动性加强，民族的认同呈现出由原来以共同历史和共同地域为核心的认同转变为价值观认同的特点，这既消解了原有狭隘的民族或种族认同又推动世界民族的大融合。因此，改变传统的封闭僵化的民族认同、构建开放多元的民族认同是超越"欧洲中心论"的必由之路。

第五，由资本主义走向共产主义。要超越"欧洲中心论"必须首先超

---

① ［美］萨义德：《萨义德自选集》，中国社会科学出版社1999年版，第33页。

② ［美］薇思瓦纳珊：《权力、政治与文化——萨义德访谈录》，生活·读书·新知三联书店2006年版，第518—519页。

越资本主义制度，将资本主义转变为社会主义（共产主义）。资本主义实行的是资产阶级对广大劳动人民的专政，建立在生产资料的私人所有制基础上，以追求资本积累、增值和利润最大化为目的，具有反人类和反自然的本性。"资产阶级在它已经取得了统治的地方把一切封建的、宗法的和田园诗般的关系都破坏了。它无情地斩断了把人们束缚于天然尊长的形形色色的封建羁绊，它使人和人之间除了赤裸裸的利害关系，除了冷酷无情的'现金交易'，就再也没有任何别的联系了。……总而言之，它用公开的、无耻的、直接的、露骨的剥削代替了由宗教幻想和政治幻想掩盖着的剥削。"① 资本主义制度及其剥削带了资本与劳动的严重对立，造成了严重的生态危机、政治危机、社会危机和人的危机。资本主义既不能正确面对和解决这些危机，反而进一步掩盖这些危机，通过经济理性和技术理性支配人们的思想和行为，妄图用消费主义的生活方式来麻痹人民群众，使他们认同资本主义并甘愿被控制。共产主义社会是人类自由全面发展的社会，人类最终进入了真正的历史中，成为历史真正的主体，分裂的历史也成为世界历史。"共产主义是作为否定的否定的肯定，因此，它是人的解放和复原的一个现实的、对下一段历史发展来说是必然的环节。"② 它是对资本主义私有制的扬弃，是人的本性的真正复归，超越了源于私有制的狭隘的"欧洲中心论"的历史观。

总之，伍德对"欧洲中心论"的批判深化了对资本主义的本质与发展趋势的认识，有利于加深对马克思主义的理解和谱写科学准确的世界史。

第三节 伍德对历史唯物主义的重建

伍德认为由于长期忽视对历史唯物主义的研究和发展，导致历史唯物主义得了贫血症，存在很多理论盲点。此外，当前左派强调"后现代"碎片、"话语"和"身份政治"等，这与右派否定马克思历史唯物主义的图谋相一致。要批判资本主义社会，迎击非马克思主义者的挑战，必须重建历史唯物主义的批判路径和精神。她坚持历史唯物主义的基本原则和方

---

① 马克思、恩格斯：《共产党宣言》，人民出版社1997年版，第30页。
② 马克思：《1844年经济学哲学手稿》，人民出版社2000年版，第93页。

法，从历史唯物主义的基本概念、历史领域、政治领域三个维度对历史唯物主义进行了重建，澄明了历史唯物主义的真精神，恢复并发展了马克思的历史唯物主义。

一 重建历史唯物主义的缘起

第一，苏东剧变、社会主义阵营解体背景下历史唯物主义遭受的责难。伍德指出，苏东剧变导致很多人认为社会主义已经灭亡，马克思主义已经成为不合时宜的老古董，现在是"历史的终结"：苏联解体和冷战的结束意味着共产主义和马克思主义的终结，意味着人类只有走资本主义一条道路，只能按照西方资本主义的市场经济和自由民主制度发展，资本主义是人类最完美的制度。但正如伍德所言："那种认为苏东共产主义的解体代表着马克思主义最终危机的假说多少让人感到有些奇怪。"[1] 因为历史唯物主义（马克思主义）对资本主义的批判最为彻底、深刻和全面，从而极大地改变了我们的世界。只要资本主义还存在，历史唯物主义就不会过时，历史唯物主义仍然是批判资本主义的最佳理论武器。"或许过时的不是马克思主义，而恰恰是资本主义本身呢？"[2]

第二，后马克思主义对历史唯物主义的抛弃。伍德指出，后马克思主义作为西方出现的一股激进政治思潮，强调差异性、偶然性和异质性，主张话语政治和身份政治，与后现代主义一样，"它们共同强调'话语'和'差异'，或者是现实的碎片化本质以及人类的认同。"[3] 后马克思主义正是在所谓"激进民主"的外衣下做着反马克思主义的事。后马克思主义主要是运用后现代主义、后结构主义、后分析哲学等"后学"来重构马克思主义的思潮，它认为马克思主义是本质主义和经济决定论，马克思主义的阶级政治学说已经过时，不能用历史唯物主义的经济分析和阶级分析法认识当代资本主义社会的发展变化，"他们引用后现代主义的方法拒绝马克思主义的现代性，……用话语理论的分析方法取代马克思主义的生产方式

---

① ［加拿大］艾伦·伍德：《民主反对资本主义——重建历史唯物主义》，吕薇洲等译，重庆出版社 2007 年版，第 11 页。

② ［英］特里·伊格尔顿：《马克思为什么是对的》，李杨等译，新星出版社 2011 年版，第 14 页。

③ ［加拿大］艾伦·伍德：《新社会主义》，尚庆飞译，江苏人民出版社 2005 年版，再版导言，第 2 页。

分析方法，用话语建构理论取代马克思主义的唯物史观，论证传统马克思主义在后现代已经过时。"① 后马克思主义解构了马克思主义的整体性、系统性和结构，拒斥了"宏大叙事"的暴力革命，完全抛弃了历史唯物主义的基本概念以及原则和方法。

　　第三，马克思主义内部对历史唯物主义的歪曲。伍德认为，马克思主义内部有两种历史理论，一种是建立在政治经济学批判基础上的历史理论，即马克思的历史唯物主义；另一种是建立在曲解马克思主义立场上的非历史的、形而上学的历史理论，包括技术决定论、经济决定论和结构决定论的历史理论。技术决定论的历史观忽视对具体社会的特殊性分析，主张超历史的和普遍的历史观，认为技术革新是社会变革的主要动力，技术是唯一决定社会文化、社会结构甚至社会发展的关键因素。认为历史的发展既不依赖于任何生产要素，也不取决于生产关系，只有科学技术才是推动历史发展的直接动力，人类社会的发展表现为技术的进步，而技术革命所意味的也就是社会革命。经济决定论的历史观是一种庸俗的机械的历史观，认为社会的发展只是经济发展的自然结果，把经济看作是社会发展过程中唯一起作用的因素，否认政治、思想、理论等在社会发展过程中的作用，简单地用经济因素的自动作用解释复杂的社会现象和历史发展进程。"这种马克思主义的观点很难将自己与传统的社会进化论和进步论区别开来，或者很难与古典政治经济学相关联的'静态'历史观区别开来，后者视历史为'存在方式'的连续演替。"② 以阿尔都塞为代表的结构决定论的历史观认为社会形态是由经济、政治和意识形态这三种不同地位的要素构成的，经济基础并不起决定作用，政治和意识形态等结构对社会的发展也起着同样重要的作用，认为社会的发展是由多种因素促成的，这种观点是自相矛盾的，最终取消了经济基础的归根到底的决定作用，陷入了二元论的悖论中。从而既无法保证马克思主义的科学性，又无法彰显马克思主义的人道主义，"阿尔都塞又将结构决定论完全排除于历史之外，以此作为其理论的完成。"③ 总之，这些历史观都是从形而上学和非历史的角度理

---

① 付文忠：《新社会主义运动与国外马克思主义思潮：后马克思主义研究》，山东大学出版社 2009 年版，第 17 页。
② ［加拿大］艾伦·伍德：《民主反对资本主义——重建历史唯物主义》，吕薇洲等译，重庆出版社 2007 年版，第 5 页。
③ 同上书，第 8 页。

解马克思主义与人类社会的发展，是对马克思唯物史观的歪曲。

为了复兴社会主义事业、抵抗后马克思主义的责难、纠正马克思主义内部对历史唯物主义的歪曲，必须重建历史唯物主义的批判路径和精神，彰显历史唯物主义批判资本主义的重要作用。

二　历史唯物主义基本概念的重建

伍德认为对历史唯物主义的重建必须从经济基础和上层建筑关系入手。首先，伍德认为，马克思以后的马克思主义者同资产阶级的政治经济学家一样，忽视资本主义的社会实际，抽象地研究经济，刚性地将"政治"和"经济"进行永久化的划分，这实际上是为资本主义的意识形态服务。"伍德反对刚性地把上层建筑与经济基础分开，因为那样重现了资产阶级的意识形态，因为它对生产的分析抽去了其中特殊的社会规定。简化地运用基础/上层建筑的隐喻有两个缺点。一是否认人的作用；二是没有给上层建筑一个适当的位置。"① 这两个概念的分离实际上是专门用于勾画资本主义的轮廓，只对资本主义有效，不能将其定义和分离看成是自然的。其次，伍德论述汤普森关于经济基础—上层建筑的隐喻，认为这种划分无法揭示历史的特殊性和二者之间的实际关系，无法解释文化、价值观念等对社会生活的影响；忽视了对人及其意识作用的关注，成为丧失历史特征的简化论，并将经济的决定作用无限推迟，最终无法被运用于对历史的研究。历史唯物主义要求从历史的特殊性和过程中考察经济基础与上层建筑之间的关系，"'经济'本身就是社会的——确切地说，它是由社会关系和实践构成的'物质'观念。进一步讲，'基础'——生产过程和生产关系——不仅仅是'经济的'，而且包含并体现法律—政治和意识形态的形式与关系中，这些不能被划入一个空间上分离的上层建筑领域。"② 汤普森对这种划分的批判就是要让历史唯物主义摆脱公式的束缚，因为它将上层建筑同经济基础刚性地分离，使其同社会割裂开来，也许这种划分能够解释统治阶级的机构和意识形态，但不能解释统治者的文化。最后，伍德

---

① 朱华彬：《对历史唯物主义普遍性的再思考——兼评艾伦·伍德〈民主反对资本主义——重建历史唯物主义〉》，《理论界》2010 年第 11 期。

② ［加拿大］艾伦·伍德：《民主反对资本主义——重建历史唯物主义》，吕薇洲等译，重庆出版社 2007 年版，第 60 页。

认为，不管是结构主义的马克思主义者还是后马克思主义者，都抽去了生产中的特殊的社会规定，将资本主义的生产关系普遍化了。"都重现了资产阶级意识形态的神秘性，因为它没有把生产领域本身看作是由它的社会规定来界定的，而是在实际上把社会看作'抽象的'东西。在这种方法下，作为历史唯物主义真正基础的生产首要的基本原则，也就失去了它批判的锋芒，并和资产阶级意识形态同化了。"① 马克思认为生产体系具有特殊的社会规定性，经济基础并不只是被上层建筑反映，其本身就以社会的、法律的和政治的形式存在，特别是存在于所有制形式和统治形式中。伍德认为生产方式是一种社会现象，物质生产和生产关系具有特殊性，反对将经济基础和上层建筑以及一种社会形态的多个层面看成是刚性分离的领域。经济基础和上层建筑是由社会关系及其形式构成的一个连续的结构，某些政治的、法律的东西也是生产关系的组成部分，生产领域中起支配地位的含义是指这些法律—政治形式是生产的形式，是一种特定的生产体系的属性。"伍德就此将经济基础—上层建筑的关系看作是由社会关系及其形式构成的一个连续结构，主张经济基础其实始终渗透在上层建筑中，不存在具有决定性的经济基础与表象性的上层建筑的'上升中的顺序'，因为二者的分离将社会层面割裂开来了。"②

伍德指出，生产力与生产关系是历史唯物主义的核心论题，在重建经济基础和上层建筑的关系的同时也需要实现生产力和生产关系的重建。马克思主义的历史观认为生产力是社会发展的最革命的因素，生产力发展到一定阶段必然要同现存的生产关系发生矛盾，生产力与生产关系的矛盾推动了经济关系的变革，进而引起了上层建筑的变革，最终导致社会革命。人类社会就是在生产力与生产关系、经济基础与上层建筑的矛盾运动中向前发展的。伍德认为这是马克思主义历史理论的核心命题，来源于马克思1859年的《〈政治经济学批判〉序言》，但马克思主义者及其批判者没有正确理解马克思提出这一命题的原因和本意，没有考虑它们的稀有性或诗意的暗示以及解释的简练性，没有平衡协调地考虑马克思整个一生的著作及其所揭示的理论原则。伍德以罗马史为例揭

---

① ［加拿大］艾伦·伍德：《民主反对资本主义——重建历史唯物主义》，吕薇洲等译，重庆出版社2007年版，第23页。

② 唐玲：《历史唯物主义中的经济基础——上层建筑隐喻及其理论效应》，《常熟理工学院学报》（哲学社会科学版）2008年第11期。

示不是生产力的发展超越了现存的生产关系，也不是生产关系被迫采取了一种更有助于生产力发展的新形式，而是生产关系适应了生产力的限制，改变剩余攫取的方式以容纳生产限度的问题。每一种生产方式都有其特殊的生产力和生产关系的联系，有其特殊的矛盾。传统意义上生产力与生产关系之间矛盾运动的规律实际上无法揭示生产力是否能够以及在何种程度上必须首先发展，与技术决定论一样是空洞的。实质上任何生产关系只能让生产力在有限的范围内发生变化，但一种特定的生产力与特定的生产关系相符合的时候，则是另一回事。虽然生产力具有归根到底的决定作用，"然而在任何特定的发展阶段，可利用的生产力能够维持广泛的生产关系；无论是前一个阶段与后一个阶段相衔接的意义上，还是在前一个阶段发生变化是'为了'给后一个阶段的发展扫除障碍的意义上，都不能把历史上生产关系发生各种变化的原因仅归于生产力的发展。"① 伍德认为我们不能把生产力与生产关系之间的矛盾运动看作历史的普遍规律，而应该把它看作资本主义发展的规律，看作是对其特殊的内在矛盾的说明，这样它就具有更具体和丰富的内涵。"历史唯物主义最独特之处不在于它坚持技术决定论的普遍原则，而在于它关注每一种生产方式的特殊性，关注每一种生产方式内在的逻辑进程、运动法则和特有的危机。"② 伍德认为在马克思本人的论述中，生产力并不起原动力的作用，特别是在《资本论》中的"原始积累"部分没有将生产力看作是历史变革的动力，而恰恰需要解释的是资本主义提高生产力的特殊动力的源泉。对这一问题的考察有两种方法：一种是揭示马克思关于历史动力论述中的矛盾。这表现在马克思一方面提出把生产力看作是一般的历史动力；另一方面强调资本主义促进技术发展的特殊动力的分析。另一种是考察马克思的一般理论中的"一般"。伍德认为贯穿马克思的历史唯物主义和政治经济学批判核心的是他对资本主义特殊性的坚持。马克思实际上并没有被他论述的历史动力中的矛盾所困扰，"对马克思的批评总是集中在资本主义解放生产力的特殊动力上面，这一动力与整个历史推动生产力发展的趋势完全不同。在这个意义上，对他来说

---

① ［加拿大］艾伦·伍德：《民主反对资本主义——重建历史唯物主义》，吕薇洲等译，重庆出版社2007年版，第134页。
② 刘明明：《普遍性还是特殊性：解析艾伦·伍德的资本主义观》，《贵州师范大学学报》（社会科学版）2013年第2期。

完全可能始终持有两种观点，即历史所显示的提高生产力的普遍趋势的观点，与资本主义所具有的变革生产力的特殊需要和能力的观点。"①　马克思之所以采取这种看似矛盾的做法，实质是为了反对有目的论倾向的古典政治经济学，而在资本主义制度中，生产力可以被看作社会变革的动力，资本主义体现了历史转变的特殊性而不是普遍性。

三　历史唯物主义在历史领域中的重建

伍德在历史领域中重建历史唯物主义主要是从历史理论、阶级和民主三个角度进行阐述，这三个方面共同组成伍德历史观的核心内容。

首先，从历史理论角度看。伍德作为"政治马克思主义"的创始人之一，强调"把历史作为理论分析的核心，强调社会主体和阶级冲突在解释历史中的作用，反对非历史的传统马克思主义分析模式。"②　伍德认为在马克思主义中存在着两种历史理论。一种是马克思的历史唯物主义，主张政治经济学批判，坚持资本主义历史的特殊性和特殊的运动规律，强调其系统逻辑的特殊性，同后马克思主义和后现代主义的做法相反：它研究资本主义体系的统一性而不是后现代主义的破碎性；它研究资本主义的历史真实性，而不是研究资本主义的必然性以及把资本主义当成历史的终结。另一种是非批判性的历史理论。这种历史理论有几个特点："首先是在非社会性的、技术术语的条件下使用经济'基础'的概念，这样的概念与任何事情都不相符，是'基础/上层建筑'这种隐喻最为机械的运用。第二是机械的、事先规定的、单线的生产方式更替的历史观，它与古典政治经济学及其'文明'的发展阶段论有许多共同点。第三是关于历史过渡尤其是从封建主义向资本主义过渡的非历史观，它把需要加以解释的东西当作假设前提，将资本主义的原则和运动规律倒用于在它之前的所有历史阶段。"③　经济决定论就是典型的非批判性的历史理论，"经济决定论通过无限夸大社会现实中'经济'要素的

---

①　［加拿大］艾伦·伍德：《民主反对资本主义——重建历史唯物主义》，吕薇洲等译，重庆出版社2007年版，第137页。

②　复旦大学哲学学院编：《国外马克思主义研究报告（2012）》，人民出版社2012年版，第16页。

③　［加拿大］艾伦·伍德：《民主反对资本主义——重建历史唯物主义》，吕薇洲等译，重庆出版社2007年版，第6页。

唯一决定性作用，从而将有着异常复杂性的历史理解成了'单一性'线索的历史。"① 历史唯物主义反对经济决定论，认为资本主义的起源是需要解释的，而不是事先假设的，这种解释不是从超历史的自然规律中寻找，而应该从存在于历史中的社会关系、矛盾与斗争的分析中寻找。这些关系包括地主与农民之间的关系、资本家与封建贵族之间的关系，还包括他们在生产过程和社会交往中形成的一系列关系。正如马克思所说，人是社会关系的综合，历史也是由各种社会关系组成的，并在各种社会关系中充分地体现出来。

其次，从阶级角度看。伍德认为有两种阶级定义："或将阶级作为一种结构定位，或作为一种社会关系。……同这种地质学的分层模式大不相同的是阶级的、社会历史的概念，即把阶级看作是占有者和生产者之间的关系，用马克思的话说，它取决于'从直接生产者榨取剩余劳动'的特殊形式。"② 将阶级定义为一种社会关系是马克思主义的观点，它关注的是社会关系以及社会关系中占有者和生产者之间的互动，并以此解释社会历史的进程和矛盾。伍德认为对这个特殊的阶级观念，不管是马克思本人还是其他马克思主义者都没有加以详细准确的论述，汤普森（E. P. Thompson）虽然没有建构一种系统的阶级理论，但他引发了对这个问题的争论。其一，汤普森的阶级观念不是完全结构性的，也不是过于经济化和阶级简化的，反而很好地阐释了阶级的形成。马克思主义者认为汤普森将机构消解于经验和文化中，"用阶级意识辨别阶级，将结构的决定作用消解为主观的经验，……另外还有人指责他把阶级看成是无所不在的、绝对的，并时刻存在于大众文化的所有表现中。"③ 这两种观点都是非历史的，都无法解释结构的必然性和经验的偶然性之间的关系，也没有突出人的作用。虽然汤普森承认"结构性"的阶级定位与有意识的阶级形成之间不存在自然的关系，但无法在被建构结构的历史过程中阐释阶级的形成。英国马克思主义的代表人物柯亨（G. A. Cohen）和安德森（Perry Anderson）都认为汤普森坚持没有阶级意识就不存在阶级，不承认马克思关于"自在阶级"和

---

① 许恒兵、盛辉辉：《历史唯物主义阐释中的"经济决定论"批判》，《探索》2011 年第 6 期。

② ［加拿大］艾伦·伍德：《民主反对资本主义——重建历史唯物主义》，吕薇洲等译，重庆出版社 2007 年版，第 76 页。

③ 同上书，第 78 页。

"自为阶级"的区分。实际上"汤普森的阶级概念的优点在于它能在缺乏阶级意识的情况下，识别并说明阶级的运行；而那些对阶级采取结构性定义的批评者，在缺乏已形成的清晰可见的阶级自我意识时，则没有有效的方法来展示阶级的影响；并且，对于宣称阶级概念只不过是在毫无历史证据的情况下从外部强加的一种意识形态驱动的理论构想的说法，他们也不能做出有效的回应。"① 伍德指出，汤普森的批评者将结构看成是与过程对立的，而汤普森看到的是被结构制约的过程。汤普森不是根据阶级意识而是根据生产关系来定义阶级的，生产关系将人们划分为各种不同的阶级状况，阶级状况导致人们在利益上的对立，形成了阶级斗争的条件，阶级的形成和阶级的意识也在阶级斗争中产生，这表现在：一是生产关系冲突和斗争的经历是阶级形成的前提；二是即使在阶级意识尚未形成的社会中，也存在着以阶级方式形成的冲突和斗争。其二，汤普森坚持了历史唯物主义基本原理，拒绝将阶级归结为阶级意识，将阶级形成的过程归结为从"客观"的物质决定领域中分离出来的偶然性和主观性，将阶级的形成作为物质规定的"逻辑"所形成的历史过程来研究。随着时间的流逝，阶级作为关系和过程将表现为社会关系及其结构和价值观的某种规范或模式，并以这种方式被人们观察到。换句话说，阶级是一种仅在过程中才能看到的现象。阶级作为关系和过程的概念强调与生产资料的客观联系，意在表达由阶级形成的社会关系对还没有阶级意识的代理人的影响，并以此作为有意识的阶级形成的一个前提条件。汤普森关注的是阶级形成的过程，以及在这个过程中，在一定历史条件下，阶级状况导致了阶级的形成，而结构性的定义无法对此作出解释。这是因为"阶级"概念在历史唯物主义中通常被作为一种"政治概念"，但实际上更多的是"经济概念"，"因而我们理解历史唯物阶级这一政治概念需要植入到'资本逻辑'为根本原则的资本主义生产关系之中，只有如此才能够有效地观察到消灭阶级本身在于瓦解资本逻辑本身，即铲除资本主义的生产关系。"② 历史唯物主义的阶级概念的宗旨就是要消除资本主义生产资料的私有制。因此，不管是对阶级的定义还是关于阶级与政治的关系都只能在资本逻辑支配下的生产关系及

---

① ［加拿大］艾伦·伍德：《民主反对资本主义——重建历史唯物主义》，吕薇洲等译，重庆出版社 2007 年版，第 79 页。
② 孙亮：《"权力垄断"不能成为重释历史唯物主义阶级概念的根据——兼与王海明教授商榷》，《探索》2012 年第 4 期。

其运动过程中理解。

最后，从民主角度看。伍德指出古代的民主概念是由历史经验发展而来的，赋予了被统治阶级一个独特的公民身份。"在古代雅典的民主中，公民的权利并不是由社会经济地位决定的；但是占有权以及阶级之间的关系则直接受到民主的公民权的影响。……在这种意义上，雅典的民主并不是'形式的'民主，而是真实的民主。"① 现代资本主义的民主概念经历了截然不同的历史发展过程，发端于资产阶级革命，维护贵族统治和反对君主侵权是其基本原则，"大众主权"是其传统。但社会经济地位并不决定公民的权利。公民平等并不能有效地改变阶级的不平等，劳资关系也能在司法平等的条件下继续存在，"资本主义民主中的政治平等不仅能够与社会经济的不平等同时存在，而且还能使这种社会经济的不平等基本保持不变。"② 在美国对民主作出界定之前，占主导地位的民主含义是人民的统治，人民在这里具有社会和公民身份双重含义。资本主义的民主实质上是"形式民主"，既是对民主的加强又是对民主的贬低，是进步与退步的矛盾统一。美国在建国之初，其开国者就认为应该建立一个排外的政治国家和一个属于有产公民的政府，由于当时美国的经济是以依赖商品交换和纯经济占有为模式的商品经济，打破了政治上享有特权的统治者与被剥夺了公民权的大众之间的隔离，大众对公民权的要求更加迫切，美国需要削弱大众权力，主张"有代表性的民主"，以保证精英与大众之间的区分。"美国的民主在其根基上就具有排斥妇女、压迫奴隶以及本土人民种族灭绝的殖民主义等严重缺陷。"③ 从根本上来说，美国的民主是反民主的，是一种寡头政治的民主。伍德认为之所以雅典民主和以美国为代表的民主具有这种政治与社会差异是因为社会财产关系的不同。在雅典，国家和公民社会之间没有清晰的分界线，政治和经济的权力没有分开，没有独立自治的"经济"，财产也没有从中分离出来，不具有"纯经济的"含义；而财产在美国已经从政治和法律中分离出来，具有"纯经济的"含义，具有强大的生命力。在资本主义民主中，自由主义已经超越民主主义成为主流。自由主义具有独立自主的权限，是一套限制国家权力的观念和制度设计，是民主

① ［加拿大］艾伦·伍德：《民主反对资本主义——重建历史唯物主义》，吕薇洲等译，重庆出版社 2007 年版，第 209 页。
② 同上。
③ 同上书，第 211 页。

的替代品。"如果说古雅典的民主是一个统一体，政治民主和经济民主相互支持，那么资本主义的民主就是个残缺体，政治民主与经济民主脱节，蜕变为没有实在内容的外在形式。"①

四　历史唯物主义在政治领域中的重建

伍德在政治领域中对历史唯物主义的重建主要是从以下三个方面进行阐述的，深入地揭示了历史唯物主义在资本主义社会中的命运。

首先，资本主义经济与政治的分离。马克思的历史唯物主义主张政治领域与经济领域的同一性。但是由于资本主义政治与经济的分离，使本质上属于政治的问题从政治领域中分离出来，成为可区别的经济问题。这一方面使资本的积累和扩张获得了有利的条件；另一方面掩盖了资本主义社会的阶级关系和剥削关系。"这意味着阶级力量和国家权力的长期平衡形成这样的稳定状态，它准许剥夺直接生产者，维护资本家绝对的私有财产，保护资本家对生产和占有的控制。"② 按照历史唯物主义的观点经济机制是被嵌入到社会关系中的，是由社会关系组成的。资本主义政治与经济领域的分离虽然反映了资本主义特定的现实，但不仅不能用来充分了解与资本主义完全不同的前资本主义社会和非资本主义社会的现实，而且还掩盖了资本主义创造的权力和统治的新形式。"在前资本主义社会，统治阶级的统治往往是以超经济的剩余榨取即采取政治的、法律的或军事的强制以及传统的纽带或义务等形式为特征的。"③ 伍德认为，资本主义经济领域有法律和政治维度，尽管经济领域与政治领域是分化的，但经济领域仍然要依靠政治领域。"在某种意义上，资本主义制度中经济和政治的分离，更确切地说，是政治功能本身的分化，将分化出来的功能分别分配到私人的经济领域和国家的公共领域。这种分配将直接与榨取和占有剩余劳动相联系的政治功能，与那些更具普遍性和公共性目的的政治功能分离开来。经济的分离实际上是政治领域内部的分化，这种概括从某些方面来说更适于解释西方发展的独特过程和资本主义的特征。"④ 资本主义之所以有别于其

---

① 屈婷：《论艾伦·伍德对资本主义民主的批判》，《理论与现代化》2012 年第 3 期。
② ［加拿大］艾伦·伍德：《民主反对资本主义——重建历史唯物主义》，吕薇洲等译，重庆出版社 2007 年版，第 21 页。
③ 文兵：《历史唯物主义重建之下的民主观念》，《北京行政学院学报》2012 年第 1 期。
④ ［加拿大］艾伦·伍德：《民主反对资本主义——重建历史唯物主义》，吕薇洲等译，重庆出版社 2007 年版，第 31 页。

他社会形态就是因为它是以纯经济手段来扩大自己的权力，只有资本主义才有纯粹的经济领域，它将经济权力与政治权力和军事权力分离，市场在这个分离中实现了自身的力量，因为所有的人都要靠市场来获取他们所需的一切。它不仅适用于资本家与劳动者之间的阶级关系，也适用于帝国与属国之间的关系。"在资本主义制度下，剥削者与生产者双方对市场的依赖性意味着他们受制于竞争、资本积累和不断提高的劳动生产率等法则的强制；以竞争性生产为生存基本条件的整个资本主义制度，正是受这些强制性法则的驱动。"① 伍德指出，资本帝国主义同传统帝国主义不同，后者的政治和经济权力没有分开，以"超经济"的强制手段，通过军事征服和直接的政治统治来实现霸权，而资本帝国主义虽然也要借助军事手段，但主要是通过经济手段来实现霸权，这同样是市场及其运动规则在操纵。资本主义的政治与经济的分离可以使资本的经济霸权远远超出其政治权力控制的范围，但仍然需要民族国家来建立有利于扩张经济霸权的社会秩序。伍德认为只有从资本主义的政治与经济领域的分离角度才能正确分析资本主义的独特特征，揭示资本帝国主义的发展态势。

其次，国家及其与公民社会的关系。伍德认为将国家定义成阶级统治的工具是同义反复，无法阐释国家的形成、本质和发展。伍德认为国家的本质和特点主要有以下几点：其一，国家是由强制工具组成的，其社会职能是进行劳动分工和维持一个集团对另一个集团生产的剩余的占有。国家不仅作为一种生产剩余价值的手段，而且也是一种分配方式。国家作为一种强制性的公共权力，必然伴随着生产者和占有者之间的划分，私人占有和公共权力的关系是紧密的，其分离的过程也是漫长的。阶级与国家的关系同样是重要的，把阶级先于国家产生看成是发展的普遍顺序可能会引起误导。伍德认为，在马克思对"亚细亚"生产方式的论述中，国家就是生产者剩余劳动的直接占有者，生产者同时也是他们劳动的土地的占有者，简言之，国家是剩余占有的直接的和主要的手段。其二，国家在阶级斗争中具有重要作用。伍德认为，阶级斗争的中心问题是对剩余价值的榨取和占有，而不是它的生产。资本主义将阶级斗争集中到"生产场所"，将阶级斗争压缩到单个的生产组织中，将政治斗争转变为经济斗争。当阶级冲突间歇地在生产单位之外爆发并采取激烈的形式时，阶级冲突的一方是国家而不是资本。"国家至今尚未促动资本的占有权力，更确切地说，国家

---

① ［加拿大］埃伦·M. 伍德：《资本的帝国》，王恒杰、宋兴无译，上海译文出版社 2006 年版，第 1 页。

不断地再生产和加强资本的占有权力，将被资本自身对国家日益增长的需要所破坏——国家不仅为资本主义计划提供便利，为资本承担债务，处理并限制阶级冲突，而且还执行占有阶级放弃了的社会功能，这实质上是对资本社会影响的制衡。"① 国家成为资本主义阶级统治的代表，成为资本主义社会中各种反抗运动的首要目标，成为所有权力的决定性焦点。其三，国家与公民社会的关系。伍德认为前资本主义国家与公民社会并没有截然分开，现代的"公民社会"观念出现于 18 世纪，同资本主义所有制有关，"代表着一种人类关系与人类活动分离的领域，它不同于国家，既不是共同的也不是私人的，或者可能同时既是共同的又是私人的。它不仅包含着除家庭私人领域和国家共同领域之外的社会交往的整个范围，而且更加明确地包含着一种包括市场的范围，生产、分配和交换的竞争场所在内的特殊的经济关系网。"② 伍德认为要否定资本主义的整体逻辑，仅仅指出资本主义社会的特性和社会关系的多样性是不够的，"构成资本主义阶级关系的毕竟不仅仅是一种个人的身份，也不仅仅是一种'阶层化'或不平等原则。它不仅是一种特殊的权力关系体制，而且也是一种与众不同的社会进程的构成关系，是资本积累和资本自我扩张的动力。"③ 国家正是在一系列的社会关系中产生和发展的，甚至是社会关系（包括生产关系）的直接组成部分。

最后，政治与阶级的关系。历史唯物主义主张政治和阶级之间是一种历史性的关系。"历史进程与政治目标是有机统一的，社会主义不是被看作可预言的历史演化的不可避免的结局，而是被看作从现实的社会力量、利益和斗争中生成的历史可能性。"④ 历史的发展已经证明社会生产关系和阶级斗争是历史运动的基本原则，产生了一个能使人类解放的阶级。人们的政治选择与"政治诺言"相关，不存在与"政治诺言"无关的阶级利益。物质利益并不能独立存在，而是由意识形态和政治构建的。夸大政治与经济的非相关性实质上否定了历史唯物主义的经济基础和上层建筑之间的决定与被决定的关系。物质利益是确实存在的，物质利益与政治是一种

---

① ［加拿大］艾伦·伍德：《民主反对资本主义——重建历史唯物主义》，吕薇洲等译，重庆出版社 2007 年版，第 46—47 页。

② 同上书，第 236—237 页。

③ 同上书，第 243 页。

④ ［加拿大］艾伦·伍德：《新社会主义》，尚庆飞译，江苏人民出版社 2005 年版，第 107 页。

历史性的关系，社会主义革命必须依赖政治层面上的阶级利益与阶级斗争。阶级斗争必然依赖工人阶级，工人阶级的形成也必将依赖建立在物质利益上的阶级意识，"当意识到他们有着共同的利益并为其群体利益展开斗争的时候，阶级也就形成了。"① 因此，物质利益、阶级意识、阶级斗争是三个不可分割的统一体，共同激发了现实的政治斗争。

以上三个部分是统一的关系，伍德通过重建历史唯物主义的基本概念澄清了对历史唯物主义的相关误解，在此基础上，伍德在历史领域和政治领域中贯彻了历史唯物主义的基本原理，重建了历史唯物主义的批判路径，恢复了历史唯物主义的社会批判功能，这是贯穿伍德历史唯物主义思想的一条红线。

伍德对历史唯物主义的重建有以下几个成果：第一，伍德正确重建了马克思历史唯物主义的基本范畴之间的关系。伍德认为，一方面，马克思没有在其著作中详细阐明历史唯物主义基本概念的关系，从而让后来的马克思主义学者产生了误解。另一方面，通过"回到马克思"的解读模式，澄明被遮蔽的历史唯物主义基本范畴之间的关系。她认为经济基础和上层建筑之间的关系并不是马克思在1859年的《〈政治经济学批判〉序言》通过格言表示出来的，而是蕴含在其一生的著作中，特别是《资本论》中。经济基础和上层建筑不是刚性分离的，而是互相包含的。经济基础包含着政治、法律和意识形态等上层建筑的内容，上层建筑也不是机械地反映经济基础，而是通过社会生产关系影响甚至支配经济的运行。社会关系渗透进经济基础和上层建筑的各个领域。生产力和生产关系的矛盾决定着社会的运行，但是这并不代表它是历史的普遍规律。这表现在：一是生产力与生产关系所组成的生产方式只是一个静态的概念，无法彰显生产方式在社会领域中的历史作用；二是生产关系的发展并不意味着必然是生产力的作用，比如社会主义革命通过铲除腐朽的上层建筑，建立先进的所有制也能带来生产力的发展。第二，伍德重建了阶级及其形成过程，深化了对历史唯物主义阶级理论的认识。伍德认为工人阶级存在着被整合进资本主义的政治、经济和文化体系，成为资本主义总体体系的一部分的危险，如果无产阶级丧失了阶级意识，抛弃了阶级斗争和政治斗争的理想，就成为了资本主义进行阶级统治的附属力量。因此，伍德从三个方面重建了阶级：其

① 王立端：《论埃伦·M.伍德对历史唯物主义的解读》，《三明学院学报》2012年第1期。

一，阶级是由一系列社会关系构成的。任何阶级都处在一定的社会关系中，既有阶级之间的关系，也有阶级内部成员之间的关系，这些关系包括生产关系、交往关系、利益关系等，彰显了阶级丰富的历史内涵。其二，阶级是一个过程，通过"经历"这一范畴形成。阶级处于一定的社会生产关系中，但处于一定社会生产关系中的人们并不能同时成为生产者和占有者，也无法直接与相似生产关系中的人们发生联系并产生阶级意识，形成利益共同体，这需要"经历"来做中介。"经历"就是处于一定社会关系中的人们对于自身相似经历的"超空间"和"超时间"的感悟，人们在共同认识到经历的剥削过程、生产过程、斗争过程后阶级意识产生，激发了存在于经历中的历史与文化的特殊性。其三，阶级形成后应该从阶级斗争转向政治斗争。伍德认为以往的学者强调阶级斗争的重要性，但忽视政治斗争的重要性。政治斗争包含阶级斗争，朝着建立无产阶级专政的目的，而阶级斗争可能简化为追求物质利益的斗争，这既不符合阶级斗争的目的，也不符合无产阶级斗争的目的。无产阶级斗争不仅追求物质利益，更应该追求政治上的利益，实现自己在政治和社会中的全面解放。第三，伍德正确指出了历史唯物主义的首要目的是揭示资本主义的特殊性和历史性，而不是其历史的普遍性。资本主义从起源到资本帝国主义阶段都是在资本逻辑的支配下运行的，它的形成和发展都是在特定的时空中产生的，不是社会生产力自然发展的结果，而是在非常特殊的情况下产生的。第四，伍德从政治与经济领域（权力）的分离出发揭示了资本主义通过民主的虚化和生产关系的永恒化实现了政治和文化的霸权。在自由资本主义向资本帝国主义转变的过程中，一方面，遮蔽了资本主义实施强制的政治权力及其投放方式，掩盖了资本与劳动之间的矛盾；另一方面，不仅没有削弱资本主义的剥削力，而且进一步扩展了资本逻辑的渗透领域，加剧了对工人阶级等普通民众的剥削，一定程度消解了工人阶级的阶级意识和阶级斗争的目标。第五，伍德特别注重经济民主的重要性。在后马克思主义宣扬激进民主斗争的今天，左派知识分子也宣扬这种论调，认为只要进行政治领域的斗争就可以实现社会和人类的解放。伍德一方面承认资本主义民主的发展的确实现了人的一些权利和价值，但另一方面人们获得的政治权利并没有从根本上改变其被剥削和异化的命运，只有实现经济民主，才能实现真正的政治民主，因为资本主义的经济权力和超经济权力是联系在一起的。第六，伍德通过重建历史唯物主义揭示了技术决定论、经济决定论和结构决定论的谬误。伍德认为这三种决定论都是目的论式的历史观，无法彰显生动的社会实践，也无法澄明生产力与生产关系、经济基础和上层建筑在历史发展过程中的辩证关系。

伍德对历史唯物主义的重建也有以下几个失误：其一，伍德认为对"经济基础"和"上层建筑"进行刚性的割裂是建立在古典政治经济学的分析之上，是对马克思社会结构理论的曲解。她认为二者并不是截然分离的关系，而是紧密联系的关系，在重建二者关系的基础上才能恢复历史唯物主义的本来面貌。伍德澄清了历史唯物主义的实质，但马克思并没有将经济基础和上层建筑截然对立起来，而是认为二者是相互渗透的关系。在马克思的历史观中，与上层建筑相对的基础是经济要素，但经济要素是否属于基础受到特定条件的制约，如特定的社会条件、文化传统以及自身的内在结构。虽然市民社会和国家的区分有助于我们理解前资本主义社会的社会结构，但不能将经济基础和上层建筑与市民社会和国家等同起来。从这个角度来理解"经济基础"和"上层建筑"之间的关系超越了古典政治经济学的分析框架，澄清了马克思关于"联合体"的思想，这个"联合体"不是国家也不是市民社会，而是二者的统一，是自由人的联合体。国家和市民社会并不是截然分离的，而是内在联系在一起的。其二，伍德坚持从资本主义的特殊性出发来阐述历史唯物主义，突出了历史唯物主义的"空间性"（历史唯物主义只适用于解释前资本主义和自由资本主义社会），忽视了历史唯物主义的"时间性"（历史唯物主义具有的超越时间维度的普遍性），历史唯物主义作为一种批判武器同具体的国家或地区的实践结合时具有特殊性，但作为一种指导原则和方法具有普遍性。其三，伍德在强调从历史领域和政治领域来重建历史唯物主义时凸显了历史唯物主义的政治和社会历史维度，历史唯物主义是多维度的，能同具体的人类活动领域相结合，指导人类的实践活动，而人类的实践活动是开放性的，其活动领域从政治领域、经济领域、文化领域到社会领域、生态领域，历史唯物主义在这些领域发挥它的认识和改造的作用。其四，伍德对历史唯物主义的重建其实只是一种阐释，伍德的阐释过于"政治化"，忽视对现实社会问题的思考与解答，削弱了其理论的说服力。

伍德对历史唯物主义的重建具有重要的启示：第一，发展历史唯物主义必须实现历史唯物主义研究范式的转变。传统历史唯物主义的研究范式主要以宏观领域和宏观权力为研究对象，以宏大叙事为特点，以追求普遍性和规律性为目的。传统的历史唯物主义研究范式以正义、阶级、国家、自由、民主、权力等为对象，很少关注社会生活中边缘化的领域和微观层面的权力运行机制。但当今社会的结构和运行机制都发生着重大的变化，在新技术革命的推动下政治、经济和文化领域呈现一体化趋势，各领域之间的界限逐渐模糊，多样性和差异性成为社会发展的主要特点，消解和削弱了主导型宏观权力的控制力，主导型的宏观权力逐渐让位于非中心化的微观权力，社会的控制机制也由原先的宏观权力之间的冲突让位于多样化的微观权力的差异化制约。伍德历史唯物主义的研究范式在对宏大叙事的批判和解构中实现了由宏观权力和领域为研究对象转变为以微观权力和领域为研究对象。历史唯物主义只有在关注微观权力和领域中才能实现自身与现实的接轨，才不至于成为教条和套话，否则就失去了生机和活力。这并不意味着历史唯物主义不以宏观权力和领域为研究对象，而是在坚持宏观权力和领域的基础上，将微观权力和领域有机结合起来，形成宏观与微观有机结合的研究范式。一方面，历史唯物主义研究要直面现实，在全球化时代，生态危机、恐怖主义、金融危机、贫富差距、性别和种族歧视问题等需要历史唯物主义关注；另一方面，历史唯物主义研究要更加关注日常生活中的各种控制机制，比如市场、资本、家庭、消费、风俗、规则等。当代微观权力已是由政治权力、经济权力、文化权力等多种权力组成的多元系统。对微观权力和领域的分析既有利于解释宏观权力和领域中关于人的作用的问题，也有利于批判经济决定论和技术决定论等。在正确分析和解决这些问题的基础上才能发展历史唯物主义，彰显历史唯物主义的社会批判功能。第二，对历史唯物主义的重释或重建不能犯片面化和绝对化错误，应该从理论总问题和理论实质出发来分析。历史唯物主义主张经济基础决定上层建筑，上层建筑反映并反作用于经济基础，倡导依靠工人阶级实行阶级政治，建设社会主义。尽管资本主义发生了很大的变化，但其对劳动群众的剥削本质没有变，其基本矛盾没有变。工人阶级与资产阶级之间的对立和矛盾仍然是资本主义社会的主要矛盾，工人阶级仍然是革命的主体，但环保主义者和女权主义者等都有可能成为革命的参与者，不能因为对这些新社会运动者的强调就否定了工人阶级的革命主体性和阶级政治的重要性。伍德认为工人阶级的政治解放是实现人类解放的前提，工人阶级的阶级政治是实现政治解放的根本途径，工人阶级的政治统治就是实现社会主义的民主。只有在工人阶级的政治统治下，整个社会才能消灭剥削和阶级压迫，社会成员才能实现普遍的、完全的平等，全人类才能从阶级剥削中解放出来。对工人阶级及阶级政治地位的认识应该从人类解放的总问题出发才能真正理解。第三，生产关系的生产与再生产对深化历史唯物主义具有重要作用。伍德认为在一切社会关系中生产关系起着决定性作用，生产关系的生产与再生产是资本主义生产过程更为重要的结果。资本主义社会的生产关系反映的是资本主义生产的颠倒性，是资本对人的统治。资本主义世界成为了资本统治的世界，其主体被消解，成为资本的附属品。资本主义社会由于内在矛盾必然导致生产关系的颠倒，从而也为根除这种颠倒，实现人类解放提供了条件。单纯从交往关系或社会关系来阐释或重建历史唯物主义都是片面和行不通的，也无法揭示资本主义的内在本质和运行机制。第四，伍德认为历史唯物主义的核心是坚持资本主义的历史性和特殊性，坚持认为资本主义的运动规律不是历史的普遍规律。伍德从资本主义起源和原始文化的角度揭示了这种特殊性，这有利于我们批判"欧洲中心论"，超越资本主义的发展模式，跨越资本主义的"卡夫丁峡谷"。资本主义是以资本逻辑为主导的制度，面对资本的全球化进程，我们既要批判"资本至上论"，也要拒斥"资本悲观论"，虽然资本的本性是剥削的，但是人类社会的发展不能没有资本，正如人类不能逾越异化状态一样，资本是人类社会发展过程中的一个创造，人类能够利用资本创造财富和幸福。一方面，要进一步发挥资本与市场的作用，推进社会生产力的发展，必须承认资本、发展资本；另一方面，要用社会主义力量制约与引导资本力量，坚持以人为本的科学发展观，严格限制资本和市场的最终扩张边界，促进社会主义市场经济的发展和和谐社会的建设。

第四章　伍德历史唯物主义思想中的革命主体

在后现代主义的侵袭中，阶级已经被消解，成为历史画卷上的一个符号。随着所谓"历史的终结"，工人阶级也在资本主义的总体控制下丧失革命主体地位。全球化时代为工人阶级重建阶级意识和阶级组织提供了历史机遇，为工人阶级的阶级政治的实践提供了绝佳的历史舞台。现在的核心任务是要将全球反资本主义运动结合起来，组成强有力的跨国组织，并适时将阶级斗争转变为政治斗争。

第一节　伍德对新的"真正的"社会主义阶级观的批判

伍德认为，高兹、普兰查斯、拉克劳和墨菲虽然理论观点各不相同，但在阶级观上具有共同性，都主张工人阶级在社会主义的斗争中不占中心地位，丧失了作为革命主力军的地位，与社会主义并没有必然的联系；阶级斗争已不是历史发展的动力，而是获取政治权力的手段；历史的变革只能寄希望于学生、妇女以及新社会运动等。他们属于新的"真正的"社会主义的范围，与后马克思主义在实质上是一致的，从话语理论出发消解历史唯物主义的阶级理论，将阶级政治转变为话语政治。

一　伍德对高兹"新工人阶级"理论的批判

伍德指出，阶级斗争是马克思主义理论中的核心概念。恩格斯在《共产党宣言》一八八三年（德文版）导言中强调："每一历史时代的经济生产以及必然由此产生的社会结构，是该时代政治的和精神的历史的基础；因此（从原始土地公有制解体以来）全部历史都是阶级斗争的历史，即社会发展各个阶段上被剥削阶级和剥削阶级之间、被统治阶级和统治阶级之间斗争的历史。"[1] 历史唯物主义主张阶级斗争是历史发展的动力，阶级斗争导致的阶级消亡是革命的目标。只有工人阶级才能实现阶级本身的消亡，这是马克思主义同其他社会改良主义和进化论的根本区别。但 20 世纪的马克思主义正在远离这个目的，阶级斗争和工人阶级在所谓的权力斗争中被置换掉了。

伍德认为工人阶级作为社会变革的主力军并不是一种信仰，而是基于对社会历史的分析。"在引发通往社会主义的变迁方面，工人阶级是有着最为直接的客观利益的社会集团……工人阶级是一种重要的社会力量，这足以允许其发展成为一种革命性力量。"[2] 安德烈·高兹（André Gorz）明确地否定了工人阶级是社会变革的主体，其依据是社会主义的目标是确定劳动将以何种方式被取消。"工人阶级就其实质而言，不能成为社会改造与变迁的主体，这是因为对工人来说，取消劳动不是它的目的。作为一个阶级而言，工人阶级的劳动与资本的逻辑相认同，它本身不过是资本的复制品。"[3] 高兹认为在资本主义经济理性操控下，资本主义的生活世界殖民化，传统意义上的工人阶级已经消亡，其劳动异化，被消费主义的意识形态俘获，产生了对资本主义制度的认同，已逐渐丧失阶级性和革命性。而马克思意义上的工人阶级既是异化的承担者，也是异化的克服者，他们的目的不是取消劳动，而是消灭剥削制度，消灭阶级，实现劳动的解放和人类的解放。

高兹先后提出了"新工人阶级"、"后工业的新工人阶级"、"非工人非阶级"等概念，"新工人阶级"是由专家、学者、学生、科层管理人员、白领工人、知识分子、外籍劳工等组成的新中间阶级，这种阶级是进行社会变革的主力军和先锋队。他们的革命动力不是物质匮乏，而是克服异化，追求劳动和生活的意义。随着后工业社会的发展，新工人阶

---

[1] 马克思、恩格斯：《共产党宣言》，人民出版社 1997 年版，第 7 页。

[2] ［加拿大］艾伦·伍德：《新社会主义》，尚庆飞译，江苏人民出版社 2005 年版，第 18 页。

[3] 同上书，第 20 页。

级是一种处于社会边缘的失业者与半失业者，由于劳动的随机性和碎片化导致他们缺乏阶级意识，但他们由于拥有较高的技术和文化而成为工人自我管理的主体。"这种新型技术工人在生产中具有一定的自主性，这使得在先进工业中对技术工人发号施令成为可能；他们和其他共同努力的实践者一起合作成为一个实践——主体。"① 随着后工业社会的发展，新工人阶级发展成"非工人非阶级"，它的组成部分是那些阶级成分不明、政治身份模糊的人，主要包括由于工作的废除而被排除生产的人、由于自动化而被高才低就的人以及社会生产中多余的人，他们处在失业或半失业状态。这些人可能同生态学和妇女运动等"新社会运动"走在一起。首先，从来源和特点看，他们"不是由资本主义产生的，并且没有被带上资本主义生产关系的烙印。它是资本主义危机以及资本主义生产的社会关系解体……它比马克思的能够直接意识到自我的工人阶级有更多的优越性；……他们建立在劳动的数字化、价值、社会有用性和需求性的基础上，由于旧社会的分裂而形成的。"② 对他们来说，工作是一种生命的浪费和外在的强制。传统工人阶级已经没有批判性和否定性，"非工人非阶级"则是一种否定性力量。其次，从人数与地位看，一方面，"非工人非阶级"要远大于有稳定岗位的工业无产阶级，传统的工人阶级已是少数的群体；另一方面，"新工人阶级"与"非工人非阶级"的区别是：前者主要是技术工人和技术组织者，后者主要是失业者、半失业者和临时工，而且基本上没有阶级意识。他们的共同点是都有成为社会变革主体的可能性。

　　伍德指出，高兹提出的"新工人阶级"理论实质是对马克思的阶级和阶级斗争学说的抛弃。"他的整个论断是基于一种歪曲了的技术主义，一种劳动进程的拜物教，一种到劳动的技术进程而不是到生产关系即剥削的特定模式中去寻找生产方式的实质的倾向。"③ 这同普兰查斯的观点是一样的，他们都抛弃了马克思从剥削关系来界定工人阶级的做法，而从工人阶级的主观意识和技术过程中去界定，使工人阶级的范围变得非常狭窄，从而影响了对工人阶级的阶级意识和革命潜力的认识。工人阶级并不只是马

---

①　André Gorz, *Strategy for Labour*: *A Radical Proposal*, Boston: Beacon Press, 1967, p. 112.

②　André Gorz, *Farewell to the Working Class*, London: Pluto Press, 1982, p. 68.

③　［加拿大］艾伦·伍德：《新社会主义》，尚庆飞译，江苏人民出版社2005年版，第20页。

克思主义意义上的产业工人，还包括一切在资本主义体系内工作并受资本逻辑控制的体力劳动者和脑力劳动者，工人阶级并没有终结，仍是社会的基础和社会变革的主体。

伍德认为，高兹并没有对工人阶级结构的变化进行深入地说明，同工人阶级的阶级利益、经历和作为被剥削阶级的地位没有关系。高兹提出的"非工人非阶级"并不是一种阶级，更不是工人阶级。他们"不存在战略性的社会力量以及行动的可能性。最后留给我们的，不过是比重炒'反文化'的冷饭稍好一些而已，在资本主义荒原的一块飞地中见证了'反体系'的事实。"[1] 他们被资产阶级的意识形态同化，追求的是物质财富，无法承担社会变革的重任，也无法实现更为高级的社会主义目标。

二　伍德对普兰查斯"新小资产阶级"理论的批判

伍德认为新的"真正的"社会主义的所有主题（政治和意识形态的去历史化、否定阶级斗争和工人阶级的革命主体、否定剥削关系的决定性、消解社会主义民主）都在尼科斯·普兰查斯（Nicos Poulantzas）那里得到了初步体现，只是程度还不深。普兰查斯是新的"真正的"社会主义理论的先驱，是"新小资产阶级"论的主要代表人物，在《当代资本主义中的阶级》、《阶级和阶级结构》等书中详细论述了"新小资产阶级"理论，将生产关系和剥削关系从阶级理论中剥离出去，将阶级斗争看成一种由国家政权组织起来的权力集团与人民同盟之间的政治冲突。普兰查斯同高兹一样不再用剥削关系来定义阶级，将工人阶级降到微不足道的地位。

伍德指出，普兰查斯划分"新小资产阶级"的标准主要有两条：一条是以生产性和非生产性劳动作为划分和确定"新小资产阶级"的标准，因此普兰查斯将从事第三产业流通和服务业的工作人员与从事管理和科学研究的工作人员归属于这个阶级，它既不同于资产阶级，又不同于工人阶级。普兰查斯认为，"商业和服务业的工薪劳动者所从事的是非生产性劳动，属于'新小资产阶级'；管理人员和科技人员虽然处于生产劳动过程

---

① ［加拿大］艾伦·伍德：《新社会主义》，尚庆飞译，江苏人民出版社2005年版，第21页。

中，但因为他们维护工人与资本之间的统治和服从于政治和意识形态关系，因此也属于'新小资产阶级'。"①伍德指出，按照这个标准，就将白领工人从工人阶级中分离出去，无法把握现实社会中的阶级和阶级利益的构成。另一条是按照政治和意识形态因素来界定，它们是决定性的因素。"根据普兰查斯的观点，这个决定性因素既把这些群体从工人阶级中划分出来，又忽略了阶级内部的各种差异，包括与其也不相协调的关于生产性与非生产性劳动之间的划分。换句话说，这种意识形态划分是构建'新小资产阶级'这样一个阶级的决定性因素。"②事实上，普兰查斯的这种理论根本无法包容阶级发展的任何进程。

伍德指出，普兰查斯之所以对政治和意识形态因素如此重视，是因为普兰查斯将生产与剥削的关系看成"经济的"范畴，阶级关系不仅是经济的，也是政治和意识形态的。"意识形态和政治关系可以在阶级的'真实'构成中优先于剥削关系，而且那种政治的或意识形态的划分可能代表了根本的阶级障碍。这样一来，剥削关系又一次被置换出去了。"③普兰查斯认为意识形态的划分同资本的作用相关，"新小资产阶级"在经济、政治意识形态方面都被资本控制，但在经济关系中又处于统治工人阶级的地位。"新小资产阶级"认同资本主义的霸权意识形态，可能同意工人阶级的立场，但不能成为工人阶级的一部分。

伍德认为，普兰查斯的"新小资产阶级"理论实际上仍然属于欧洲共产主义理论的范畴，将工人阶级定义在狭隘的范围内，使工人阶级成为发达国家人口中的少数，不符合 20 世纪工人阶级发展的实际状况，也使社会主义的目的发生变化，即从原先追求工人阶级的统一转变到构建以阶级差异和划分为基础的"人民同盟"，关注的是"新小资产阶级"的特殊利益。普兰查斯坚持认为"新小资产阶级"转向无产阶级取决于工人阶级自身的组织所代表的小资产阶级。这种观念是一把双刃剑：一方面，它表明人民力量本身应该在斗争进程中发生变形；另一方面，正是那种认为联合必定不只是基于同盟的妥协的观念要求工人阶级组织不仅要维护工人阶级

---

① Nicos Poulantzas, Class in Contemporary Capitalism, London：New Left Review, 1975, p. 242, pp. 277 - 278,

② ［加拿大］艾伦·伍德：《新社会主义》，尚庆飞译，江苏人民出版社 2005 年版，第 46 页。

③ 同上书，第 48 页。

自身的利益，也要维护小资产阶级的利益，最终工人阶级成为"人民同盟"中的残余部分。

三 伍德对拉克劳和墨菲的"消解工人阶级"理论的批判

　　恩斯特·拉克劳（Ernesto Laclau）和查特尔·墨菲（Chantal Mouffe）是后马克思主义的主要代表人物，他们主张话语政治和权力斗争，认为工人阶级在社会主义斗争中不具有优先地位，马克思主义的阶级斗争学说已经过时，必须清除马克思主义的"本质主义的错误"，转变到激进的和多元的民主斗争上来。伍德认为他们在《霸权与社会主义策略——走向激进民主政治》一书中论述了新的"真正的"社会主义的所有主题及其最终结论，而且也揭示了新的"真正的"社会主义的内在逻辑矛盾。拉克劳和墨菲提出的话语理论、霸权理论和激进民主理论是新的"真正的"社会主义的内容，他们既属于后马克思主义的代表人物，也是新的"真正的"社会主义的主要代表人物。

　　伍德指出，拉克劳和墨菲在重视意识形态的决定因素方面超过了普兰查斯。他们不仅将意识形态从社会决定性因素中分离出去，而且把社会也一起分解成意识形态或"话语"。他们这么做的目的就是要解构马克思主义，将政治去经济化、民主去阶级化、社会去中心化和话语化。在他们看来，社会主义的斗争已不是阶级的斗争，而是由"人民同盟"控制的非决定性的民主斗争。拉克劳认为"普兰查斯的定位的困难性在于，通过把意识形态因素当作阶级的主要决定因素，脱离生产关系来界定阶级，这就在实质上否定了马克思主义的基础。"① 同普兰查斯相比，拉克劳承认"新小资产阶级"是工人阶级的一部分，但并不认为这种划分很重要，重要的是政治和意识形态层面的冲突。在普兰查斯那里，"新小资产阶级"虽然不同于工人阶级和资产阶级，但可以向这两个阶级转化，但拉克劳却认为工人阶级与资产阶级的斗争不是阶级斗争，而是意识形态的斗争。拉克劳用意识形态来取代阶级冲突的做法同普兰查斯一样，都是将生产关系和剥削关系以及资本与劳动的对立从马克思主义的核心中置换出去，只是拉克劳

---

① ［加拿大］艾伦·伍德：《新社会主义》，尚庆飞译，江苏人民出版社 2005 年版，第 59 页。

走得更远。

伍德指出，按照拉克劳和墨菲的意识形态理论，工人阶级已被"人民同盟"代替，社会主义也成为一种"激进民主"的形式。工人阶级已不是社会变革的主体，其主体是"人民同盟"。"这种同盟不是由阶级关系构成，也不是由任何决定性的社会关系构成，而是由话语构成的。"①话语政治代替了意识形态，涵盖了整个社会领域。由"多元"主体为"激进多元民主"而进行的斗争代替了一场由工人阶级这个统一主体为社会主义而进行的斗争。他们对马克思主义的最为基本的"阶级还原主义"进行攻击，并将许多观点强加于马克思，认为生产力是中性的，其发展也是一个"中性的"过程，工人阶级是这一过程的映像；工人阶级的历史使命被降低为服从技术规则的要求；工人阶级作为社会变革主力军被认为是在技术规则的要求中自然而然产生的；马克思被认为是技术决定论者。拉克劳和墨菲认为，工人阶级在社会主义革命中并没有优先性地位，工人阶级在社会主义中没有自己特定的利益。工人阶级有先天的缺陷，这种缺陷使其相比其他任何群体来说更不可能成为社会主义政治的载体。他们认为马克思之所以盲目地将工人阶级的"经济"利益和社会主义理论联系在一起，就是因为马克思主义理论的"经济本质主义"的局限，就在于其工人阶级的中心论和一种社会制度代替另一种社会制度的"革命"论。"工人阶级的状况远不是有利于社会主义政治，反而在实际上与社会主义相抵触。……工人阶级不仅不是社会主义优先性因素，而且也没有有利于社会主义发展的历史条件与社会利益。"②据此，工人阶级不会反对资本主义生产关系，甚至不会承认他们所受到的压迫和剥削，除非他们有一种民主精神和抽象的平等要求，当代工人阶级的特征之一就是承认资本主义生产关系并将斗争限定在生产中。总之，话语就是一切，在话语政治和激进的多元民主斗争中，不仅工人阶级被消解，其他所有的能代替工人阶级的社会力量也不存在，资本与劳动之间的对立关系并不重要，资产阶级和工人阶级之间的剥削与被剥削的关系只是理论虚构。

---

① ［加拿大］艾伦·伍德：《新社会主义》，尚庆飞译，江苏人民出版社2005年版，第64页。

② 同上书，第83—86页。

四 伍德对新的"真正的"社会主义批判的得失

"真正的"社会主义出现在马克思和恩格斯的《德意志意识形态》、《共产党宣言》中，首先，"真正的"社会主义是指 19 世纪中后期德国一些自称为"真正的"社会主义者的人将德国哲学与英法共产主义思想混同起来，禁锢于德意志意识形态，"认为外国的共产主义文献并不是现实运动的表现和产物，而是纯理论的著作，这些著作像他们想象中的德国哲学体系一样，完全是从'纯粹的思想'中产生的。"[1] 他们无法真正揭示共产主义文献与现实的社会之间的关系。其次，"真正的"社会主义是"最完备的社会文学运动，这个运动是在现实的党派利益之外产生的，而且在共产主义党派形成以后还想不顾它而继续存在。"[2] 社会运动在德国变成了纯粹的文学运动，而不是现实的、激烈的党派斗争，消解了社会运动的推动作用。最后，"真正的"社会主义是德国的一些作家从其自身的哲学观点出发把握法国的社会主义文献和思想，"把社会主义的要求同政治运动对立起来……说什么在这个资产阶级运动中，人民群众非但一无所得，反而会失去一切。"[3] 成为政府对付德国资产阶级的武器，其目的是为了保护小资产阶级的利益，保存德国现存封建制度。伍德在《新社会主义》意义上的新的"真正的"社会主义是指"拒绝了马克思主义的'经济主义'和'阶级还原主义'，实质上将阶级与阶级斗争从社会主义方案中剥离出去。"[4] 新的"真正的"社会主义从葛兰西的霸权概念出发，综合阿尔都塞的意识形态理论，以"话语理论"解构马克思主义的阶级理论，消解阶级的存在，取消工人阶级的革命主体地位，抛弃阶级政治，用激进的民主和话语斗争替代推翻资本主义的政治斗争。新的"真正的"社会主义其实就是后马克思主义，他们抛弃阶级的做法最后会沦为神话。因此，前者与后者既有联系也有区别，其区别在于：其一，前者是特指德国一部分知识分子和小资产阶级（小市民）的社会主义思想，后者是世界范围内的一股激进民主思潮。其二，前者的哲学基础主要是以费尔巴哈为代表的德国古

---

① 马克思、恩格斯：《德意志意识形态》，人民出版社 2003 年版，第 84 页。
② 同上书，第 86—87 页。
③ 马克思、恩格斯：《共产党宣言》，人民出版社 1997 年版，第 55 页。
④ ［加拿大］艾伦·伍德：《新社会主义》，尚庆飞译，江苏人民出版社 2005 年版，第 2 页。

典哲学，后者的思想基础主要是西方的经济学和历史理论。其三，前者认为剥削与阶级分裂的原因不是经济因素，而是人的固有本质的异化。后者认为资本主义社会已发生重大变化，对资本主义社会异化的克服不能采用阶级政治的形式，而应该采取话语政治的形式。其共同点是：其一，都主张意识形态与政治之间没有关系，取消阶级政治。其二，都割裂了理论与现实的辩证关系，无法真正找到一条社会主义复兴之路。

伍德在全球化时代的背景下正确而有力地批判了新的"真正的"社会主义解构马克思主义阶级理论的图谋，坚定地捍卫了马克思的历史唯物主义，具有以下的重要启示：第一，分析社会与阶级结构的变化不能放弃历史唯物主义的阶级分析和经济分析方法。新的"真正的"社会主义认为随着资本主义的全球化进程，资本逻辑渗透到人们生活的各个领域。资本主义社会的阶级结构发生了重大变化，工人阶级不仅没有成为马克思设想的革命主力军和资本主义的掘墓人，反而一步步沦为资本的附庸，并全面异化。工人阶级已经能作为历史变革的整体而存在，因为他们已被资本主义制度所整合，认同资本主义的消费方式和生活方式，被资本主义的霸权逻辑同化，丧失了革命的勇气和阶级斗争的意识。新的"真正的"社会主义虽然看到了当代资本主义社会的重大变化及其影响，指出工人阶级日益分化的事实，但是从话语理论出发夸大了话语和权力斗争的重要性，没有认识到只要资本主义制度及其生产方式没有改变，劳动和资本的对立及矛盾就不会被消除。只要劳动还是谋生的手段而不是人的第一需要，就无法超越资本主义的剥削。工人阶级作为资本主义社会的雇佣劳动者，其劳动的本质与马克思所处时代没有本质差别；但是后马克思主义者却忽视这个关键点，错误地认为马克思主义是"阶级还原论"，工人阶级的反抗斗争在资本主义剥削体系中没有任何意义，相反，在全球化时代阶级仍然存在，而不是只存在差异化的、边缘化的人群。工人阶级的团结和斗争是可能而现实的，工人阶级完全有可能从追求物质利益的阶级斗争中走向追求社会主义的政治斗争。第二，要坚持历史唯物主义的阶级斗争学说，将阶级斗争看作历史发展的动力，不能模糊工人阶级与资产阶级的关系。"马克思主义阶级分析的特别之处不在于它简单地强调冲突的重要性，其特别之处在于它把冲突的产生理解为是由阶级关系的本质特征所决定的，而不是依情况而定的。"① 不可否认，当代资本主义社会阶级结

---

① ［美］埃里克·欧林·赖特：《阶级分析方法》，马磊、吴菲等译，复旦大学出版社2011年版，第31页。

构已不是马克思原来预言的极端两极分化，而是产生出日益重要的"中间阶层"；工人阶级和资产阶级的矛盾看似有所缓和，这突出地表现在工人阶级的生活条件和地位有所改善，资产阶级允许工人阶级参与企业的管理和参股；新的社会运动，比如种族运动、生态运动、反核运动、女性主义运动等此起彼伏，但是没有采取传统阶级斗争的形式。新的"真正的"社会主义以此证明阶级的界限被消除，认为现在要关注的不是物质利益，而是多元化的主体的民主和文化权力，阶级斗争已丧失其存在的价值。他们严重曲解了资本主义社会的现实，因为不管资产阶级如何装扮自己、如何缓解社会的矛盾，但建立于私有制基础上，受经济理性控制的资本主义社会无法根本消除社会矛盾，工人阶级仍然可以重构，成反资本主义的主力军。工人阶级的阶级斗争是消除资本主义剥削和社会异化的动力，但并不仅仅建立在纯粹的经济利益基础上，而是包括了文化、政治组织、社会团体在内的综合性斗争。

伍德对新的"真正的"社会主义的批判有以下失误：其一，伍德没有揭示普兰查斯"新小资产阶级"理论的来源，也没有在西方马克思主义的阶级斗争视野中揭示其意义。普兰查斯的"新小资产阶级"理论直接来源是阿尔都塞的结构主义马克思主义的"多元决定论"，"多元决定论"的目的是为了反对传统马克思主义的历史观中的"经济决定论"和"技术决定论"。普兰查斯借用结构主义的"多元决定论"考察了马克思的阶级和阶级斗争理论，指出阶级是由社会结构决定的，在这个结构中，经济、政治和意识形态是统一的关系，在阶级划分中，经济不是唯一的决定因素，政治和意识形态因素甚至更加重要。马克思主义既坚持经济的决定作用，也强调政治和意识形态等上层建筑的反作用，普兰查斯夸大了上层建筑在阶级划分和社会形态中的作用，不可避免地陷入了唯心主义。其二，伍德没有具体分析工人阶级和资产阶级以及劳资矛盾背后的剥削关系。剥削关系反映了占有生产资料的不平等及其造成的社会地位的差异。在资本主义社会，一方面，资本家通过控制工人的劳动过程来占有工人的剩余劳动。另一方面，资本家也需要工人进行合作，需要工人对其剥削行为产生一定的认同，因此资本家与工人之间存在着一定的妥协，这为工人阶级能够运用自身的"劳动力"挑战资本家，维护自身的合法权利乃至进行反资本主义的阶级斗争创造了先决条件。

第二节　伍德对汤普森工人阶级形成理论的解读

伍德认为汤普森突破了传统经济决定论和结构主义的阶级定义，重新对阶级的概念进行了界定，认为阶级的形成是一个过程和经历，阶级经历对工人阶级形成的决定性影响。伍德坚持用历史唯物主义的立场和方法来分析工人阶级的形成。她认为工人阶级虽然面临着阶级分化和被资本主义体系整合的危险，但是工人阶级仍然是革命和建设的主体。工人阶级的形成和发展是建立在其阶级意识和阶级经历的基础之上，不是由单线的经济和技术决定的，而是包含文化和意识形态在内的多元因素共同决定的。工人阶级的形成是随着具体历史的发展而发展的，特别是随着具体的社会生产关系的变化而变化，其内在结构和发展逻辑也是变化的。社会组织、物质利益构成了工人阶级形成的必备条件，日常生活则是工人阶级形成的关键领域。伍德揭示了工人阶级在客观因素的作用下主观形成自身的过程，推进了我们对马克思唯物史观和工人阶级形成的认识，有利于我们重视对工人阶级革命意识的培养和文化领导权的建设。

一　经典马克思主义的阶级理论

阶级理论是马克思主义的核心理论，是马克思主义者借以批判资本主义社会的有力武器。马克思主义经典作家对阶级及工人阶级的理论进行了有益的探索。马克思用毕生精力揭示资本主义的本质和社会主义代替资本主义的历史趋势，马克思在《资本论》第 3 卷的最后一章对阶级概念进行了简略的论述，正如埃里克·欧林·赖特（Erik Olin Wright）所言："尽管马克思从没有系统地回答这一问题，但他的这一著作充满了阶级的分析。除了少数特例之外，这一著作的大部分涉及了两个问题：对阶级关系的抽象结构构图的描述和对阶级作为行为主体的具体事态构图的分析。"① 马克思晚年在给他的朋友约·魏德迈的信中写道："在我以前很久，资产阶级

---

① ［美］埃里克·欧林·赖特：《阶级》，刘磊、吕梁山译，高等教育出版社 2006 年版，第7—8 页。

历史编纂学家就已经叙述过阶级斗争的历史发展，资产阶级的经济学家也已经对各个阶级作过经济上的分析。我所加上的新内容就是证明了下列几点：（1）阶级的存在仅仅同生产发展的一定历史阶段相联系；（2）阶级斗争必然导致无产阶级专政；（3）这个专政不过是达到消灭一切阶级和进入无阶级社会的过渡……"① 马克思在《1844 年经济学哲学手稿》指出至今一切社会的历史（恩格斯后来补充说明，原始公社的历史除外）都是阶级斗争的历史，现代资产阶级是生产方式和交换方式的变革的产物，以及资产阶级与工人阶级的辩证关系等。这些观点都强调阶级的产生是受生产关系决定的，是历史的产物，阶级的消亡依赖于阶级斗争。这为我们认识阶级提供总的方法论原则。列宁在其著作中对阶级的定义进行了深入的探讨，指出所谓阶级就是这样一些大的集团，这些集团在历史上一定的社会生产体系中所处的地位不同，同生产资料的关系（这种关系大部分是在法律上明文规定了的）不同，在社会劳动组织中所起的作用不同，因而取得归自己支配的那份社会财富的方式和多寡也不同。所谓阶级，就是这样一些集团，由于它们在一定社会经济结构中所处的地位不同，其中一个集团能够占有另一个集团的劳动。列宁这个定义是从社会的经济结构视角出发来划分阶级的。随着时代的发展，单纯依靠经济结构和掌握生产资料的多寡来判定一个阶级是不完整的，在阶级分析中，一方面既要坚持经济基础归根到底的决定作用；另一方面也要从阶级结构和阶级构成之间的区别特别应该关注文化、意识形态和政治生态的变迁等上层建筑对阶级形成的影响。

马克思主义的经典作家论述了对资本主义掘墓人——无产阶级（工人阶级）的斗争策略、力量建构等一系列问题。马克思在《路易·波拿巴的雾月十八日》中对社会结构中的冲突进行了详细的论述，并提出了"自在阶级"和"自为阶级"的概念，他将前者定义为由相同的生产关系结合在一起的，但还没有意识到自身作为阶级而存在的阶级。后者是指意识到自身作为一个阶级是与其他阶级相对立和冲突，并采取实际行动来克服这种矛盾的阶级。列宁指出，马克思主义为我们提供了一条分析社会的线索——阶级斗争，让我们明白社会矛盾的起源与变化。马克思依据社会的变化对各个阶级的地位都作出了客观的分析，指出无产阶级是真正革命的

---

① 《马克思恩格斯选集》第 4 卷，人民出版社 1995 年版，第 547 页。

阶级。马克思将各个阶级和国家看作是动态发展的过程，强调根据社会发展的实际制定正确的策略。"在每个发展阶段，在每一时刻，无产阶级的策略都要考虑到人类历史的这一客观必然的辩证法，一方面要利用政治消沉时代或龟行发展即所谓'和平'龟行发展的时代来发展先进阶级的意识、力量和战斗力，另一方面要把这种利用工作全部引向这个阶级的运动的'最终目的'，并使这个阶级在'一天等于二十年'的伟大日子到来时有能力实际完成各项伟大的任务。"①

除了论述阶级的定义和斗争策略外，经典马克思主义还论述了阶级特别是无产阶级的形成。关于阶级的形成马克思提出了"什么事情形成阶级"②，"什么事情使雇佣工人、资本家、土地所有者成为社会三大阶级"③的命题。虽然马克思没有对此进行系统地论述，但是指出阶级的形成是由建立在生产力基础上的生产关系决定的。除了指认阶级的形成与生产关系有关外，还认为社会关系也决定了阶级的形成，这也是列宁意义上的阶级定义。经典马克思主义特别强调阶级形成中的剥削因素，正是由于剥削的存在，形成了阶级的对立与冲突，在资本主义社会则形成了工人阶级与资产阶级的对立。"马克思主义阶级分析的特别之处并不在于它简单地强调阶级冲突的重要性，其特别之处在于它把冲突的产生理解为是由阶级关系的本质特征所决定的，而不是依情况而定的。剥削者界定了相互依存的对抗性利益的结构，在这一结构中，剥削者的利益取决于他们对被剥削者实施伤害（惩罚）的能力。"④ 正是在这种反对剥削的利益斗争中，无产阶级逐渐形成，并从自在阶级转变为自为阶级。

总的来看，马克思主义经典作家各自从不同角度对阶级及工人阶级进行了分析，基本上以不同社会集团对生产资料的占有关系作为划分阶级的标准，从剥削关系的角度指出工人阶级与资产阶级是资本主义社会的两大对立阶级，工人阶级是受压迫和异化程度最深的阶级，是最具革命性的阶级，只有工人阶级才能担负起社会变革的重任。但在社会阶层的分化、工人阶级的构成和形成机制方面探讨不足。但无论是在资本主义条件下还是

① 《列宁选集》第2卷，人民出版社1995年版，第443—444页。
② 《马克思恩格斯全集》第25卷，人民出版社1974年版，第1001页。
③ 同上。
④ ［美］埃里克·欧林·赖特：《阶级分析方法》，马磊、吴菲等译，复旦大学出版社2011年版，第31页。

在社会主义条件下，工人阶级始终是革命和建设的主体，阶级斗争理论依然是我们认识社会的法宝。

二 汤普森的工人阶级形成理论

汤普森的工人阶级形成理论的时代背景是英国宪章运动和工业革命时期，其时间跨度从 17、18 世纪到 19 世纪初。理论文本主要有《英国工人阶级的形成》和《18 世纪的英国社会：没有阶级的阶级斗争》。《英国工人阶级的形成》为整个一代劳工研究学者提供了有效的研究议程，为丰富和完善马克思主义的阶级形成理论提供了一个很好的范例，为整个工人阶级历史的研究带来了革命性的突破。汤普森的工人阶级形成理论的确产生了巨大的世界影响。这个理论的主旨是：通过考察工人阶级的形成历史，为工人阶级的革命意识的培养和道路的选择提供理论指导。汤普森之所以遭到英国左派的攻击，其原因就是没有搞清楚汤普森工人阶级形成理论的原理论和过程论的区别。"其中，原理论主要涉及工人阶级的本质、概念与形成机制等问题，而过程论则是对工人阶级形成过程中不同发展阶段的具体分析。"[①] 汤普森强调理论与实际相结合的辩证法，认为不能脱离分割原理与过程之间的关系，因为原理是过程的总结，过程是原理的具体化。应该说这是非常正确的，也是很多批评他的人所忽视的。

汤普森详尽阐述了以下内容：首先，他论述了 18 世纪以来英国流传下来的人民传统，这包括四个方面：其一，清教非国教派的思想与传统。其二，人民自发而无组织的行为，主要表现为群众暴动、骚乱等。其三，英国人对"生而自由"的认同和作为英国人 的自豪感。其四，法国大革命时期所激发的英国"雅各宾传统"。其次，他详述了英国工人阶级的"经历"。这些经历包括政治、经济、文化等一切社会生活领域，这也开辟了研究工人阶级日常生活的先河。最后，他将工人阶级的形成放在其政治斗争的领域内进行考察，揭示了工人阶级形成过程中传统、意识形态和社会组织等形式的影响。

汤普森突破了传统的马克思主义的经济决定论和对阶级的结构化定

---

① 张亮：《阶级、文化与民族传统——爱德华·P. 汤普森的历史唯物主义思想研究》，江苏人民出版社 2008 年版，第 61 页。

义，重建了工人阶级的形成历史，强调了文化等上层建筑在阶级意识形成过程中的作用。总的来说，汤普森的工人阶级形成理论主要有如下几个方面的成就：其一，重建了阶级的定义。汤普森认为阶级是一种历史现象，而不是一种结构。"我强调阶级是一种历史现象，而不把它看成一种'结构'，更不是一个'范畴'，我把它看成是在人与人的相互关系中确实发生（而且证明已经发生）的某种东西。"① 阶级的产生是一个历史过程，是在真实的人和真实的社会关系中展现出来的。其二，工人阶级的本质是一种关系。"阶级是一种关系，而不是一个东西，那就不会这样来思考了。'它'之存在，既没有典型化的利益与觉悟，也不像病人躺在整形医生的手术台上那样让人随意塑造。"② 他所理解的关系是马克思意义上的一切社会关系，既包括经济关系也包括政治关系、思想关系等。在这些历史关系中，产生了阶级经验和阶级意识，它们之间具有一种辩证关系，但要实现从阶级经验上升到阶级意识必须依赖文化等非经济因素。其三，从工人阶级的经历中分析阶级的形成过程。汤普森从其经验主义原则出发，详细分析了众多个人生活的经历，并指出当人一出生事实上就进入了某种生产关系和社会关系之中，而在这些关系中处于相同地位的人的相似经历就构成了阶级的经历，但这只是构成阶级的第一步，因为阶级的构成需要文化、意识形态、法律等上层建筑的共同作用。当一批人由于有共同的经历（继承或分享的）感受到或清楚地表达了他们彼此之间有共同利益，他们的利益与其他人不同（而且时常对立）时，阶级就出现了。换句话说，只有产生阶级觉悟，阶级才形成。

汤普森的工人阶级形成理论对阶级概念和阶级形成史的重建产生重大而深远的影响，他坚持历史唯物主义原则，从工人阶级的国别史角度对阶级进行考察，其主要理论成就是："以英国工人阶级为范例，揭示了工人阶级从无到有、从'自在的阶级'到'自为的阶级'的一般发展历程，并对不同发展阶段的形成机制进行了深入分析，为研究其他国家、地区、族群工人阶级的形成提供了科学的理论范式；在坚持资本主义生产方式的归根到底的决定作用的前提下，充分证明了文化传统在工人阶级形成过程中

---

① ［英］爱德华·P.汤普森：《英国工人阶级的形成》，钱乘旦等译，译林出版社2001年版，前言第1页。

② 同上书，第3页。

的重要作用、乃至在特定发展阶段的决定作用。"①

三　汤普森工人阶级形成理论遭到的批判

汤普森是英国第一代新左派的代表人物之一，自《工人阶级的形成》出版开始就遭到杰拉德·科恩（G. A. Cohen）、佩里·安德森（Perry Anderson）等英国马克思主义学者的激烈批判，批判主要发生于 20 世纪 70 年代末和 80 年代初。

科恩是分析的马克思主义的倡导者，他试图用分析哲学的方法将马克思的历史唯物主义思想更清晰地揭示出来，在其代表作《卡尔·马克思的历史理论———一种辩护》中批判了汤普森对阶级的所谓结构性定义。首先，他认为只有在生产资料的所有权关系中才能正确定义无产阶级，"无产者是必须出卖其劳动力以获得生活资料的处于从属地位的生产者。……它定义阶级是根据其成员在经济结构中的地位，以及他们在其中的实际权利和义务。一个人的阶级地位只能由他在所有制关系网中的客观地位来确立，而不管有效地确定辨别这种地位会有多困难。他的意识、文化和政治不进入他的阶级地位的定义。"② 科恩认为这就是马克思主义对阶级的结构性定义，而汤普森反对这种结构性定义，科恩从以下几个方面对汤普森提出了批评。其一，汤普森从"生产关系不是机械地决定阶级意识"的真命题错误地推出了"阶级不可完全根据生产关系来界定"的命题，他的错误在于一旦假设"阶级是由生产关系构成的，那就不可避免地产生一种忽视丰富多彩的历史过程的机械的马克思主义。问题不在于其对手的前提，汤普森没有反驳它的正确性，而在于他草率地由它作出的推论。"③ 其二，汤普森对生产关系的共同性与阶级的关系，以及"自为阶级"和"自在阶级"之间的区别理解不清。马克思的"自在阶级"恰恰表明一个阶级不需要意识到自身。其三，汤普森否认阶级是"物"，错误地认为阶级可以被说成事件或过程，但不能说是一种物，这种说法是自相矛盾的。其四，汤

---

① 张亮:《阶级、文化与民族传统———爱德华·P. 汤普森的历史唯物主义思想研究》，江苏人民出版社 2008 年版，第 65 页。

② ［英］G. A. 科恩:《卡尔·马克思的历史理论———一种辩护》，段忠桥译，高等教育出版社 2008 年版，第 92 页。

③ 同上书，第 94 页。

普森的"工人阶级的形成"的概念在上述错误的论断下导致歧义，无法真正解释工人阶级的形成过程，"它可以指英国工人阶级转变为它过去不曾是的集团……它还可以指英国工人阶级是由还不是一个阶级而只是'那么多的人处于对生产资料的一定关系中'的集团形成的。"① 因此，在科恩看来，汤普森的阶级定义只是按照阶级意识和文化而非生产关系来定义阶级。

安德森是英国第二代新左派，由于政治立场和理论诉求不同，他将汤普森等英国第一代新左派赶出了《新左派评论》编辑部，随后他对汤普森的政治立场和学术观点进行了强烈批判。面对批判，汤普森发表《英格兰的特性》、《理论的贫困》等文进行反击，而安德森对汤普森的批判主要体现在《英国马克思主义的内部争论》一书中。其观点主要有：其一，汤普森没有揭示杂乱无章的下层阶级如何被纳入资本的统治下，成为依附于机器的工人阶级的。其二，汤普森忽略经济的客观决定作用，过于强调大众文化传统等主管因素对阶级形成的影响。其三，汤普森拒绝了阶级的结构性定义，具有主观主义和唯意志论的倾向。

伍德认为他们对汤普森的批判都是片面和极端的，都是非历史的世界观。对他们来说，结构的必然性和经验的偶然性之间不存在任何联系，也没有在历史规定的结构性过程中给人的作用留下任何空间。安德森和科恩认为汤普森拒绝了阶级的结构性定义，仅仅按照文化和意识形态来界定阶级，并误认为汤普森不承认马克思的"自在阶级"和"自为阶级"的划分，但其实这些观点都是对汤普森的误解，汤普森的主要目的不是去定义阶级的概念，而是去考察工人阶级形成的过程。汤普森之所以被指责为唯意志论和主观主义者，不是因为他忽视阶级的客观和结构的决定，而是因为"他拒绝将阶级形成的过程（这是他主要关心的事情）归为从'客观'的物质决定领域中分离出来的偶然性和主观性的领域，而那些批判他的人正是这样做的。"② 汤普森坚持了历史唯物主义原理，将阶级的形成过程作为物质规定的"逻辑"所形成的历史过程来研究，认为阶级是一种仅在过程中才能看到的现象，阶级形成是历史过程

① ［英］G. A. 科恩：《卡尔·马克思的历史理论——一种辩护》，段忠桥译，高等教育出版社 2008 年版，第 96 页。
② ［加拿大］艾伦·伍德：《民主反对资本主义——重建历史唯物主义》，吕薇洲等译，重庆出版社 2007 年版，第 81 页。

的结果。

科恩和安德森对汤普森的批判不仅是学术争论，更是理论路线的争论。所谓理论路线之争指的是历史主义与结构主义之争。汤普森在工人阶级形成问题上反对结构主义基于现实无产阶级政治实践的考量，强调工人阶级的革命主体性，而不至于沦落为精英政治可有可无的附属品。他们之所以认为汤普森忽略客观决定作用，过于重视文化传统的作用，具有主观主义和唯意志论倾向主要有几个原因：一是汤普森本人对工人阶级形成理论的阐述不够系统和严密，留下了批判的空间。二是科恩和安德森与汤普森的理论视角不同，前者采取反思的视角，而后者采取历史发生学的视角。三是科恩和安德森对历史唯物主义的理解具有经济决定论的倾向，过于忽视大众文化传统、意识形态等上层建筑的反作用。

四 伍德视角的汤普森工人阶级形成理论

伍德对汤普森的工人阶级形成理论是持认同态度的。她对汤普森工人阶级形成理论的阐释立足于经典马克思主义关于阶级划分标准和阶级定义的基础之上，也受到分析学马克思主义和结构主义马克思主义的影响。

其一，伍德指出，汤普森以研究英国工人阶级的形成为基础，坚持并发展了马克思的历史唯物主义。汤普森对英国工人阶级的形成历史的研究前提是："生产关系将人们划分为不同的阶级状况，阶级状况必然导致人们在根本利益上的对抗和冲突，由此形成了阶级斗争的条件。"[1] 正是在阶级斗争的过程中，阶级的形成和阶级意识就产生了，由此就形成了具有某种共同利益和意识形态的集团，因此汤普森就认为阶级斗争要先于阶级。而伍德指出，之所以汤普森被指责成唯意志论和主观主义者，并不是因为汤普森忽视了阶级形成的客观和结构的决定因素，而是因为"他拒绝将阶级形成的过程归为从'客观'的物质决定领域中分离出来的偶然性和主观性的领域，而那些批判他的人正是这样做的。"[2] 汤普森抛弃了这种静态的、封闭的决定论，坚持从社会关系和社会价值观的变迁中分析阶级的形成，并认为阶级只有从这一过程中才能发现。

① ［加拿大］艾伦·伍德：《民主反对资本主义——重建历史唯物主义》，吕薇洲等译，重庆出版社 2007 年版，第 80 页。
② 同上书，第 81 页。

其二，伍德指出，汤普森对工人阶级的形成强调的是他们的"经历"和过程。汤普森在《英国工人阶级的形成》一书中要表达的中心思想是：工人阶级的出现是1890—1932年工人之间复杂和矛盾的阶级经历的产物。这里的经历是客观决定的效果，也即生产关系和阶级剥削。这个过程是由生产关系决定的，它决定了阶级形成的先在结构，但要形成阶级也必须依赖于大众文化、政治意识形态等上层建筑。"区别生产方式对阶级的构筑以及阶级形成过程这二者之间的不同并不是无关紧要的，也不是在理论上微不足道的。……马克思主义的阶级理论所必须承担的主要任务不是要识别阶级的定位，而是要揭示与说明阶级形成的过程。"① 伍德认为必须在阶级形成和生产关系之间引入"经历"范畴，只有如此才能体现生产关系的决定作用和阶级形成的具体过程。虽然汤普森注重与工人阶级形成中的大众文化和意识形态的强调，但他并没有否认工人阶级所经历的转变所依赖的客观物质条件（资本积累和工业化），客观物质条件为工人阶级的形成提供了基础，这实际上正凸显了具有文化和价值观的工人阶级在自我形成过程中的能动作用。"承认工人阶级的自觉活动不仅是汤普森历史理论的核心，也是其政治理论的核心。"② 汤普森的目的不是否认在缺乏阶级意识时阶级的存在状况，而是揭示"阶级"如何形成社会过程，不管是在其初始还是成熟阶段上。汤普森也没有否认产业革命对阶级及阶级意识形成的影响，而是去努力对这一影响进行阐释。汤普森指出在形成工人阶级的过程中工人阶级的"形式从属"与"实际从属"的两种形式，这两种形式正是由于"经历"而不是单纯的客观物质条件所带来的结果，"事实上，生产关系与阶级形成之间的联系可能永远不会以任何其他方式被人察觉到，因为人们实际上从来都不是直接以阶级形成的方式聚集在生产过程中的。……他们超越个体单位以阶级的方式进行聚合则是一种完全不同的进程，这取决于他们对共同经历和共同利益的意识，以及由此而采取行动的倾向。"③ 伍德认为汤普森正是在坚持大众文化连续性的基础上，揭示了在阶级发展过程中实际的社会力量和过程的重要性。

其三，伍德指出，汤普森反对否定工人阶级通过阶级斗争实现社会主

① ［加拿大］艾伦·伍德：《民主反对资本主义——重建历史唯物主义》，吕薇洲等译，重庆出版社2007年版，第81页。

② 同上书，第93页。

③ 同上书，第92页。

义革命的观点。伍德认为汤普森在对待社会主义革命主体这个问题上坚持了马克思主义的阶级观和历史观，汤普森相信只有工人阶级才具有批判资本主义的精神，只有这个阶级才具有自觉能动性，才能消灭剥削和压迫，实现人类的解放。但是随着国际政治经济形势的发展，发达国家阶级恶化社会结构的变化，"西方马克思主义从对社会主义的民主理解滑向在理论上否认工人阶级通过阶级斗争成为社会改造的主要力量，以及把工人阶级的这种作用向其他的社会活动，尤其是向知识分子的转移。"① 伍德认为汤普森力图改变这种错误的观念，重新强调工人阶级的阶级行动是主动性和受动性的统一，他们会实现从"自在阶级"向"自为阶级"的转化。汤普森认为西方马克思主义的霸权体现在阶级斗争并带有被统治阶级自觉活动和反抗的印记，但反对对于阶级静态的分析，而应该关注阶级的形成历史过程。正是通过历史过程或经济，工人阶级才最终形成，并从理论上回答了马克思的工人阶级是如何从经济的生产者转变为政治的行动者的。汤普森的《英国工人阶级的形成》一书极大地扩展了工人阶级的历史认知，突破了传统马克思主义的经济决定论和技术决定论，突出了文化和意识形态等因素对阶级意识形成的重要作用。

总的来看，伍德对汤普森工人阶级形成理论的阐释是非常精辟到位的，但由于种种主客观原因，她的阐述又具有某种视阈遮蔽和理论矛盾的问题，这主要表现在以下几个方面：

第一，伍德的阐释揭示了资本主义社会的剥削和不平等的现实和工人阶级异化的现状，丰富了我们对实现社会主义变革路径和依靠力量的认识。伍德认为现实资本主义社会是一个由资本操控的社会，资本主义并没有实现真正的民主，反而其资本积累和利润最大化的逻辑实现了全球扩张，工人阶级成为资本的附庸，成为现代化技术的奴仆，工人阶级丧失了对生产和社会的总体控制。伍德认为马克思主义的阶级斗争理论和历史唯物主义的分析方法是我们批判当代资本主义社会和进行社会主义革命所必不可少的工具和武器。工人阶级的阶级意识和革命意识出现了严重的削弱，工人阶级同资本主义出现了某种程度的同一化。但伍德认为尽管工人阶级仍然处于弱势，但其革命斗志并没有消失，工人阶级处在资本主义社会中受压迫和剥削最深的阶级的地位，工人阶级没有消亡，现阶段只是缺

---

① [加拿大] 艾伦·伍德：《民主反对资本主义——重建历史唯物主义》，吕薇洲等译，重庆出版社 2007 年版，第 104 页。

少有效的措施将工人阶级的力量统一起来，激活他们的革命斗争和行动罢了。因此要实现社会主义革命，必须在实现工人阶级的阶级利益的同时建立一个强有力的政治组织来保证工人阶级的阶级斗争不至于走向权力话语的陷阱。我们的社会主义革命必须依靠广大工人阶级及其同盟军，坚持不懈地同资本主义进行斗争，强化工人阶级的阶级意识，维护好工人阶级的利益，脱离资产阶级的意识形态控制，走上工人阶级的自我解放与人类解放之路。

第二，伍德的阐释凸显了工人阶级形成过程中的日常生活的价值。将过去注重工人阶级的阶级政治研究转变到对工人阶级丰富的日常生活的研究，深化了西方马克思主义日常生活批判的理论，扩展了工人阶级进行革命意识培养和革命活动的领域。以往的工人阶级研究从宏观方面抽象地将工人阶级的活动当作劳工运动来对待，忽视对工人阶级自身生活的考察，而这势必忽视工人阶级合理的利益诉求，不能有效地将工人阶级的利益同社会主义的阶级政治统一起来，使工人阶级有被资本主义体系整合的危险。而伍德指出汤普森从工人的丰富的经历中探寻其阶级意识形成的条件，这些经历包括政治层面的宏大叙事：罢工游行、秘密起义等，更包含着日常生活方面的经历：民谣、交易会、歌舞表演、宗教传统、爱情婚姻等。这些经历无不成为汤普森研究的范围，成为其构建工人阶级形成理论的基础。伍德认为汤普森的对工人阶级日常生活的阐释无疑使我们摆脱了传统僵化的工人阶级认识，实现了我们对工人阶级真实生活的认识，工人阶级不仅存在于政治生活中，也存在于文化、娱乐、休闲等丰富多彩的日常生活中。

第三，伍德的阐释加深了我们对英国马克思主义内部关于马克思主义阶级理论和唯物史观的认识。自汤普森提出工人阶级形成理论之后，就遭到了英国新左派的激烈批判，这以科恩和安德森的批判为主要代表。科恩是分析学马克思主义的主要代表人物，他认为阶级可以从"结构"上进行定义，但汤普森拒绝了结构性的定义，并从纯粹的阶级意识和文化层面来定义阶级。安德森作为英国第二代新左派的领军人物支持科恩的观点，认为汤普森过于忽视客观的生产方式和社会结构对阶级的决定作用，指责其阶级定义过于唯意志论和主观主义，犯了先入为主的错误。但伍德指出，他们没有真正理解结构决定的含义，他们将结构仅仅理解为与过程对立的东西，而汤普森则看到了结构为结构制约的过程，结构不应该理解成孤立静止的东西，而应该同生产关系和文化意识形态等上层建筑联系起来，阶级的形成只是历史过程的结果。汤普森认为历史是由主体创造的，工人阶级则是这一历史主体，他们内在地具有反抗资本主义和剥削的革命意识和现实条件。工人阶级的形成问题已经成为英国马克思主义内部对于政治理论和路线争论的焦点问题，科恩和安德森对汤普森的批判一方面是由于汤普森对工人阶级形成的理论本身缺乏系统阐述，留下了诸多的理论问题；另一方面科恩和安德森对唯物史观的内涵和工人阶级的形成考察的视角同汤普森不一样。前者强调一种静态的结构主义分析，将唯物史观的理解存在经济决定主义的倾向，后者强调阶级的"结构性"定义没有考虑生产关系对阶级形成的影响，不能解释人们如何组成资本控制下的，成为机器附庸的工人阶级，以及他们所具有的作为整体阶级行动的倾向。

第四，伍德的阐释存在着方法论和理论视域遮蔽的问题。从方法论上看，伍德通过对汤普森工人阶级形成理论的阐释，提出了其颇具特色的中介理论或中间环节理论，深入地剖析了处于抽象层面的生产关系与处于具体层面的阶级形成之间的关系，将马克思主义的阶级形成理论从一般规律的解释发展到具体过程的演变上来，强调应该按照历史发生学的逻辑来认识工人阶级乃至所有阶级的活动，不应该将工人阶级限定在静止和抽象的理论层面，应该将工人阶级的活动与阶级政治联系起来，扩大工人阶级的同盟军，深化工人阶级的革命意识，实现葛兰西意义上的文化领导权。她认为，在社会存在与社会意识之间必须要有一个中介才能实现它们两者之间的贯通，她用"经历"这一具有明显经验论色彩的术语来表达，但实际上从"经历"的视角来界定阶级的形成是有很大局限性的，因为"经历"无法使得工人阶级在所有阶段都能意识到自身的利益，但这并不表明阶级就不能形成和产生，伍德从纯粹历史学角度进行的分析抛弃了马克思的历史本质论，走上了历史虚无主义和后马克思主义的多元话语建构之路。从理论视域上看，伍德过于强调了汤普森工人阶级形成理论中的大众文化和意识形态等上层建筑的重要性，忽视了国家以及其他社会力量对工人阶级形成的影响。实际上工人阶级的形成是一个动态综合的过程，是由多种政治经济文化力量共同作用的结果，而对工人阶级内部的性别差别、阶层差别、利益差别以及它们对工人阶级的阶级意识和行动产生的影响等汤普森都没有作出一个明确的回答，这也是伍德所忽视的。

第三节　伍德对传统革命主体的坚守

伍德从历史唯物主义的阶级政治学说出发，指出在资本主义全球化时代，工人阶级的阶级意识和阶级结构发生了重大的改变。工人阶级虽然面临被资本主义整合和全面异化的危险，但作为革命主体的地位不仅没有改变，反而在全球化时代更加凸显。现在需要的是将各个民族国家中的工人阶级团结起来，批判取消阶级政治的行为，将反对资本主义的全球运动转变成政治运动，实现工人阶级的世界性联合，完成从资本主义的仆人向资本主义掘墓人的转变。工人阶级最终实现对资本主义社会的政治领导权和文化领导权。

一　工人阶级的发展变化

在传统马克思主义的话语中，工人阶级是资本主义社会中遭受压迫和剥削最深的阶级，处于全面异化的状态，代表着对资本主义制度的否定，担任着资本主义"掘墓人"的角色，但由于资本主义社会的政治、经济等方面的变化，他们的阶级意识和阶级结构等方面也发生着复杂的变化，这突出地表现在理论和现实两个方面。

1. 左派理论中的工人阶级

伍德认为一些左派理论家打着发展马克思主义的旗号，背离马克思主义的传统，从"阶级政治"走向"话语政治"或"身份政治"。所谓阶级政治是指"一是按照人们在生产关系中的经济地位或客观利益来定义不同的阶级，认为经济地位或客观利益与阶级地位是一体的，经济地位或客观利益决定不同群体的阶级归属；二是认为资本主义在社会结构的划分上最终会走向一个同质化的过程，即所有阶级最终分化成资产阶级和无产阶级两个阵营；三是商品和资本的逻辑必然导致无产阶级的极端贫困化，而经济上极端贫困化的无产阶级必然滋生反抗意识，从而使得无产阶级天生是推翻资本主义制度最坚定和最强大的力量。"① 简而言之，马克思主义意义上的阶级政治强调

---

① 王平：《拉克劳和墨菲后马克思主义激进民主政治的三重向度》，《中国人民大学学报》2012年第1期。

阶级是由客观经济利益和地位决定的，阶级本身存在着必然分化的过程，由于资本与劳动的对立，工人阶级天然地成为受压迫最深的阶级，具有反抗资本逻辑和资本主义统治的内在政治需求，工人阶级天然成为社会主义革命的主力军。在后马克思主义的语境中，话语政治是指一切事物都是话语建构的，政治与社会也不是客观存在的，也是由话语构建的，并不存在占主导地位的阶级或群体；一切群体或集团及其行动都在话语空间中被构建，斗争的主体也不专属某个阶级，而是多元的，成为革命的领导者也不是由于客观的经济利益，而是在话语合理化力量下吸引其他群体加入自己阵营并获得认同；他们的存在也不是永恒的，而是随着话语建构机制的衰退和激进运动的结束而结束。身份政治是在话语政治的语境中存在的，指的是话语建构了一切政治活动和主体，主体的身份是首要的，不能用马克思主义的阶级来代替或消解主体的身份性或差异性，因此，政治斗争的内在动力是身份的确证，而不是阶级的物质利益，身份政治注重话语的连接，通过话语的连接消解了人们的疑虑，实现了人们对自身身份的认同，同时被纳入到民主化和规范化的话语实践的机制中。左派认为工人阶级没有像马克思期望的那样发动一场革命运动，工人阶级的力量更加分散，无法对抗资本主义，只有在资本主义的夹缝中透过各种特定的、分散的斗争争取得到多一点的政治空间。后马克思主义和后现代主义就认为工人阶级无法实现传统马克思主义的目标，先后将知识分子、学生、"新社会运动"以及除了工人阶级之外的任何其他人指定为历史代理人（假如他们还相信历史或代理人的话）。今天，工人运动完全在最时髦的左派理论与政治中消失，而全球化似乎更是对工人运动的最后一击。"人们已不再认为有充分理由去建构一个群众性的政治运动，一个包容和广泛的政治力量，就像过去那些工人阶级政党所希望做到的那样。换言之，阶级作为一个政治力量，跟作为政治目标的社会主义理想同时消失。"①全球化实质是资本主义的普遍化，但资本主义的普遍化不只是一种成功的标志，也是其失败的来源，是一种矛盾的过程。资本主义的不断普遍化不仅是其力量的显示，而且是一种疾病，是一种不断扩散的癌症。它会像毁灭自然一样，毁灭社会组织。

伍德认为，对于后马克思主义者来说，资本主义的普遍化恰好成为他们抛弃马克思主义的原因。普遍化的资本主义既被资本主义的民主和消费

---

① Ellen Meiksins Wood, Labor, the State, and Class Struggle, Monthly Review, Vol. 49, No. 3 (July-August 1997).

主义支配，又开辟了全新的民主反抗与斗争的舞台，这些斗争要比旧的阶级斗争更为分散，不可能真正地反对资本主义，因为资本主义目前达到的整体化程度使它的确成为不可替代的，而且还可能是我们所能得到的最好的世界。但资本主义只能使其矛盾、贫富分化、剥削与被剥削普遍化，它的成功正是它的失败。现在资本主义已经无路可逃，不再有"安全阀"，在其自身的内在规律之外也不存在改良的途径。即使在非战争时期或在未卷入帝国主义内部对抗的旧方式之中时，它也要陷入恒久的紧张与矛盾中。"由于资本主义多少已经到达其地理界限，即支撑其早期成功的那种空间上的扩张已经结束，所以目前它只能是自己养活自己。它赖此取得的成功越多，换句话说，它所追求的利润或所谓的增长越大，它对人类或自然资源的吞噬也就越严重。"① 因此，对左派来说，此时不仅应把资本主义的普遍化看作是一种失败，也应把它看作是一种机遇。而这首先意味着，对于那不再时髦的东西——即阶级斗争——而言也是一种机遇。这是因为在资本主义普遍化的过程中，由资本逻辑驱动的经济理性扩展到全球，势必导致全球发展的不平衡，产生严重的生态危机、社会危机，使人们认识到资本主义的本质，激起人们的斗争热情。

2. 工人阶级的变化

首先，工人阶级所处社会环境的变化。第二次世界大战以后，西方发达国家出现了长期繁荣，呈现出一些新的特点。很多学者冠之以丰裕社会（加尔布雷斯语）、后工业社会（贝尔语）、后资本主义社会（德鲁克语）、消费社会（鲍德里亚语）、景观社会（德波语）等，认为西方社会的结构经历了从"哑铃型"或"金字塔型"社会到"菱型社会"或"钻石型社会"的转变。伍德指出，这个时代同新的"真正的"社会主义、后马克思主义所标榜的不一致，不是所谓的后现代社会，只是资本主义内在矛盾和运行法则的普遍化，"这是一个资本主义控制的历史时期。……一是因为资本主义具有全球性，二是因为资本主义渗透了社会生活的方方面面和整个自然环境。……资本主义的商品化、积累、利润最大化和竞争逻辑影响着整个社会秩序。"② 这种整体化的资本主义必然会限制人的自由，导致人的异化，造就了单向度的人和社会，这个社会中一切都被技术所主导，技

---

① Ellen Meiksins Wood, Back to Marx, Monthly Review, Vol. 49, No. 2（June 1997）.

② ［加拿大］埃伦·伍德、约翰·福斯特主编：《保卫历史：马克思主义与后现代主义》，郝名玮译，社会科学文献出版社 2009 年版，第 15 页。

术理性和经济理性逐渐控制着人的思想和行为。

其次，工人阶级的数量和结构的变化。随着科学技术的发展和劳动分工的国际化，雇佣劳动者的数量越来越大，但是蓝领工人减少，白领工人增多，传统意义上的产业工人边缘化。"一方面，白领工人比蓝领工人有较高的收入、社会地位和教育水平，因而表现出求稳怕变的特征。另一方面，由于生产科技化水平的不断提高，西方社会出现了伴随'白领失业浪潮'而产生的更大的精神压力。此外，由于社会财富迅速增加，工人和整个社会在资本主义高生产、高工资、高消费的引导下，向消费主义方向发展，产生了非政治化倾向。"①

最后，工人阶级与资本主义关系的变化。资本主义一方面继续在政治上压迫和经济上剥削工人阶级；另一方面从文化意识形态上消解工人阶级的革命意识，使其认同资本主义的统治。资本主义国家借助新技术革命，实行社会福利政策和保障制度、工人参与企业管理、员工持股计划等，改变了阶级结构和阶级意识，实现了资本主义国家战后较长的和普遍的繁荣，缓解了西方的两极分化和社会的阶级矛盾。"西方资本主义国家的社会福利政策在战前就已存在，战后则得到了广泛的发展，并形成了一套相当完善的福利制度，范围也越来越广。生老病死、伤残孤寡、交通、教育、住房、休假等无一不在其内。……吸收工人参与企业管理，形成劳资合作的形式。"②而工人阶级随着消费社会和信息社会的来临，越来越呈现出同资本主义一体化的趋势。这主要表现在四个方面：第一，生产方式的一体化。随着高新技术的发展，体力劳动者和脑力劳动者之间的差别日益缩小，工人与资本家都被机器和技术所管理，都受经济理性和技术理性的控制。第二，经济利益的一体化。在当代资本主义社会的经济活动中，工人和资本家因为同公司的利益息息相关而越来越相互依存。第三，生活方式的一体化。由于科技的发展，工人阶级和资产阶级在生活标准、消费方式和生活理想上趋于一致。第四，意识形态的一体化。"工人阶级的绝大部分被资本主义社会所同化，这并不是一种表面现象，而是扎根于基础，扎根于垄断资本的政治经济之中的，宗主国的工人阶级从超额利润中，从新殖民主义的剥削中，从军火

---

① 吴宁：《工人阶级终结了吗——兼析 A. 高兹的〈告别工人阶级〉》，《社会》2010 年第 3 期。

② 李青宜：《西方马克思主义的当代资本主义理论》，重庆出版社 1990 年版，第 53 页。

和政府的巨额津贴中分得好处。"① 由于经济利益、生活方式和政治追求上的一体化，以及西方消费主义文化的盛行，工人阶级逐渐认同资本主义制度，丧失了革命的批判精神和革命的意识，成为"单向度的人"，甚至成为资本主义社会的支柱，工人阶级对现存社会的反抗和批判意识大大弱化。

二　工人阶级的革命主体地位

伍德认为，工人阶级的阶级意识是其革命主体确立的首要条件。马克思在《路易·波拿巴的雾月十八日》中区分了"自在的阶级"与"自为的阶级"，前者是指在生产关系的共同性对于阶级结构是必要但不充分的，只要当聚集起来的人意识到他们共同的地位和利益时，阶级才得以形成；后者是指意识到自身作为一个阶级是与其他阶级相对立，并相应采取行动的阶级。在意识到自身的利益并采取阶级斗争的方式来维护之时，"自在的阶级"转变成"自为的阶级"。阶级的形成并不是基于资本与劳动之间的对立，而是基于政治意识。马克思还指出："无产阶级在反对有产阶级联合力量的斗争中，只有把自身组织成为与有产阶级建立的一切旧政党不同的、相对立的政党，才能作为一个阶级来行动。"② 这是对有组织的权力斗争的强调，工人阶级必须在不断进行的社会主义运动中发展自身的组织和形成牢固的阶级意识。只要工人阶级在其中作为一个阶级与统治阶级相对抗并试图从外部用压力对统治阶级实行强制，任何运动都是政治运动。工人阶级在形成时期的特别之处在于不同类型的工人以一种新的组织形式和意识不同程度地结合起来。"尽管在'前工业的'与'工业的'劳动形式之间存在着表面上的差异，但这些不同的工人受同样的资本主义剥削逻辑以及愈益加剧的剥削的支配，这成为那一时期的标志性特征，并在屈从于资本的工人阶级中间形成共同的阶级利益与共同体验。"③ 工人阶级的阶级意识产生于阶级对历史趋势和现实斗争的主观感受。

---

① ［德］赫伯特·马尔库塞等：《工业社会与新左派》，任立译，商务印书馆1982年版，第84页。

② 《马克思恩格斯选集》第2卷，人民出版社1995年版，第611页。

③ ［加拿大］艾伦·伍德：《新社会主义》，尚庆飞译，江苏人民出版社2005年版，第103页。

伍德认为工人阶级的形成并不是偶然的,有客观的物质利益。工人阶级的形成既是资本主义生产力发展的结果,又是政治教育和组织行动的结果。而新的"真正的"社会主义者认为工人阶级不具有优先性,工人阶级与其他社会集团在他们的利益与社会主义目标的结合程度上并没有区别。"它包含着这样的意思,即除非被转化成为政治目标和协调的政治行动,否则,物质利益就不存在。这必然意味着,在决定工人的生活境况与体验问题上,资本主义剥削的状况比起其他触及他们生活的状况与偶然性因素来说——这也可能意味着,对于涉及人类社会生活构成中生产关系与剥削关系的核心性这一历史唯物主义的首要原则的质问——不会更为重要。"① 一方面,工人阶级比起其他非剥削的对象的人来说所受的剥削并不是很严重,不存在物质利益,只存在随意构建起来的关于物质利益的观念和想法。这是将剥削关系和阶级关系从劳工运动中剥离出去的做法,无法理解工人阶级的物质利益与社会主义斗争的关系。另一方面,由于政治与意识形态的相对独立性,传统的工人阶级并不是革命的因素,也不适合社会主义,因为它是由物质条件来决定,脑力劳动者则能自由地追求理性的和人道主义的目标以及公民的美德。这种观点是将物质利益贬低为积极的政治冲动的来源,将利益与美德截然对立起来,认为被利益驱动的人在道德上是沦丧的,实际上工人阶级正是在客观的物质利益的驱动下才进行政治斗争的,否则,社会主义的政治理想只能是一个空洞的乌托邦。

马克思主义认为,工人阶级之所以具有革命性,是因为被资本主义剥削的经历,是被剥削阶级同资本产生了全方位的矛盾。工人阶级具有建立一种新的、非剥削性的生产方式的能力,使其成为有别于资本主义社会中任何别的社会或政治力量的集体生产者,成为社会主义不可缺少的因素。但新的"真正的"社会主义者将政治从阶级中分离出去,认为政治与经济之间的关系是偶然的和随机的,"在任何政治组织与竞争不完全与阶级组织、阶级矛盾相关联的地方,物质条件与阶级关系都明显不是重要的决定性因素;既然不存在独立的阶级利益,政治组织与计划就不能说成是很好地或者是很差地代表了某种阶级的利益。"② 这意味着工人阶级与其他阶级相比并不是更加愿意取消剥削,工人阶级不再比其

---

① [加拿大] 艾伦·伍德:《新社会主义》,尚庆飞译,江苏人民出版社 2005 年版,第71页。
② 同上书,第115页。

他阶级更加赞同社会主义方案，也不会进行有效的社会主义斗争。但实际上工人阶级正是在受压迫和奴役中确证了自身的异化，在资本主义的社会关系中不能得到满足，不可避免地同资本的利益相冲突，这会将斗争带向资本主义权力的中心，"不仅如此，既然工人阶级创造了资本，既然生产的组织和剥削把集体劳动者置于整个资本主义结构的核心，那么，工人阶级就独具破坏资本的能力。生产的状况，以及工人阶级斗争的状况，在客观上使工人组织成为一种潜在的适合于执行社会主义计划的集体化力量。"① 因此工人阶级能够团结起来，为了提高自身的政治经济地位共同反对资本主义的统治关系，成为争取自身解放的社会主义政治运动的统一力量。

伍德认为，"革命的社会主义，在其传统意义上，把工人阶级及其斗争当作社会改造和社会主义建设的核心，这不仅是一种出于信仰的行动，同时也是一种基于对社会关系和力量的综合分析的结论。"② 第一，这个结论以历史唯物主义原则为基础，认为生产关系的剥削特征是社会与政治压迫的根源，工人阶级是潜在的革命性阶级。如果生产与剥削在人类社会生活中占核心地位，工人阶级是有着最为直接的追求物质利益的集团，也是进行社会主义革命的中坚力量；第二，工人阶级是最基本的、最具决定性的被压迫对象，不依赖于对其他阶级的压迫获取利益，能够在解放自己的斗争中为全人类的解放创造条件；第三，位于资本主义生产关系核心的剥削与被剥削阶级之间的对立是根本的、不可调和的，阶级斗争是这种解放性改造的主要动力；第四，工人阶级是一种重要的社会力量，足以使其发展成为一种革命性力量。这些分析表明在人类努力的各个层面上—从劳动的创造性权力到国家的政治权力—摆脱权力的异化。

三　工人阶级的政治实践

马克思和恩格斯指出："将近 40 年来，我们一贯强调阶级斗争，认为它是历史的直接动力，特别是一贯强调资产阶级和无产阶级之间的阶级斗争，认为它是现代社会变革的巨大杠杆，所以我们决不能和那些想把这个

---

① ［加拿大］艾伦·伍德：《新社会主义》，尚庆飞译，江苏人民出版社 2005 年版，第 224—225 页。

② 同上书，第 18 页。

阶级斗争从运动中勾销的人们一道走。"① 阶级斗争必然导致无产阶级专政，这个专政只是实现消灭一切阶级和进入无阶级社会的过渡。因此，历史唯物主义意义上的阶级政治是指以阶级斗争为手段实现对社会权力重新分配，消除资本与劳动的对立，消灭阶级，实现人类的解放。伍德认为工人阶级与人类的利益是一致的，只有这个阶级才能将自身的解放与人类的解放结合起来，才能使自身成为阶级消亡的条件，只有工人阶级才能完成阶级政治的任务。

伍德认为工人阶级要完成阶级政治的任务首先要建立强有力的阶级组织。后马克思主义运用政治与阶级的非相关性原则质疑阶级政治的存在，认为罢工为阶级政治敲响了丧钟，"阶级政治成功的标准是一个阶级使其自身包容于'国家统一体'内，并与其对立阶级达成伙伴关系的程度。"② 如果按照这个标准，社会主义就不会成为阶级政治的方案，资产阶级与工人阶级之间的剥削与被剥削的关系就被遮蔽，工人阶级的意识形态就被弱化，社会主义与阶级的消灭就成为话语之间的意识形态斗争。在资本主义的生产关系和权力构成中，阶级组织遇到了明显的障碍——资本主义的意识形态、资本主义政治与经济的分离等。如果我们将这些障碍当成左右阶级组织形成的决定性因素，那么就会陷入资本主义消解阶级力量的陷阱中，使得激进的社会运动变成维护资本主义霸权的工具。因此要把阶级组织当作一项政治任务，要在阶级组织中培养工人阶级的阶级意识，将工人阶级的利益与社会主义运动结合起来，"社会主义运动主要的任务是要鼓励和培育从阶级利益与斗争中产生出的政治冲动，这明显不是件容易的事。"③ 尽管这项任务是漫长而艰巨的，但只要在阶级组织的领导和协调下保证工人阶级的团结，在不懈的斗争中使社会主义成为时代的共识，才能将其他的"新社会运动"引领到社会主义的政治斗争上来。

伍德认为全球化为工人阶级的政治实践提供了基础。全球化使人们越来越相信民族国家不再重要。有些人认为再无事可做，另一些人则认为斗争必须马上转移到国际层面上去。无论哪一种见解，阶级政治都在被排除

① 《马克思恩格斯文集》第3卷，人民出版社2009年版，第484页。
② ［加拿大］艾伦·伍德：《新社会主义》，尚庆飞译，江苏人民出版社2005年版，第216页。
③ 同上书，第236页。

之列。伍德挑战阶级政治不再重要的假设不是有没有全球化的问题，而是全球化是否切断阶级政治基础的问题。马克思主义一向强调资本主义增长的方式会促进阶级意识和阶级组织的发展。在社会化生产和流水线工作中，其组成部分又是民族、超民族甚至全球的互相依赖，都被假定会大规模地产生工人阶级的意识及组织，甚至是国际团结的条件，但整个二十世纪的发展日益削弱这种信念。工人阶级无法实现传统马克思主义的期望，成为左派知识分子放弃社会主义或至少是寻求其他代理人的原因。近几十年来，"西方马克思主义"、后马克思主义及后现代主义都先后将知识分子、学生以及工人阶级之外的其他人指定为历史代理人。今天，工人运动在最时髦的左派理论及政治中消失，而全球化似乎是对工人运动的最后一击。恰恰相反，全球化加剧了世界范围内的资本与劳动的对立，彰显了资本主义的剥削本性，"全球化的核心意义在于它是一个由多元国家和地方主权管理的，由复杂的掌控与附属关系构成的全球性经济体。"① 这必然会引发南北差距、贫富差距、生态危机等问题，为以社会主义为目标的阶级政治提供了很好的条件和基础。

伍德认为全球化使阶级政治成为一种直接关注国家权力和阶级权力的政治。很多人认为在资本主义全球化的年代，工人阶级比过去任何时候更分散。左派人士认为没有其他选择，只能在资本主义的夹缝中透过各种特定的、分散的斗争争取到多一点的空间，这类斗争有时被叫作身份政治。伍德认为在全球化时代，资本对国家更加依赖，资本需要国家去维持积累竞争的条件、劳动纪律以及促进资本的流动。资本对国家的依赖成为反资本主义斗争和真正的社会主义斗争的新机会。她指出，假如国家日益成为反资本主义斗争的目标的话，那么它也可成为本地或本国阶级斗争的焦点。国家直接参与阶级剥削也有利于阶级组织的建立和壮大，"国家不但成为工人阶级团结的力量，防止内部分裂，而且也可成为工人运动及其区域内同盟者的统一力量。同时，当每个国家都按照相同的破坏逻辑，那么每一国反对这个共同逻辑的斗争便成为新国际主义运动最强大的基础了"②。这种新国际主义运动不是建立于所谓"国际公民社会"或"全球

---

① ［加拿大］埃伦·M. 伍德：《资本的帝国》，王恒杰、宋兴无译，上海译文出版社2006年版，第106页。

② Ellen Meiksins Wood, "Labor, the State, and Class Struggle", Monthly Review, Vol. 49, No. 3, (July – August 1997).

公民"这些不切实际的抽象观点上，也不是建基于一种幻想上：只要多些左派代表加入国际货币基金会那样的跨国组织便能改善我们的处境。这些左派人士根本不相信真正的国际主义是建基于各国各地在反对它们本土的资本家和国家时能够互相支持，同时又把这些民族斗争向全球扩散。这并不是说共同的跨国斗争再没有空间，更不是说工人运动应该忽略有成果的跨国组织（例如欧洲共同体）的斗争。这种斗争最终也得靠一个强大的、有组织的本国工人运动。

通过对当代资本主义社会的阶级与结构的分析，伍德澄明了被遮蔽的工人阶级：第一，由于资本主义政治与经济领域的分离，遮蔽了资本主义是被资本逻辑主导的事实；伍德澄明了资本与劳动的对立在当代资本主义社会不仅没有减弱，反而进一步增强，工人阶级在政治和经济领域都是被剥夺的对象。第二，资本主义通过消费主义的文化和生活方式遮蔽了工人阶级的阶级意识和革命意识，使工人阶级有被整合进资本主义体系的趋势；伍德澄明了工人阶级并没有完全受消费主义左右，仍然具有相对独立的阶级意识和阶级利益，具有冲破资本主义牢笼的动力。第三，在全球化时代，资本主义通过大众媒介遮蔽了工人阶级的全面异化的存在状态；伍德澄明了工人阶级在新社会运动高涨的背景下更加具有斗争性，工人阶级仍然是社会主义革命的主力军。

伍德在当前西方消解工人阶级的理论环境中坚持了马克思历史唯物主义的分析方法，对正确理解工人阶级的发展和作用具有重要的理论和现实意义，但又存在以下失误：

第一，伍德认为工人阶级虽然在全球化时代发生了很大变化，但作为革命主体的地位并没有改变。工人阶级作为为了自身和全人类解放的阶级，其革命的动力没有在资产阶级右派和左派话语的夹击中被消解，现在最需要做的是将工人阶级的力量紧紧团结起来，建立一个立足于本地和全国层面上的统一的阶级政治。今天西方的工人阶级仍然是被雇佣阶级，工人阶级的劳动仍然是谋生的手段，并日益在资本主义的生产关系中异化，因此，工人阶级的斗争不应该分散，完全有团结在一起的可能性。

第二，伍德认为在资本主义全球化时代，一切阶级斗争都不是传统意义上的政治斗争，工人阶级所面对的阶级斗争可以是超经济的，也可以是纯经济的，这是因为资本主义社会是一个政治与经济相互分离的社会。资本主义将涉及权力的冲突和矛盾统统转移到经济领域中，遮蔽其背后的权力和政治逻辑，而现实中工人阶级的阶级斗争往往表现为争取物质利益的斗争，这使工人阶级的斗争会被资产阶级利用，因此，现在比以往任何时候更需要使阶级斗争转变为政治斗争。

第三，伍德从历史唯物主义的经济分析和阶级分析方法入手正确指出了工人阶级成为自身和人类解放的主体的作用，并对工人阶级的阶级政治实践作出了规划，但是她并没有明确指出经济状况对工人阶级的阶级意识、革命意识、阶级斗争等的影响。从阶级概念来看，其本身是由经济状况、生活方式和象征意义共同构成的，而经济状况直接影响了工人阶级的阶级意识的形成和斗争的动力。工人阶级作为被剥削阶级与资产阶级相对，是社会财富的集体创造者，劳资矛盾直接推动工人阶级的阶级斗争。但现在工人阶级在社会经济、政治和意识形态上被整合进资本主义体系中，其原因就在于工人阶级生活条件的改善。现在资本主义社会的工人大多数获得了选举权和被选举权，获得了较高的政治和社会地位，这一方面消解了工人阶级的阶级意识和革命动力；另一方面使资本主义维持了较稳定的政治和社会秩序。这是伍德没有详细论述的，直接弱化了其理论的说服力。

第四，伍德强调各国工人阶级的团结，指出建立全球工人阶级同盟的重要性，但既没有对工人运动组织进行设计，也没有指出工人阶级内部分化的情况。西方马克思主义关于第二次世界大战后工人阶级的阶级结构和社会结构变化的理论主要包括"新中间阶级理论"、"新工人阶级理论"、"工人阶级一体化理论"、"新小资产阶级理论"，从总体上论述了工人阶级的变化："其一，与大工业相连的传统工人阶级已经不复存在；其二，当代工人阶级已经变化，白领知识劳动者成为工人阶级主体；其三，阶级不是所有权概念，是文化概念。"① 工人阶级很大程度上已经成为"资本化的工人"，其碎片化日益严重。这势必会削弱工人阶级共同的阶级意识和革命意识。此外，伍德虽然注意到"新社会运动"的影响，但是并没有将其同建构新的工人运动组织结合起来，新的工人运动组织应该关注现代社会的消费、性别和种族问题，将自己的斗争形式和理念嵌入到工人阶级等一切劳动阶级的日常生活中去，实现由话语政治（身份政治）向阶级政治的转变。

----

① 周穗明等：《西方左翼论当代西方社会结构的演变》，江苏人民出版社 2008 年版，第 212 页。

第五章　伍德历史唯物主义思想的理论趋向

伍德认为现代性与资本主义并不是同一的，现代性有其自身的发展规律和特点，要超越资本主义的现代性，构建社会主义的现代性。伍德批判了以拉克劳和墨菲为代表的后马克思主义思潮，指出这种思潮实质是一种否定工人阶级革命性和社会主义阶级性的社会思潮，错误地将民主斗争当作社会主义的策略，认为社会主义革命是内在于民主革命的一个部分，这是对马克思社会主义民主理论的严重误读，是对马克思唯物史观的否定和背离。资本主义的民主是虚假的，要重建社会主义的根基，必须重新确立民主的地位，将民主从资本主义的枷锁中解放出来。对资本主义现代性和民主的批判是伍德历史唯物主义思想的理论趋向，重申了阶级政治的重要性，恢复了历史唯物主义在资本主义批判中的应有地位。

第一节　全球化背景下的现代性与民主

在全球化时代，现代性与民主已是一种共谋关系，全球化凸显了民族国家在资本的世界性扩张中的作用，现代性的生存与发展有赖于民族国家，民主的真正实现依赖民族国家的觉醒和团结，在工人阶级的领导下发动反对帝国主义的斗争。

一　现代性与民主概念探源

"现代性"是西方文明的产物，与西方的现代化过程密不可分。从时间层面上看，美国学者马泰·卡林内斯库（Matei Calinescu）指出："尽管现代性的概念几乎自动地联系着世俗主义，其主要的构成要素却只是对不可重复性时间的一种感觉……现代性的概念在异教的古代世界中显然不存在，它产生于基督教的中世纪。"① "从 18 世纪后期开始，它就已成了'哲学'讨论的主题。"② 从空间层面上看，现代性已经超出了西方世界，成为一个世界性的问题。从概念本身的范围看，它包含了哲学、社会学、文学、法学等诸多领域。从现代性的语源学层面，卡林内斯库认为"要追溯其词源，我们就要在将近 2000 年前的时候，回到罗马帝国即将灭亡时和罗马帝国灭亡后讲拉丁语的那些地区……这个词被用来描述任何同现时（包括最近的过去和即至的将来）有着明确关系的事物。它同'antiquus'（古代）相对，后者指一种就质而言的'古老'。"③ 英国历史学家布莱克（C. E. Black）则认为"在较客观的用法上，17、18 世纪的史学家开始放弃基于基督教的历史分期方法，而使用古代、中世纪和现代的历史分期法，现代被认为'大约始于 1500 年'。"④ 美国后现代哲学家弗雷德里克·詹姆逊（Fredric Jameson）认为这个词早在公元 5 世纪就已经存在。"不过斯拉西厄斯教皇一世（494—495）使用该词来表示的，仅仅是对先前教皇的时代与当代作出的区分，也就是作为一种年代的分期"⑤ 并不含有现在优越于过去的意思，只是表示先前的古典文化有别于现代文化，而后者的任务在于对先前的文化进行再造。从现代性的当代语境来看，现代性主要包括这样几种含义：其一，现代性是世俗化的过程。其二，现代性是理性化的过程。其三，现代性是现代化的结果和前提。其四，现代性是一种未完成的乌托邦。其五，现代性是一种标识现代社会特质的一套体制。其六，现代性是一个历史时期和时间概念。其七，现代性是一个生活态度和一种批判精神。其八，现代性是个人主义、市场经济、民主政治的

---

① ［美］马泰·卡林内斯库：《现代性的五副面孔》，顾爱彬等译，商务印书馆 2002 年版，第 18 页。
② ［德］于尔根·哈贝马斯：《现代性的哲学话语》，曹卫东等译，译林出版社 2004 年版，第 1 页。
③ ［美］马泰·卡林内斯库：《现代性的五副面孔》，顾爱彬等译，商务印书馆 2002 年版，第 2 页。
④ ［英］布莱克：《现代化的动力——一个比较史的研究》，景跃进等译，浙江人民出版社 1989 年版，第 5 页。
⑤ 陈嘉明：《现代性与后现代性十五讲》，北京大学出版社 2006 年版，第 3—4 页。

统一。总之，现代性始于欧洲的启蒙运动，同资本主义的现代化相伴而生，内在地包含着自由主义、理性主义和科学精神等要素，是人类社会发展过程中的一个必然阶段。

民主是现代性的产物，是构成现代性话语的主要要素。民主一词最早出现于古希腊，具有三种含义：褒义、贬义和中性。英国继承了古希腊民主概念的中性含义，认为民主服从的不是统治者而是法律，但直到 19 世纪中叶后，民主的含义才逐渐成为"有投票权选出代表的权力。"① 到这个时候，民主已经接近现代民主所指的人民的统治的含义了。综合国内外学者对民主的论述，民主主要有如下几种含义：其一，民主是人民的统治。其二，民主是国家权力的分配。其三，民主是一种文化和精神。其四，民主是形式与内容的统一体。其五，民主具有阶级性、历史性和相对性。其六，民主具有普世性和特殊性。其七，民主是一种国家形式和国家形态。其八，民主与自由、平等和法制密不可分。其九，民主具有本原民主、政府民主和社会民主三个层次。其十，民主是人的本质的体现。总之，民主是源于西方文化的一个政治概念，随着资本主义的全球化扩张具有世界性的意义，它具有多种内涵，广泛地存在于政治学、哲学、法学等领域。

二　全球化与资本主义的现代性

全球化是我们时代最显著的特征，它具有普遍化和特殊化双向运动的特征。从一般意义上来讲，全球化是指各种信息、技术、资本、商品等要素在全球范围内超越了民族国家的界限，成为全球性的要素，其运行的规则也被全球认同。伍德认为全球化就是资本的国际化，是资本在全球范围内的自由、快速地流动和掠夺性的金融投机。"现行的'全球化'意味着附庸经济形式的市场开放及其面对帝国资本时的脆弱，而帝国经济则尽可能保持不受全球化反面效应的影响。"② 全球化同自由贸易没有任何关系，它的目的不是为了实现政治、经济、文化等的一体化，而是为了实现资本帝国的全球霸权。全球化不能超越资本帝国对民族国家的需要，所谓的全

---

① ［英］雷蒙·威廉斯：《关键词——文化与社会的词汇》，刘建基译，生活·读书·新知三联书店 2005 年版，第 112 页。

② ［加拿大］埃伦·M. 伍德：《资本的帝国》，王恒杰、宋兴无译，上海译文出版社 2006 年版，第 101 页。

球化世界无非是一个由民族国家组成的世界。现代性和民主既是全球化的固有内容，又是其推动力。资本主义的现代性在当代表现为全球化进程中资本主义的扩张及其与民族国家的关系。

伍德认为，全球化揭示了民族国家和资本主义经济的关系。全球化首先关注地理空间和政治法律制度。资本突破和超越了民族国家的地理边界，弱化了限定地理边界的政治权威，这不仅显示了市场的扩张，也显示了跨国公司的扩张，传统资本主义的发展模式展现了资本主义逻辑，它追求从外在强制中解放和规模的扩大。资本主义仅仅是持续的经济理性的扩展，经济理性内在于交换活动中。伴随着技术的发展、民族国家的衰弱、曾经人为的市场障碍被清除，贸易网络扩展到全世界。依据这些解释，依赖技术进步和政治束缚的消除，资本主义的兴起象征贸易规模的扩大，全球化是经济理性的地理扩张和经济理性从政治法律的控制中解脱出来的重要方面。在长期的地理政治化过程中，资本主义已经实现了扩张，民族国家的地理边界是最后的屏障。在传统经济发展理论中，将资本主义扩张的最终原因归结于技术进步的自然发展过程。现在新信息技术不仅揭示了全球化可能的必要性条件，也揭示其因果关系。全球化作为一种依赖技术进步的自然规律而从政治束缚中解放出来的概念，它能揭示当今世界的一些特征。例如，对全球化概念的界定，揭示了民族国家的衰落以及全球化过程的不完整性和国家的残余权力。"市场和资本超越国界不仅以民族国家为先决条件，而且依赖于作为其扩张的主要工具的国家。"① 全球化席卷全球的民族国家，资本也渗透进入民族国家的内部，民族国家的边界和法律制度是其存在的条件。今天的全球化经济和早期的殖民掠夺之间存在着差异，殖民掠夺是为了直接获取政治权力，但却不是很有效果。资本的运动超越殖民地边界展现了资本的强制力量。今天，相比传统模式的军事征服，跨国资本更能有效地渗透进世界的每一个角落，但其需借助于区域资本和民族国家的中介作用，依赖于区域政治法律去提供维护经济稳定性和劳动纪律的条件。

伍德认为，全球化实质上是资本主义的普遍化，民族国家可能存在，地域的特殊性可能持续，积累、竞争、商品化和利润最大化的强制将更具普遍化。"今天，资本主义几乎已经普遍化了。资本主义的运行法则，资本主义

---

① Ellen Meiksins Wood, Modernity, Postmodernity or Capitalism? Review of International Political Economy, Vol. 4,（Autumn 1997）, p. 553.

的逻辑，已经深深地渗入到先进的资本主义社会之中以及在空间上遍及了整个世界。每一次人类实践，每一社会关系以及自然环境都屈服于利润最大化、资本积累、资本不断地自我扩张的需求之下。"① 相比以前，国家同经济或文明社会具有重大的差异，但是这种差异是否赋予国家更多的自主性却不清楚，在前资本主义时期，国家典型地扮演者剩余劳动占有者的角色，政治和经济权力成为导火索。这并不意味资本不需要国家，相反，资本需要民族国家作为扩张的基地。全球化不是随意的选择，它反映了社会结构的改变和资本主义的普遍化，显示了在全球化体系中适应资本的需求。在全球化的体系中，所有重要的经济参与者依据资本的逻辑来运行，这恰恰代表了在庞大的非资本主义世界中传统帝国主义的政治选择。相比凯恩斯时代，国家纠正和强制干预的范围已受到极大限制，因为实际上资本主义的逻辑已经如此普遍化，导致民族国家没有足够的力量去控制它。

伍德指出，资本主义的全球化同"全球化"不一样。资本主义的全球化是为了满足世界市场中资本流动和竞争的要求，不是自然规律作用的结果，也不是不可避免的历史结果，而是政治选择的结果。如果真的从 20世纪 70 年代有一个历史的转变，它不是资本主义的断裂，而是资本主义的自我成熟，这是资本主义作为综合性制度的第一个真正的影响。作为一种制度，资本主义不仅没有有力的对手，也没有真正的出离路径。资本主义与其内在矛盾共存，在其内在的机制作用下，外部没有补救措施去纠正或减弱这些矛盾所导致的破坏性的影响。甚至帝国主义被设想为资本主义最后的避乱所，但随着资本主义权力在非资本主义地区运用于竞争和冲突，靠超经济的手段，特别是殖民战争和领土斗争，这已经不可能。"现在甚至绝大多数正确的机制也被经济主导和金融帝国主义的纯粹资本主义的机制所代替。"②

三　全球化与民主

全球化是一个包括政治、经济、文化在内的多维度相互冲突和交融

---

① Ellen Meiksins Wood, Global Capital, National States, In Mark Rupert and Hazel Smith, eds. Historical Materialism and Globalization. London: Routledge, 2002, pp. 24 – 25.

② Ellen Meiksins Wood, Modernity, Postmodernity or Capitalism? Review of International Political Economy, Vol. 4, (Autumn 1997), p. 559.

的过程，在这一过程中，资本主义凭借历史和现实形成的相对于社会主义的优势，不断推行其所谓的自由、平等的民主价值观和民主模式，要实现全球民主就必须实现民族国家与全球资本的统一，凸显民族国家的作用。"国家在当今全球资本主义环境下，甚至或许可以说特别是在当今的全球资本主义环境下，是资本主义力量的集中体现，且资本帝国所依赖的正是一个多元国家体系。"① 资本帝国以操控资本主义的经济机制来控制世界，不以殖民统治而以经济霸权为目的，在借助各种跨国机构实现资本的全球性积累和增值的过程中，更加需要全球性的民族国家体系，民族国家是资本主义创造私人所有制的工具，从而稳定货币交易、保证劳动力的依附和维护社会稳定。全球经济正是通过一个由多元国家与地方主权构成的全球体系来治理的，架构于一种复杂的统治与依附的关系之上。当今世界比以往任何一个时候都更加是一个民族国家的世界。没有任何一个其他组织和跨国机构已经着手取代民族国家并试图承担起对社会秩序、财产关系、社会稳定、合同信度及任何其他的资本日常运营所要求的基本条件的管理和强制保障的作用。全球资本与国家的统一性在全球化时代越来越明显，发达国家越是借助于全球化过程谋取更多的利益，就越是暴露了其对落后国家的剥削和强制的一面，暴露了资本主义反人类的本质。

伍德指出，民族国家既是资本主义全球化的基础，又是实现国际关系民主化的推动力。全球资本与国家的统一性在全球化时代越来越明显，发达国家越是借助于全球化过程谋取更多的利益，就越是暴露了其对落后国家的剥削和强制。西方发达资本主义国家通过全球化推行其经济规则和自由民主的价值观，忽视社会公正和生态环境，加剧了民族国家之间的矛盾，导致产生了不可克服的矛盾——资本的无限扩展与地理空间局限之间的矛盾，导致资本帝国主义更加"需要一种高度制度化和规范化的社会、政治以及法律秩序。"② 民族国家恰好承担这个角色。因此，一方面，在资本的积累和扩张面前，民族国家不断推行权威或专制统治，真正的民主不可能实现。另一方面，全球化超出了民族国家的地域范围，削弱了国家主权，"全球化削弱了通过国家实现的民主并产生了对辅助性——而且长远

---

① ［加拿大］埃伦·M. 伍德：《资本的帝国》，王恒杰、宋兴无译，上海译文出版社2006 年版，第 4 页。
② 同上书，平装本序言第 2 页。

来看甚至可能是完全不同以往的——民主体制的需要。"① 全球化虽然加剧了民族国家的分化与组合，但是带来了民主的发展，特别是在围绕全球性的环境、能源等议题上带来了全球治理结构的变化，促进了民主体制的建立。

伍德指出，战后世界的资本主义普遍化（全球化）是由于受自由主义民主和消费主义的价值观操控，而它们又开辟了新的民主对立与斗争的舞台，比原先的阶级斗争形式更加丰富多样，但这些斗争一般指局限在文化价值观和经济利益层面。这会使人误认为资本主义已经成为历史的终结，"因为资本主义目前达到的整体化程度使它的确成为不可替代的，而且还可能是我们所能得到的最好的世界。"② 资本主义的普遍化（全球化）不仅是其力量的体现，更多的是其衰弱的体现。它是一种矛盾的过程，让全球贫富分化、剥削更加普遍化，使"真实民主"和"形式民主"的分离更加普遍化。这反映了资本主义民主的虚假性，也为全球民主化进程提供了难得的机遇。

总之，在全球化时代，落后国家甚至全球实现真正的民主政治的斗争目标不是那些跨国机构，而是资本主义制度本身；斗争的方式不是激进的话语斗争和权力斗争，而是民族国家内部的阶级斗争；斗争的主体不是各种社会边缘人群，而是以工人阶级为主体的所有民族国家的反帝国主义的斗争。伍德虽然正确指出了在全球化过程中，民族国家有助于推动全球民主化进程，但又指出民族国家的分离倾向以及国家主权的衰落，没有完整准确揭示出全球化对民族国家的总体影响，以及如何通过民族国家实现全球治理与全球民主化。

伍德的全球化理论具有以下重要的启示：

第一，全球化虽然是资本主义的普遍化（资本逻辑的普遍化），但不是资本主义的全球化（资本主义制度及意识形态的全球化）；资本主义的全球化不是资本主义自然发展的结果，也不是人类历史的终结，而是在全球政治、经济、文化等共同作用下形成的。全球化是一个过程或一项政治规划，资本主义在这个过程中推行其政治经济体制，谋求世界霸权。全球化影响着世界政治、经济等各个方面，造成了全球政治经济发展的不平衡

---

① ［英］简·阿特·斯图尔特：《解析全球化》，王艳莉译，吉林人民出版社 2011 年版，第 280 页。

② Ellen Meiksins Wood, Back to Marx, Monthly Review, Vol. 49, No. 2, (June 1997).

以及世界的分裂。

第二，在全球化过程中，启蒙的现代性在资本主义普遍化中被破坏，丧失了启蒙的功能；资本主义一方面实现着总体性；另一方面维持着启蒙失败后脆弱的增长，随之带来全球性的经济和金融危机。资本主义的发展建立在启蒙运动的基础上，启蒙运动提倡自由、平等、博爱等价值观，这些价值观直接推动包括资本主义在内的人类的历史发展。随着资本主义在全球确立统治地位，不仅抛弃了这些价值观的合理内核，而且将其变成资本主义统治的意识形态，丧失社会批判功能。

第三，全球化已经成为资本帝国主义的代名词，成为帝国主义的最新形态。全球化时代的帝国主义不是依靠传统的军事扩张和殖民掠夺，而是依靠发动市场的破坏性力量，实现资本的增值与扩张。资本的无限积累要求加速周转时间和资本循环，加重对劳动者的剥削和剩余价值的剥夺，激化业已存在的资本与劳动之间的对立，阶级矛盾更加严重。同时资本帝国主义为了实现利润最大化，向全球扩散军事技术，出售武器，加剧恐怖主义的危害。

第四，在全球化时代，虽然资本主义已经渗入自然和社会生活的各个领域，但民族国家并没有消失；民族国家对全球资本的重要性超过了任何一个时代，民族国家已经成为全球化的主要代理。民族国家是实现全球经济治理、维护社会稳定与市场开放的工具，成为阶级政治复兴的基础和实现国际政治经济关系民主化的舞台与斗争焦点。

第五，全球化标志着资本主义"以空间换时间"的阶段性成功。资本主义在全球化的过程中遮蔽了原本已激化的矛盾，拓展了自身发展的空间，延续了生命。资本主义总是力图消除空间的限制，将自身的触角深入自然和社会的一切领域，改变人们的生活方式和消费方式，将人变成单向度的人，将社会变成单向度的社会，让一切地理景观都打上资本逻辑的烙印。

第六，当前的全球化是资本的国际化，是以新自由主义为主导的全球化，实质是以美国为首的发达资本主义国家对发展中国家进行掠夺和剥削的工具。在这种背景下，世界性的问题（生态危机、粮食危机、贫富差距、能源危机等）不仅不能被消除，而且会越来越严重；发达资本主义国家的内在矛盾不仅不能被解决，反而会利用自身超强的政治、经济和军事实力转嫁给其他国家。这种全球化不仅不能真正实现世界政治、经济和文化的一体化，反而会阻止一体化。因此，要实现真正的全球化就必须由发达国家的全球控制走向民族国家的全球治理，从根本上改变不合理的国际政治经济体制。

第七，全球化与中国社会主义现代化事业、中华民族伟大复兴的中国梦紧密联系。全球化对中国是一把"双刃剑"，机遇与挑战并存。在全球化过程中，中国探索出了一条适合中国国情的发展道路，取得了辉煌的成就，但同时也面临着诸多问题。要实现中国梦就要应对全球化的挑战，一是要避免走入资本主义全球化的陷阱，坚持自力更生、独立自主，坚持科学发展，超越资本主义发展模式。二是要正确认识全球化过程中出现的问题，不能因为全球化会带来一些负面效应就否定全球化，主张回到传统封闭社会。要认识到对外开放，融入全球化的进程中才是实现中国梦的唯一途径，要在全球化进程中解决关系国计民生的重大问题。三是要构建具有世界意义的发展模式。要在坚持对中国特色社会主义道路、理论和制度自信的同时进一步构建具有世界普遍意义的发展模式，既为中国的发展提供指导，又为超越资本主义全球化及其发展模式，为发展中国家乃至全人类的发展作出重要的贡献，最终实现世界社会主义的复兴。

总之，伍德从资本主义、民主和阶级政治等维度对全球化进行了深入的论述，正确揭示了全球化的实质，凸显了民族国家在全球化时代的重要性，为我们正确理解资本主义及其全球化、对中国更好地参与全球化进程提供了重要的理论启示。

第二节　伍德对现代性的批判

伍德认为从 18 世纪至今是资本主义普遍化和成熟的时期，反对将资本主义的这段历史简单划分为现代性和后现代性两个阶段。在全球化时代资本主义具有特殊性，资本主义的竞争性积累和利润最大化的逻辑仍然没有改变，现代性与后现代性、资本主义、启蒙运动等有着紧密的联系。现代性批判是历史唯物主义的主要理论视域，在这个视域中历史唯物主义对现代性作出了肯定性的叙述，伍德对现代性的批判也是建立在这个基础上。

一　现代性与资本主义

伍德指出，现代性的概念被广泛地使用，并被认为是标准化的历史观点。它将资本主义当作自然发展的结果，甚至是一种自然规律。在这种革命过程中，从早期交换模式的资本主义到现代工业模式的资本主义，现代性都在捍卫着经济发展的动力，资本主义的经济理性也从传统的束缚中解放出来。"现代性属于一种历史观念，揭示了资本主义和非资本主义社会的巨大的分裂，将特定的资本主义运动规律当作普遍的历史规律，综合资本主义和非资本主义的各种不同历史发展"①，必将使得资本主义真正的历史运动被遮蔽，使资本主义成为一个自然发生的历史过程。她认为反现代性运动同样会将资本主义看作一个自然发生的历史过程。现代性与马克斯·韦伯所称的合理化过程相关："官僚组织中的国家合理化、产业资本主义中的经济合理化、教育扩展中的文化合理化、迷信的衰落、科学技术的进步。"② 合理化过程与学术或文化模式相关，这要追溯至启蒙时代理性主义和对合理化计划的迷恋、对世界总体认识的关注、知识的标准化、普遍主义（相信普遍真理和价值）、相信单线进步、特别是理性和自由的进步。"现代性的序曲阶段，是以文艺复兴和宗教改革为标志……在这个意义上，现代性的过程，用韦伯的说法就是除魔化的过程，也是一个理性化的过程。"③ 韦伯区分了各种合理性的含义，但是他关于合理化的历史过程的观点吸收各种理性和合理性的含义。合理化的过程带来启蒙原则——对专制权力的反抗、为人类解放承担责任、对权威的批判。合理化的过程也带来资本主义的生产组织，理性和自由同启蒙相联系，人性从传统束缚中解放。合理化制造的现代牢笼与掩盖新的剥削是硬币的两面，资本主义和官僚主义仅仅是理性与自由的自然延伸。

伍德认为要理解现代性和资本主义的关系就必须理解资本主义的起源。大多数人认为资本主义已经存在于世界中，是自然出现的，其市场扩

---

① Ellen Meiksins Wood, The Origin of Capitalism, New York: Monthly Review Press, 1999, p. 114.

② Ibid. , p. 105.

③ 汪民安：《现代性》，南京大学出版社2012年版，第2—3页。

大和技术发展已经达到了很高的水平，仅仅需要从其枷锁中解放，例如从封建主义的脚镣中解放出来。许多马克思主义者持有相同的看法，认为要加速资本主义的发展就必须实行资产阶级革命来打碎这些枷锁。"这些解释强调了非资本主义与资本主义社会之间的连续性，否认或掩盖资本主义的特殊性。"① 资本主义的生产革命仅仅是普遍化和历史转变的延伸与加速，是其自然发生的历史趋势和过程。"资本主义被看作是从早期的商业模式资本主义到启蒙资本主义再到最终的工业模式的资本主义一系列发展过程。"② 资本主义的发展经历了从城镇到乡村的转变，在此过程中，小规模的商品生产者被农村商品生产者代替，从封建主义的契约中解放，自然地发展为资本主义。小规模的商品生产者为资本主义的发展开辟了道路，资本主义市场被认为是一种机遇而不是强制。积累和利润最大化的强制植根于非常特别的社会财产关系，依赖技术手段提高了劳动生产率。资本主义的自然化过程的观点蕴含在对资本家与资本主义及现代性之间关系的传统认识中，这种认识仍然存在于今天对传统理论最激烈的批判中，它掩盖了资本主义的特殊性。

伍德认为现代性与资本主义具有双重关系，资本主义和现代性的混同既遮蔽资本主义的特殊性，也掩盖现代性的特征。鲍曼和哈维已经对现代性作出了最重要的解释，都强调现代性具有建设和破坏的双重性，现代性可以溯源到启蒙时代，具有短暂性、偶然性和碎片化等诸多特点。现代生活短暂的、持续运动和改变的经历与资本主义相关。现代性具破坏性，这种破坏性蕴含在它的生产能力、技术化和组织模式甚至普遍性原则中。如果将现代性与资本主义同一化就掩盖了资本主义的特殊性；但如果说现代性与资本主义没有关系的话，现代性与资本主义的同一化可能也掩盖了非资本主义现代性的特殊性。首先，伍德认为要澄清资本主义和现代性的同一性问题必须要考察启蒙运动的历史环境。启蒙运动的许多特征根源于非资本主义社会的所有制关系，是出离封建主义的可选择的道路。"现在最重要的不是对启蒙的批判，而是对抛弃启蒙重要思想——特别是对人类追求普遍解放的批判，我们应该批判资本主义的破坏性的影响。我们必须仔细分析启蒙工程，揭示出哪些不属于现

---

① Ellen Meiksins Wood, Modernity, Postmodernity or Capitalism? Review of International Political Economy, Vol. 4, (Autumn 1997), p. 542.

② Ibid..

代性工程而属于资本主义的东西。"① 资本家和资本主义是同一的，资本主义是业已存在的趋势自然发展的结果。从早期的交换模式到现代产业资本主义的革命过程中，当经济理性从传统束缚中解放出来之时，现代性就兴起了。现代性与资本家和资本主义是同步的。现代性打破了社会与文化模式间的一些根本区别，包含着既属于资本主义又不属于资本主义的要素。其次，伍德认为现代性工程同资本主义没有任何关系的观点是错误的，资本主义的阶段性的理论意味着资本主义有两个主要阶段和一个主要的断裂阶段。其一，现代性从 18 世纪到 20 世纪 70 年代被认为代表一切。现代性被划分为更小的阶段，后现代性代表了一种特殊的断裂，这种断裂同资本主义历史的其他阶段的改变不同，应该被看作是资本主义整个历史过程中的断裂。其二，后现代性理论强调资本主义社会和非资本主义社会的连续性，掩盖了资本主义历史的特殊性。后现代性理论弱化了社会与文化之间本质的差别，而社会与文化之间的差别直接揭示了资本主义的特点。如果认为现代性同资本主义有任何联系的话，现代性就不是被资本主义创造而是被资本主义破坏。"现代性与资本主义等同无异于将孩子和洗澡水一同泼掉，或者说得更清楚一些，将洗澡水留下，而将孩子扔掉。"②

　　伍德进一步以法国和英国为例来阐述资本主义与现代性的关系。她认为，英国通常不被认为是现代性的发源地，但是它确实与资本主义的兴起相联系。18 世纪的英国处于农业资本主义发展阶段，但其城市人口有很大的增长，城市人口在全部人口中的比例已经超过了法国，伦敦是欧洲最大的城市。在英国出现了世界历史上第一个统一的竞争性的国内市场，在这个市场中，每天都有大量便宜的商品被消费，消费市场业已出现，无产阶级劳动力也大量增长。英国创造了新的商业模式并促使农业资本主义向产业资本主义过渡，英国面对竞争压力出现了像贝克、洛克和牛顿等一大批科学家。英国同其他欧洲国家分享其科技，但是将英国和欧洲其他国家区别开来的意识形态是"改良"和竞争的意识形态："人性进步不是启蒙的思想，而是所有制的改变，伦理——实际上是科学——追求利润、提高劳

① Ellen Meiksins Wood, Modernity, Postmodernity or Capitalism? Review of International Political Economy, Vol. 4, (Autumn 1997), p. 113.

② ［加拿大］艾伦·伍德：《现代性、后现代性或者资本主义？》，宁跃译，《国外社会科学》1998 年第 3 期。

动生产率的许诺以及圈地运动和占有的活动。"① 改良主义不追求人性改良的启蒙思想而追求财产和伦理的改进，表现在提高生产率和增加利润以及圈地运动和对劳动者财产的占有。在改良主义的工程中，人类的一切价值屈从于生产率和利润。伍德指出，改良和提高生产率的思想可以追溯至 17 世纪威廉·配第（William Petty）的早期政治经济学理论甚至在约翰·洛克（John Locke）关于农业改良和文学生产的著作中都有论述，而在 18 世纪的法国却是空白。在法国，农民占据生产的主导地位，地主通过地租对农民进行压榨。对于重农学派的政治经济学者来说，英国的农业是一个范例。正如安德森揭示的，18 世纪法国是专制主义的国家，国家的功能不仅在于政治模式而且也作为统治阶级的经济基础，不仅代表政治也代表启蒙运动的经济或商业背景。专制主义的国家是榨取剩余价值的核心工具，政府是一种给占有者提供手段占有农民生产的剩余价值的所有制模式，这种超经济占有的模式是对纯粹的资本主义经济剥削模式的直接反对，资本家被认为是启蒙运动的推动者和资本主义市场的主要参与者。伍德指出，甚至在 16 世纪君主政体已经开始挑战封建制，支持第三等级和资本家，声称代表普遍性并对贵族进行反抗。资本家也扩展了理性计划和标准化的先占的专制原则。普遍主义在西方有很长的历史，有非常特殊的含义。资本家挑战特权和特权阶层，通过运用普遍的公民原则来反对贵族专制。"换句话说，普遍性反对特权。普遍性反对不同的特权和约定俗成的权利，从而反对习惯和传统的原则。这种对传统的挑战容易变成一种历史理论，资本家与学者被当成与过去历史割裂的领导者，理性和自由的体现，进步的先驱。"②

二 现代性与后现代性

伍德不认同目前流行的历史时期的划分，认为对从 18 世纪以来的资本主义历史划分为"现代性"和"后现代性"两个主要阶段是错误的，强调资本主义的特殊性，质疑"现代性"概念。从 20 世纪 70 年代以来，人类似乎已经进入了一个新的历史时期，一些学者强调文化的改变，称之为

---

① Ellen Meiksins Wood, The Origin of Capitalism, New York: Monthly Review Press, 1999, p. 112.

② Ibid. , pp. 108 – 109.

后现代主义；另外的学者强调经济的转变，称之为晚期资本主义、多元化的资本主义。这些分析的共同点都是关注新技术、新交流手段、消费主义等。后现代主义的知识分子都认为资本主义高度繁荣，强调差异和新时代的到来，"后现代主义知识分子们暴露出了他们是群根本不顾历史事实的人。他们对战后繁荣'黄金'期结束以来资本主义的结构性危机视而不见，至少是理论研究上没有给以足够的重视。"① 对于他们来说，后现代性不是一种历史时期，而是人本身固有的属性。

伍德认为文化和经济的因素产生了后现代性的概念，否认将资本主义的发展划分为现代性和后现代性两个主要阶段，认为现代性概念是错误的，而使用现代性和后现代性的概念能否让我们理解资本主义是一个值得讨论的问题。伍德从政治经济学视角通过考察詹姆逊和哈维的"后现代性"概念来论述这个问题。根据詹姆逊和哈维的理论，现代性和后现代性代表了两个不同的资本主义阶段。从一个阶段到另一个阶段的转变并不是从资本主义到后资本主义或后工业时代的转变，而且资本主义积累的基本逻辑仍然在发生作用。② 资本主义从来没有发生本质的改变，并没有实现从物质模式到文化模式的转变。伍德指出，对于詹姆逊而言，后现代性对应着"晚期资本主义"或新的多样性的"信息化"和"消费主义"的资本主义阶段。大卫·哈维将其描述成一种从福特主义到灵活积累的转变。后现代性对应着资本主义的一个发展阶段，这个阶段的特征是大规模的标准化的商品生产，而且劳动模式已经被灵活性所代替：新的生产模式——团队概念、准时生产、多样性的商品市场、流动的劳动力、流动的资本等都因新技术而成为可能。伍德指出这些改变主要是文化的改变。在哈维的后现代性理论中，时空压缩占据重要地位，依靠新技术，时间的加速和空间的压缩成为可能，出现了新的交流模式、生产方法和市场交易的加速、新的消费模式、新的金融管理模式，因此就出现了新的文化资源来构建"后现代主义"。"后现代主义"认为已经替代了与"现代性工程"相联系的现代主义的文化和智力模式。一方面，伍德不同意哈维和詹姆逊等人的后现代性的观点，认为当今的确有一些像大卫·哈维和弗雷德里克·詹姆

①　[加拿大] 埃伦·伍德、约翰·福斯特主编：《保卫历史：马克思主义与后现代主义》，郝名玮译，社会科学文献出版社2009年版，第11页。

②　Ellen Meiksins Wood, Modernity, Postmodernity or Capitalism? Review of International Political Economy, Vol. 4（Autumn 1997），p. 540.

逊这样的马克思主义知识分子视"后现代性"为一种历史态势和当代资本主义发展阶段，视其为一种有历史根源和物质基础并受制于历史演变和政治力量的社会与文化形态。这不符合历史事实。另一方面，他认为当代西方社会所谓的"最新"变化并不新，所谓的"后现代性"只不过是资本主义的晚期形态，是资本主义的进一步普遍化，是它的运动规律、社会关系和矛盾的进一步普遍化，商品经济、资本积累和利润最大化的逻辑渗透到更广阔的领域中。

伍德指出现代性和后现代性以及现代主义和后现代主义的区别与联系。伍德指出，随着时代的发展，后现代性概念进入现代性概念的范围，后现代性与现代性相联系。后现代性代表了资本主义发展的新阶段，以鲜明的经济和技术特征为标志，被描述为信息时代、灵活积累、自由资本主义、消费主义等，以特定的文化模式组成。伍德指出后现代性只是一种历史症候，不是资本主义发展的新阶段，"后现代性"的概念在本质上是对"现代性"概念的倒置。关于现代性与后现代性之间的争论虽然"剪不断"、"理还乱"，但都没有超越现代性话语的场域。大卫·莱昂（David Lyon）正确地指出："到 20 世纪末，现代性的争论已经明朗化了：是那些仍然想与现代性妥协的人与那些认为现代性已经终结的人之间的争论。或者，是那些承认'晚期'现代性的人与那些接受后现代性的人之间的争论。"①"后现代性"概念从其传统意义来说与现代性概念相对，后现代性紧随现代性，而现代性显示了资本主义与资产阶级的同一性，现代性没有使启蒙理性同资本主义的经济理性区别开来。后现代主义关注资本主义的历史转变，强调资本主义社会和非资本主义社会的连续性，代替了启蒙工程意义上的现代主义文化和知识模式。资本主义的特殊性在历史的发展中被遮蔽，资本主义体系被看作一种自然的生成过程。伍德在批判后马克思主义时指出，"在早期的后马克思主义与今天的后现代主义之间存有一种不可打破的连续性。它们共同强调'话语'和'差异'，或者是现实的碎片化本质以及人类的认同。……在这里，后现代主义代表了一种转换。后现代主义——在它们仍然保有的对于平等或者某种形式的社会正义之承诺的范围内——并没有完全摆脱渴望解放与拒绝任何道德或政治基础的支撑之间的矛

---

① ［加拿大］大卫·莱昂：《后现代性》，郭为桂译，吉林人民出版社 2004 年版，第 60 页。

盾。……后现代主义不能为它自己关于解放之承诺——就此问题而言，也就是它自己的政治多元主义——提供一个可信的基础。"①伍德从当代资本主义的文化霸权出发，认为正是后现代主义支撑西方帝国主义实施霸权，这表现在后现代主义对历史的无知，取消对资本主义的总体批判，否定启蒙运动的价值，否定结构和整体性思想，"后现代主义不再是对疾病进行诊断的一种方式，其本身已成了一种疾病。"②

三　现代性与启蒙运动

伍德指出，启蒙运动与资本主义和现代性相关或者是因为早期资本主义在其发展过程中创造了现代性，或者是因为合理化的发展产生了启蒙运动、带来了资本主义。现代性的观念来源于启蒙运动的精神，是启蒙精神哺育了现代性。"启蒙运动"有广义和狭义之分，前者是指17世纪和18世纪以来欧洲发生的一场广泛而伟大的思想解放运动，后者特指18世纪法国的思想启蒙运动。伍德认为现代性来源于启蒙运动，在19世纪才得以兴起。"启蒙运动的思想改变了世界。它们的传统是西方现代性……西方自18世纪学术论战以来继承的遗产是自由主义和资本主义。无论好坏，这些都是西方的现实。"③启蒙运动代表了理性主义、技术中心主义、知识和生产的标准化、单线进步观以及普遍与绝对化的真理。这些特点同资本主义的发展相联系，已经变成最流行最吸引人的启蒙工程。启蒙运动诞生于独特的非资本主义社会，启蒙运动的许多特点根源于非资本主义社会的所有制关系。非资本主义社会的所有制关系不是向资本主义的过渡，而是脱离封建主义束缚的一种可选择的道路。伍德认为现代性工程的主要发源地是农村占主导的法国，具有有限和分裂的国内市场，"在这个市场中，非资本主义原则仍然在起着作用，不从劳动力中榨取剩余价值，不存在生产价值

①　［加拿大］艾伦·伍德：《新社会主义》，尚庆飞译，江苏人民出版社2005年版，再版导言，第2—3页。

②　［加拿大］埃伦·伍德、约翰·福斯特主编：《保卫历史：马克思主义与后现代主义》，郝名玮译，社会科学文献出版社2009年版，第12页。

③　Ellen Meiksins Wood, Liberty and Property: A Social History of Western Political Thought from Renaissance to Enlightenment, London and New York: Verso Press, 2012, p. 289.

的创造，而是古老的商业行为。"① 这个市场崇尚贱买贵卖的原则，以外地谋利为中心，主要以奢侈品买卖为主，农业人口占据大多数，是潜在的消费市场。"18 世纪的法国是一个专制国家，具有决定性意义的是，它不仅作为一种政治形式，而且作为一种经济手段为统治阶级的主要成员效力。就这个意义上说，它不仅体现了启蒙运动的政治环境而且也体现了启蒙运动的经济环境或物质环境。"② 法国大革命后资产阶级包括专家、政府官员、知识分子与贵族统治者之间的斗争同资本主义从封建主义的枷锁中解放没有任何关系。资产阶级对专制国家的态度是模糊的，对专制原则的挑战仅仅是对专制原则的延伸，完成了专制的集权化工程，这些同启蒙精神相悖。

启蒙运动的假设是各种类型的国家都存在于西方历史中，"西方国家"在启蒙运动中形成一个共同的自由主义和资本主义的"现代性"。该假设不是来自学术界，而是来自 20 世纪 90 年代发表于《经济学家》杂志的一篇文章《理性的犯罪》。然而，其描述的"西方现代性"——自由主义、资本主义和启蒙运动的学术工程共同代表的单一文化形式的第一原则是理性主义。广大的历史学家和社会思想家已经对理性主义进行了深刻的描述。不管是启蒙运动的支持者或批评者（或两者皆有），从马克斯·韦伯或者在他之前的黑格尔到当代反启蒙的后现代主义者，几乎都以"善恶"二元对立的方式描述现代性。在这种情况下，"启蒙运动要么被看作是人类解放的高峰，要么作为在最好情况下已无法阻止现代悲剧（启蒙辩证法）和在最坏情况下导致种族灭绝和核毁灭威胁根源的惨败。"③ 如果现在有一个普遍的"现代性"概念，那么现代性仍然是植根于启蒙运动"理性主义"的由资本主义市场、形式民主和技术进步组成的一个复合物。

后现代主义抛弃所有启蒙运动中好的东西特别是对普遍的人类解放的追求，将资本主义的破坏性归咎于启蒙运动的价值。现在应该将属于资本主义而不属于"现代性工程"的观点同启蒙运动的方案区分开来。"这样做可能有助于去抵制反启蒙运动思想的后现代主义，也有助于反对资本主

---

① Ellen Meiksins Wood, Modernity, Postmodernity or Capitalism? Review of International political Economy, Vol. 4 (Autumn 1997), p. 545.

② ［加拿大］艾伦·伍德：《现代性、后现代性或者资本主义?》，宁跃译，《国外社会科学》1998 年第 3 期。

③ Ellen Meiksins Wood, Liberty and Property: A Social History of Western Political Thought from Renaissance to Enlightenment, London and New York: Verso Press, 2012, p. 289.

义的欢呼雀跃。"① 后现代主义根源于现代主义，是对现代性工程的回应。"后现代主义认为这个世界根本上是碎片化的和非决定性的。否认任何完整的过程，任何所谓的'宏大叙事'，并拒绝对世界和历史作出综合的普遍的理论解释。"② 后现代主义也拒绝任何普遍性的政治工程甚至是普遍性的解放工程。伍德认为启蒙运动已经死亡，但仍有价值，要借助社会主义复兴。资本主义虽已经普遍化但不妨碍启蒙精神的再生，批判资本主义对人类的压迫，才能实现现代性与启蒙的联盟并真正实现理性、科学和自由的启蒙精神。

伍德的现代性理论具有以下特点：第一，始终坚持用历史唯物主义的方法来分析现代性与资本主义、后现代性、启蒙等的关系，正确指出了现代性的多维度（政治、经济、文化、历史的维度），揭示了启蒙运动及其价值在西方现代性的话语体系中最终走向消解，丧失了应有的社会批判功能。第二，在现代性走向后现代性、现代主义走向后现代主义的过程中，凸显了历史唯物主义在当代批判理论中的价值和地位，将历史唯物主义提升到批判资本主义，拯救思想文化、阶级、社会主义乌托邦的高度。第三，以资本逻辑为核心，揭示了现代性其实就是"资本现代性"，由于其内在逻辑的矛盾势必导致现代性的困境及其变异。

伍德的现代性理论对中国的现代化建设有以下重要的启示：其一，伍德正确梳理了从 18 世纪以来的资本主义历史，认为一方面不能忽视资本主义普遍化和成熟的趋势；另一方面不能将这段历史简单地划分为现代性和后现代性两个阶段，否则无法正确理解当代资本主义。伍德认为资本主义在全球的普遍化并不代表资本主义的全球化，而仅仅代表资本主义的某些要素如市场、技术等的全球化，资本主义是一个不断变化的制度，但其特殊的运动法则和逻辑并没有改变，正是在资本逻辑的驱动下才导致资本主义发生诸多变化。资本主义并不是普遍的、超历史规律下的自然结果，更加不是科技发展的结果。中国通过吸取包括资本主义在内的所有国家先进的技术和文化，彰显社会主义的优越性。其二，伍德正确分析了现代性与资本主义的同一性问题。一方面，现代性与资本

---

① ［加拿大］艾伦·伍德：《现代性、后现代性或者资本主义？》，宁跃译，《国外社会科学》1998 年第 3 期。

② Ellen Meiksins Wood, Modernity, Postmodernity or Capitalism? Review of International political Economy, vol. 4（Autumn 1997），p. 541.

主义并不具有同一性；另一方面，将现代性与资本主义混同掩盖了资本主义的特殊性和历史性。伍德认为之所以会将现代性与资本主义混同是因为没有弄清资本主义的起源，一般的人都认为资本主义是从封建枷锁中解放的，其实资本主义是在特殊历史条件下产生的，并不具有普遍性，这种观点强调了资本主义社会和非资本主义社会的连续性而忽视了资本主义的特殊性，掩盖了资本主义是在资产阶级革命跨越了与非资本主义社会的巨大鸿沟的基础上产生的。这启示我们在与资本主义和平竞争的过程中深入揭示资本主义的本质，特别是资本主义普世价值观的虚假，避免走上苏东剧变和中亚、非洲的"颜色革命"之路，让西方的和平演变无法得逞。其三，伍德将现代性批判和资本主义文化批判结合起来，指出在当代资本主义社会弥漫了两种情绪：一种认为西方文明及其所代表的价值观带给人类的是灾难，已经终结。虽然启蒙运动所开创的平等、正义、民主等价值观给人类带来进步和繁荣，但同时也使人丧失自由、社会走向全面异化。另一种认为从启蒙运动开始的资本主义是"历史的终结"，资本主义是人类的理想社会，必将走向进一步的繁荣。这两种情绪都是在现代性的话语遭到批判的背景下产生的，其最突出的变体就是后现代性。后现代主义文化就是当今资本主义的文化，宣扬虚无主义的历史观、消费主义的价值观和生活方式、霸权主义的意识形态，让人在物欲横流中丧失对自身价值的判断和对社会的批判，沦为"快乐的机器人"。这启示中国的社会主义建设必须宣扬社会主义的、民族的、大众的、科学的价值观，让社会主义改革和建设的成果惠及每个人，让每个人在享受社会主义建设成果的幸福中实现自由全面发展。

伍德的现代性理论也存在以下失误：其一，伍德虽然认为资本主义并没有发生质变，但并没有认识到资本主义从政治、经济到文化的一系列变化带来的重要影响，特别是技术的变化带来的劳资关系的变化、社会结构的变化，反而认为是战后的知识分子（不仅包括右翼知识分子也包括左翼知识分子）发生本质变化。其二，伍德固守传统马克思主义的现代性观点，虽然指出现代性的资本逻辑，但并没有全面详细地论述从现代性到后现代性的转变过程及其当代影响。这种转变伴随苏东剧变和社会主义阵营瓦解，直接影响了当代西方资本主义社会的政治、经济、文化各个领域，一方面使社会生活呈现出消费主义和碎片化的特点；另一方面从更隐秘的层面巩固了资本主义的意识形态。其三，伍德的现代性与资本主义文化批判理论虽然从新的角度揭示了资本主义的一些变化，但既没有真正揭示这种转变的脉络和特点也没有凸显马克思现代性批判理论的价值。

第三节　伍德对民主的批判

民主是马克思历史唯物主义的重要概念，伍德考察了古代和现代的民主观念，批判了后马克思主义的民主观，揭示了资本主义民主观的三个维度及其实质，考察了如何在历史唯物主义的框架内重新确立民主的价值和地位，如何从民主的维度超越资本主义，实现社会主义的复兴。

一　伍德对后马克思主义民主观的批判

在伍德看来，后马克思主义是新的"真正的"社会主义的最新形式。早在《德意志意识形态》中，马克思和恩格斯就指出："'真正的社会主义'不过是无产阶级的共产主义和英国法国那些或多或少同它相近的党派在德国精神和我们看到的德国情感的天国中的变容而已。……它所关心的既然已经不是现实的人而是'人'……'真正的社会主义'就是最完备的社会文学运动，这个运动是在现实的党派利益之外产生的，而且在共产主义党派形成以后还想不顾它而继续存在。"① 他们进一步在《共产党宣言》中指出："法国的社会主义和共产主义的文献是在居于统治地位的资产阶级的压迫下产生的，并且是同这种统治作斗争的文字表现，这种文献被搬到德国的时候，那里的资产阶级才刚刚开始进行反对封建专制制度的斗争。……这种人不属于任何阶级，根本不存在于现实界，而只存在于云雾弥漫的哲学幻想的太空。……'真正的'社会主义就得到了一个好机会，把社会主义的要求同政治运动对立起来。"② 伍德认为，新的"真正的"社会主义否定了马克思的阶级分析法和历史分析法，将阶级和阶级斗争从社会主义方案中剥离出去。它是具有共同政治原则的思潮，主张从"阶级政治"走向"话语政治"，由"新社会运动"来进行"民主斗争"。它的

---

① 马克思、恩格斯：《德意志意识形态》，人民出版社2003年版，第85—87页。
② 马克思、恩格斯：《共产党宣言》，人民出版社1997年版，第53—55页。

主要代表人物是拉克劳和墨菲、巴里·汉迪斯等。

首先，伍德批判了后马克思主义的"社会主义是民主的一个组成部分"的观点。马克思主义认为民主革命是社会主义革命的一部分，社会主义革命内在地包括民主革命。后马克思主义认为我们生活在一个日益多元化的、变动的社会，这个社会不是由明确的社会利益构成的，人们有着多元的、变动的社会诉求和利益，政治与经济没有本质的、必然的联系，政治活动不是由阶级关系构成，是由冲突和对抗构成，这些冲突和对抗是民主话语，而不是阶级话语，民主并没有特定的阶级内涵，民主斗争是社会主义的新策略。"社会主义斗争可以被看作是多元的'民主'斗争，它把不同形式的对于不平等和压迫的反抗联合在一起。事实上，甚至可以这样说，用'激进民主'的说法来置换社会主义这个概念也是可以的。"① 这样社会主义斗争从属于多元化的"民主"斗争，民主斗争取代了阶级斗争，推动社会前进的动力不是物质利益和阶级斗争，民主的冲动和多元化的民主斗争才是历史的推动力。拉克劳和墨菲强调社会主义的解放冲动并不来源于工人阶级的利益，而是来自于自由民主的话语。这意味着工人阶级能在自由民主话语中进行解放斗争。

其次，伍德批判了后马克思主义的"社会主义民主是资本主义民主的简单扩展"的观点。以拉克劳和墨菲为代表的后马克思主义认为民主的实现不是打碎资本主义民主，而是资本主义民主的完成，是从资本主义关系的非民主的框架中解放出来。其一，他们将民主的意义无限膨胀，将民主问题看成一个数量问题。其二，他们将民主中性化、抽象化，剥离了民主内在的阶级利益的冲突。"资产阶级民主的相对独立性使其在原则上可以扩展成为社会主义民主。这样一来，社会主义不过是资本主义的完成，而且这一从此至彼的变动，可以被认为是一个不简单的连续过程。"② 从资本主义向社会主义的转变不以阶级利益为基础，也不以工人阶级为主体，民主仅仅成为实现其激进多元政治的手段和策略。

最后，伍德批判了后马克思主义的"资产阶级民主是民主唯一形式"观点。民主概念具有多样性，资本主义民主与其他形式的民主是不同的，资本主义民主是将人民当成被统治阶级，通过界定人民作用的范围，使其服务于资本的阶级利益；而社会主义民主将人民当成国家的主人，重申人

① ［加拿大］艾伦·伍德：《新社会主义》，尚庆飞译，江苏人民出版社2005年版，第4页。
② 同上书，第157页。

民应有的权力，以表达工人阶级与资本家之间利益的对立。后马克思主义抽去了民主的阶级和生产关系因素，使其意义获得了极大的膨胀。"这些意义的膨胀已经支撑起了资本主义所声称的对于民主的独一无二的所有权，诱使我们把民主认同于其资产阶级议会制形式。"① 资本主义民主与社会主义民主本质上是对立的，后马克思主义剥离民主的阶级和生产关系的做法实质是非相关性原则的运用，它使民主成为资本主义的意识形态，遮蔽了政治和经济之间的矛盾与对立。

二　伍德对麦克弗森自由主义民主的解读

伍德认为麦克弗森的自由主义民主理论没有方法论或理论可能性，没有正确揭示自由主义民主同资本主义之间的关系，自由主义民主和社会主义的融合只能依赖没有任何社会内容的空洞的形式主义；伍德指出麦克弗森不主张暴力革命，而主张走改良主义道路，希望利用和平手段过渡到社会主义社会，因而麦克弗森不是马克思主义者，更多的是自由主义民主者。

（一）自由主义民主与资本主义

所谓自由主义民主就是自由主义的民主，实际上是成功的资本主义市场社会发展的产物，即先"自由"，后"民主"，自由主义民主倡导自由，强调程序民主和多元民主。自由主义民主仅是自由和民主相结合的一种形式。自由和民主的结合有：自由主义民主、非自由主义民主、民主自由主义、非民主自由主义和不自由不民主。麦克弗森认为在自由主义民主和"市场假设"之间有历史性联系。自由主义民主和资本主义之间的联系在很大程度上源于特定思想家的思想和观念，自由主义民主基本上已经成为资本主义的一种工具，自由主义民主对于资本主义体制来说是第二位的、偶然的和暂时的。麦克弗森承认确定的历史发展必定在先进的自由主义民主引发所有权阶级与资本主义的市场关系融合之前发生，但是他从来没有解释这些发展，他的分析模式误导了对于它们的理解。"他的观点没有提供对资本主义生产关系使自由主义民主可能的有益解释。"② 伍德认为麦克

---

① ［加拿大］艾伦·伍德：《新社会主义》，尚庆飞译，江苏人民出版社2005年版，第160页。

② Ellen Meiksins Wood, C. B. MacPherson: Liberalism, and the Task of Socialist Political Theory. The Socialist Register, Vol. 15 (1978), p. 227.

弗森的自由主义民主理论没有方法论或理论的可能性，自由主义民主尽管不是资本主义生产关系的一个必然和普遍的结果，但稳固地植根于这些关系之中。从自由主义民主还没有充足的发展条件来说，麦克弗森的分析模式不能解释如何和为何资本主义的生产关系有历史必然性，相反，要考察的是自由主义民主将会以何种程度和方式来维持资本主义的生产关系。

伍德认为，应该正确评价自由主义民主和资本主义之间的关系。对于社会主义的理论和实践来说，有两个问题非常重要："第一个要关注目前自由主义民主在资本主义社会中的作用；第二个要关注自由主义民主在未来的原则以及是否已产生了对社会主义社会有益的遗产。"① 第一个问题是关于资本主义生产关系的本质及其形成自由主义民主原则的核心要素。第二个问题是关于社会主义理论对自由主义民主及其与资本主义关系的关注。如果自由主义民主脱胎于资本主义的生产关系，那么也应由其终结吗？自由主义民主制度扮演着支持资本主义的角色是依赖于资本主义生产关系持续发展的需要还是社会主义社会可能面临着要解决的相似问题？自由主义民主已经产生了应该被社会主义采纳的遗产吗？

一方面，自由主义民主与资本主义的关系开始不仅是偶然的和不相干的，甚至自由主义民主的自由和平等与资本主义的统治和不平等是相对立的。"自由主义民主和资本主义民主的平等对资本主义来说是对立的，资本主义借助于改革仅仅维持资本主义的司法和政治制度，在这个层面将在自由和平等之间产生一种张力，在另外的社会层面将在不自由和不平等之间产生一种张力。"② 这种张力在某种程度上将会代替作为社会变革发动机的阶级斗争。另一方面，自由主义民主仅仅是对具有欺骗性和神秘性的资本主义的反应。同独裁主义和法西斯主义的资本主义形式相比较，自由主义民主的资本主义国家之间没有本质上的差别。使自由主义民主适应资本主义的生产模式不能被认为是一个无关紧要的社会主义政治理论的任务。

伍德指出，决定自由主义民主和资本主义之间关系的因素如下：

第一，马克思对于司法平等和作为资本主义生产关系内在组成部分的自由的解释。依据马克思的解释，平等和自由基于交换价值中。交换主体之间的关系是一种形式平等的关系，也基于在团体中认可每个人都是所有

---

① Ellen Meiksins Wood, C. B. MacPherson: Liberalism, and the Task of Socialist Political Theory. The Socialist Register, Vol. 15 (1978), p. 227.

② Ibid., pp. 227 – 228.

者的关系。资本主义作为一般的商品交换制度，是理想的司法平等和自由的形式，自从特定的交换成立之时，自由和平等就包含一种特别的含义。资本主义所谓自由交换的目的是为了构建一种特别的社会关系，一种非自由和统治的关系，实际上是基于形式的和司法的自由以及交换关系的平等。"雇佣奴隶基于劳动力的商品化，以某种自由和平等为特征。这种自由和平等与剥削和被剥削的关系相区别。对马克思来说，资本主义关系的不自由和不平等当然不是歪曲而是实现了受简单的商品交换形式决定的自由和平等。"① 资本主义的自由和平等代表超越先前形式的进步，先前的形式被误认为资本主义的不平等和统治的对立面。资本主义生产关系的平等和自由因此被认为是自由主义民主的核心，使得后者成为唯一的司法和政治平等与自由的最完满形式，"宪政共和国"同作为资本主义暴力剥削的司法原则一样。

第二，资本主义国家的本质特征。伍德认为，对自由主义民主的评价暗示了对资本主义国家作为阶级斗争代理人的分析。国家如何直接介入生产关系不仅表现在阶级斗争的高级形态上，也表现在工作场所的资本与劳动力之间。对自由主义民主和资本主义之间关系的分析必然要承认资本主义国家作为阶级国家本质的"自主性"和"普遍性"，阶级中立是资本主义国家的特殊之处，使资本主义成为最完美的阶级剥削形式：生产者与生产工具的完全分离以及私人对榨取剩余价值的控制力的追求。资本主义社会阶级和国家的分离揭示了国家的垄断权能反抗统治阶级本身——它不仅仅是一个分离还是一个更加完美的共生，这影响阶级和国家之间劳动分工的实现，从而对剥削阶级的重要功能进行分配：剩余价值的榨取和维持剥削的强权。自由主义民主植根于资本主义生产关系的司法原则，但不能被归结为司法原则。如果平等与有限度的和模糊的自由对于所有资本主义社会模式一样重要和普遍，那么自由主义民主的政治制度不是一样普遍和对资本主义一样重要——尽管它在特定的历史条件下最有益于资本主义的发展。

第三，既要考虑一般的结构性关系，也要考虑特定历史现实。伍德认为必须超越司法和政治自由和平等的功能以便维持资本主义的生产关系和统治阶级的地位，必须考察自由主义民主政治模式的价值，这些政治和司

---

① Ellen Meiksins Wood, C. B. MacPherson: Liberalism, and the Task of Socialist Political Theory. The Socialist Register, Vol. 15（1978），p. 228.

法模式的发展程度从属于阶级斗争的历史遗产。"自由主义民主在资本主义剥削中的地位必须被承认，而且它继承了不同形式的资本主义国家间关键差别的传统认识。依赖于自由主义民主的政治模式的劳工运动的魅力不能因为一种阶级意识的失败和革命的背叛而被轻率地抛弃。受人关注的劳工运动正是存在于传统势力最强的国家。任何社会主义理论都忽略了依赖于这些政治原则和机构所带来的危险，低估了他们主张的合法性。"①

总之，伍德认为自由主义民主既没有触及资本主义统治和强制的全新领域（国家、公民社会和市场强制等），也没有触及人们的日常生活领域（工厂、学校、医院等），"这些领域是由所有权、市场'法则'以及利益最大化原则支配的，而不是以民主的可说明性为条件。"② 对于这些领域，自由主义民主不是控制而是解放它，不是消除其中的市场因素而是去维护它。由于资本主义政治和经济的分离，经济权力已经扩展到"自由主义民主"无法控制的程度，自由主义民主既不能完全脱离资本主义剥削的原则，也不能被降低为资本主义剥削的原则。任何理性的分析必须考虑自由主义民主在资本主义生产关系中的基础和在控制资本主义扩张中的历史作用，自由主义民主在资本主义社会的优越感和作用必须被建立在社会历史的分析基础上，不仅要考虑资本主义生产关系的根本结构，也要考虑特定资本主义社会的特殊性以及产生它们的历史性的斗争。资本主义与自由主义民主之间的关系是复杂的，资本主义并不能借助自由主义民主的外衣获得永恒的生命力，自由主义民主也不能同资本主义一起走向胜利，在论"历史终结"中更多地体现了自由主义民主已经耗尽了自身的能力，达到了自身所能达到的限度。自由主义民主仍然是一种"权力体系"，兼具公共权威性和维持占有性市场关系的双重职能，并遵循"效用最大化"的逻辑，成为服务于占有性市场社会的"选择的政治"。

（二）自由主义民主与社会主义国家

伍德指出，麦克弗森尝试在自由主义民主和社会主义之间建立某种联系，自由主义民主的本质被认为是对个体自我发展所承担的一种道德责任。如果从自由主义民主中剥离出"道德责任"，那么它的本质原则就是

---

① Ellen Meiksins Wood, C. B. MacPherson: Liberalism, and the Task of Socialist Political Theory. The Socialist Register, Vol. 15 (1978), p. 228.

② ［加拿大］艾伦·伍德：《民主反对资本主义——重建历史唯物主义》，吕薇洲等译，重庆出版社 2007 年版，第 230 页。

抛弃社会历史的物质基础和割裂自由主义民主的个人主义同资本主义剥削和阶级统治之间的关系。如果任何意识形态体系从根本上关注的是道德责任，那么它就是社会主义特别是马克思主义，然而事实是没有自由主义民主就没有社会主义。对伦理道德的理解既不能犯非此即彼的错误，也不能忽视它们之间的根本差异。按照麦克弗森的看法，自由主义民主和社会主义的融合只能依赖没有任何社会内容的空洞的形式主义。

伍德认为，"代替设法从自由主义民主中剥离出道德责任，而这与自由主义民主的理论和实践相对立，我们应该去寻找具体的政治原则和自由主义民主的制度，以便去考察是否在它们之中有一些值得保存的遗产。"①这要求对依据这些原则和制度而产生的社会需求的考察，判断相似的社会需求是否存在于某种社会主义社会。如果自由主义民主值得保留，那么解决政治权威就有特定的方式：法规、公民的自由、任意的特权。自由主义民主的这些功能必定会被承认，尽管资本主义自由在阶级分离的社会中极不明确，这种阶级分离的社会不仅模糊阶级的对抗，而且充当阶级权力和霸权的工具。伍德认为，根据这种观点，最民主的社会可能继续面临同非民主社会相似的问题。许多社会主义原则的建构基于一种设想，如果国家将会在无阶级社会中消失，那么国家权力将至少不再构成一个问题。社会主义者认为资本主义民主的国家机构必定破裂并被不同的激进模式代替。"代替破裂的资本主义国家将会是一种革命性的国家，而不是他们眼中的无产阶级专政的国家。……所以米利班德认为严重的问题是：民主仅仅在多元权力体系下才能维持，国家权力将会被广泛的民主组织所补充。"②

马克思认为一切社会的核心管理问题是社会劳动力的分配，在推翻资本主义统治后，这种分配问题是极重要的政治问题。作为一种社会制度，资本主义的核心社会问题不是政治问题，而是社会劳动力权威性分配的缺失问题。马克思认为无序的资本主义社会劳动分配的问题不被政治权威关注，而是依靠商品交换的机制来进行调节。资本主义涉及对物而不是人的管理，当新的社会面临一个新的和根本上的组织管理的问题之时，就必然涉及对人民的管理。伍德认为，马克思没有对这个问题进行过多的阐述，更别提研究社会主义国家的管理问题。马克思和恩格斯很少论述未来社会

①　Ellen Meiksins Wood, C. B. MacPherson: Liberalism, and the Task of Socialist Political Theory. The Socialist Register, Vol. 15 (1978), p. 228.

②　Ralph Miliband, Marxism and Politics, Oxford: Oxford University Press, 1977, pp. 180 – 190.

的主体问题，而且他们所说的通常很模糊，特别是对国家这个词的使用和理解陷入了混乱的状态。"我们被告知国家将在无阶级社会中消亡，但如果国家被定义成阶级统治的一种工具（制度），那么这仅仅是一种同义反复。国家的定义和阶级统治的含义是一样的，无法解决这一问题。另外，如果国家涉及任何形式的公共权力，那么国家随着阶级的消亡而消亡的观点将会变得模糊不清。"①

伍德认为，不管马克思和恩格斯是如何思考未来的国家，真正的问题不是在未来的无阶级社会中公共权力是否需要的问题，而是公共权力是否构成一个问题。伍德指出，那种认为发达资本主义社会靠直接的和自发的民主形式来管理的观点是非常幼稚的。"即使是无阶级的社会也会需要某种代议形式，以及由此而来的权威，而且甚至是某些人对于另一些人的屈从。……但是，去相信某些人代表另一些人行使权力而不会产生问题的想法似乎是过于乐观了。"② 社会主义必须面对这个问题，这些因素的存在可能导致权力运用的不当。伍德认为，虽然公共权力有这样的问题，但我们也必须相信公共权力将构建社会必需的功能——福利、分配、公益劳动的方向及重要公共工程的建设。国家没有从阶级划分中诞生，而是相反，国家产生了阶级的划分。假定在将来不需要任何固定的、制度化的保护，那么阻止从"政治的"权威演变为"经济的"权力、从公共的权力演变为阶级统治，似乎是不明智的。

伍德指出，马克思和恩格斯有政治乌托邦主义倾向。无阶级社会中的公共权力仍然需要意识形态和制度化的控制，这与马克思主义关于世界和社会主义革命的观点相一致。马克思相信随着社会完全的转变，并不意味着与阶级统治相关的问题都将会自动和永远地解决，相反，社会转变的实质在于社会历史的力量被有意识地控制和直接地被代替。这正是马克思所说的革命以前的人类历史是"前历史"，革命以后才是"人类的历史"。社会力量在狭义上不涉及经济计划——生产的计划。经济本身就是社会关系，这些社会关系的生产必须被计划。如果经济权力与统治和强制相关，那么它也是政治权力，社会关系生产的计划必定包括每个社会层次的政治

---

① Ellen Meiksins Wood, C. B. MacPherson: Liberalism, and the Task of Socialist Political Theory. The Socialist Register, Vol. 15 (1978), p. 228.

② [加拿大] 艾伦·伍德:《新社会主义》, 尚庆飞译, 江苏人民出版社 2005 年版, 第 184 页。

计划，用制度化的手段去防止统治和剥削关系的复活。甚至在无阶级社会，也要监督权力以防止其乱用。社会主义的政治模式将是一种代理体制，具有一些管理工具，国家权力和公共权力之间仍然有一种张力，政治问题不能有效地被实行直接民主的代理者解决。"国家的存在必须执行其作为代理者的一项特殊的任务，不是简单的对公民社会的民主管理，而是如马克思所说的国家对社会的屈从。"①

伍德认为，马克思和恩格斯可能通过宣称国家将会在无阶级社会消亡或公共权力将失去政治色彩来掩盖这个问题。恩格斯在绝大多数情况下明确地指出国家将在世界上某个合适的时候消失，恩格斯嘲笑无政府主义者相信靠改变公共权力的标签就能实现国家的改变。尽管公共职能将失去其政治性质，而变为维护真正社会利益的单纯的管理职能，但国家消亡的问题并不会那么容易解决。在阶级社会中这种人道的和非政治的公共权力是不存在的，只有在无阶级社会中它才有可能存在。

伍德指出，马克思已经考察了国家消亡的问题。马克思提出"国家对社会的屈从"的观点，但是，马克思并没有说国家被社会吸收，也没有涉及国家消亡的问题。在《法兰西内战》中，马克思讨论了巴黎公社，认为公共权力将由政府机构组成，它们是社会的代理者，不凌驾于社会之上。社会怎样确保政府机构对其负责并且不凌驾于其上呢？马克思回避了这个问题，看不到这个问题或承认它的重要性。在马克思的《哥达纲领批判》中出现了"国家的屈从"，马克思暗示国家不仅在共产主义社会中存在，而且对于国家权力机构的限制可能有助于解决国家消亡的问题。一方面，马克思指出资本主义社会中的自由与"国家完全屈从于社会"中的自由有很大不同，后者只能在阶级统治消亡时才能发生。另一方面，马克思指出资本主义国家中的自由和共产主义国家对社会的屈从之间有某种联系，这种联系同国家权力的建立以及对"国家自由"的制度化的限制之间有联系。马克思指出，当共产主义社会实现的时候，国家将经历转变，现代国家的一些功能将会保留。这意味着一个民主国家将会仍然是一个国家，而且将要求意识形态和制度化努力去限制官僚主义。到目前为止，最发达的资本主义国家的自由模式是限制国家的自由，社会主义可以从自由主义民主中学到一些东西。

---

① Marx, Critique of the Gotha Programme, Selected Works, Moscow: Foreign Languages Publishing House, 1962, p. 32.

马克思和恩格斯认为自由依赖于对国家自由的限制，这并不意味着要建立更加民主的司法或代理机构。恩格斯提出：用法律和司法系统来限制国家的自由。司法系统代表对国家的反对甚至社会的管理，而不仅仅是国家的工具。总之，恩格斯对国家消亡以及国家自由的问题显得过于乐观，如果这种模式的自由主义民主是有效的，那么对资本主义国家的控制是可能的。

（三）自由主义民主与革命

伍德认为，不管自由主义民主能够给社会主义带来何种启示，它至少能显示某种特定的政治传统的诱惑，这种政治传统更多的是一种直接的战略暗示。在那些具有自由主义民主传统但不必然是民主的国家中，工人阶级具有革命性并对资本主义的民主政治制度深信不疑。英国的劳工运动对资本主义的政治民主制度具有一种崇拜的传统。越是在自由主义传统强烈的地区，社会主义理论中就会越少包含马克思主义，甚至马克思本人也被这种政治传统所影响。他在1872年认为英国和美国是最有可能通过和平手段实现向社会主义转变的国家。"我们知道，必须考虑各国的制度、风俗和传统；我们也不否认，有些国家——像美国、英国，如果我更加熟悉你们的制度。我可能也增加荷兰——在那里工人用和平手段实现他们的目标。但是，即使如此，意味着我们也必须承认这个事实，即在绝大多数的大陆国家，革命必须是暴力的。"①

伍德指出，马克思认为其他国家相比英美来说更加需要暴力革命来实现向社会主义的转变，英国是世界上最无产阶级化的国家，马克思也期望美国变成"工人的"大陆。然而马克思没有涉及不同国家的阶级构成问题，而是提到了它们的"制度、习俗与传统"。马克思特别在意的制度与传统中至关重要的因素不是该国的民主程度。英国直到1872年仍然没有实现普遍的成人选举权，而且没有民主政治的传统。而此时的法国已经实现了普遍的成人选举，而且其政治民主化的制度也在很早以前就建立了，处在建立资产阶级民主共和国的前夜，已经给世界提供了最具影响力的民主传统。在《哥达纲领批判》、《路易·波拿马的雾月十八日》中，马克思认为与大陆上那些强有力的官僚和警察政权的主要资本主义国家相比，"英美这些不够严格的资本主义国家形式，使人形成了这样的印象，即统

① Ellen Meiksins Wood, C. B. MacPherson: Liberalism, and the Task of Socialist Political Theory. The Socialist Register, Vol. 15 (1978), p. 238.

治的结构——在其最高的层次上就是国家——能够更容易地通过和平的议会手段来实现转换。"①

如果马克思对自由主义民主的政治形式和传统给予乐观的估计，那么有直接经验的工人阶级的大多数相信一种并非特别民主的政治传统也就不足为奇了。"被统治阶级在与统治阶级的关系中已然拥有的对于司法与政治制度的追求，连同其对于国家本身的'自由'的约束，已经产生了对于法律和政治形式效用的信任，尽管这种信任很难说是无限的。"② 这种信任不会因为其不合理而被抛弃，特别是在英国。相似的传统也可能解释美国社会运动的特殊性。工人阶级最不够代表任何主要的资本主义国家的资格，而国家通常对工人阶级和社会反抗的表达怀有敌意。美国因许多劳工运动而著名，同样因减少质疑宪法的社会问题和各种捍卫公民权的社会运动而著名。伍德认为个人通常会对国家和宪法表示不满或选择采取邪恶的方式来表达愤怒，以便使国家回到其合理的范围，而资本主义潜在的社会关系很少被质疑。伍德以美国的"水门事件"为例揭示了直接的宪法危机，因为这个事件反映了公众对过度掩盖资本主义社会的地区性矛盾的意识。相反，1968 年的法国学生和工人运动从根本上是为了寻找引发公众不满的社会根源。

伍德指出，同样的因素可能产生对资本主义民主的政治和法律形式效用的质疑，有利于解释马克思主义对那些自由主义民主传统已经增强的国家进行分析而产生相对的理论空场。伍德认为麦克弗森通常因激进的表现而著名，但他在清算"占有性个人主义"的根源之时忽视了对社群主义和社会变迁的历史分析，人为地强加自己的观点给古人，造成理论逻辑的断裂与思想的无力。从专制主义到自由主义再到自由主义民主反映了资本主义社会的历史进程，在对自由主义民主的分析中，麦克弗森没有分离出传统的最具诱惑的内容，被认为对阶级和国家、资本主义的本质、自由主义民主和资本主义起源的联系的分析有不充分之处。麦克弗森将自由主义民主从其社会基础中剥离出来，这可能解释他的安哥拉—美国政治思想传统。这个学术传统可能表达对资本主义的道德愤慨，而不是基于对资本主义的大量分析，而且资本主义国家实际上已经超越了资本主义自我评价的

---

① Ellen Meiksins Wood, C. B. MacPherson: Liberalism, and the Task of Socialist Political Theo-ry. The Socialist Register, Vol. 15（1978）, p. 238.

② Ibid. .

系统。

伍德认为，自由主义民主政治传统也许是可行的和最吸引人的，而从社会分析中抽象出来的纯粹政治理论是流行的学术风格，这种风格对那些企图证明现存社会关系的理论家特别有吸引力。马克思主义的国家理论有必要揭示政治和学术传统的神秘性。如果马克思主义的政治理论具有反霸权的影响力，就不应该限制自己的国家理论，而应该适应这种意识形态的神秘性。社会主义应该从内容、形式和本质上挑战这种神秘性的学术传统，社会主义的民主也不可能是自由主义民主简单的非对抗性的转型，必须深入资本主义生产关系和权力关系中，揭示自由主义民主赖以生存的社会基础，否则就会犯历史虚无主义的错误。

伍德详细分析了麦克弗森的自由主义民主理论与资本主义、社会主义国家和革命之间的关系，并在这三个维度的基础上构建了自己的自由主义民主理论。伍德认为自由主义民主与资本主义是一种矛盾的关系，自由主义民主在原则上同资本主义是相抵触的，前者强调的是"人权"，后者强调的是"财产权"。一方面，资本主义为了宣扬所谓的普世价值观：自由、民主、平等、博爱等，将自由主义民主中真正的"民主"和"自由"置换为作为资本主义意识形态的民主和自由，将资本主义的代议制政体和普选作为民主的普遍形式，混淆了资本主义民主与自由主义民主的差别。另一方面，自由主义民主具有意识形态的属性，没有改变资本与劳动之间的根本对立关系，必须深入资本主义的生产关系中考察自由主义民主的本质和运作，揭示自由主义民主在资本主义剥削中所扮演的角色。自由主义民主在同资本主义冲突中必然会突破一定的界限，但其自身的局限性又需要强有力的国家政权进行控制，资本主义国家只会采取强制手段将"民主"限定在有限的范围，而社会主义国家却不会，虽然马克思强调国家的"消亡"，但在社会生产力还没有足够发达、市民社会与国家的良性互动还没有形成之前，国家的存在是必要的，民主的实行需要国家权力和公共权力（市民社会）来保障。自由主义民主本质上来说是通过法治和公民自由限制国家的"自由"，但无法消除权力的异化，关注的只是对权力异化的控制，这对社会主义国家有意义。社会主义国家的核心将是一种民主组织模式，这种民主组织模式是自由和民主的结合体，但不会导致对这二者关系的误认，社会主义国家与民主是同一的。为了实现自由主义民主的转型，消除资本主义政治与经济的分离是必要的，社会主义国家作为"国家消亡"过程中的一个阶段，也必须实现变革，包括进一步发展社会主义的生产力，变革社会主义的生产关系，将不具有彻底性的社会主义代议制民主体制转变为由拥有共同财产和物质生活方式的自由人联合体管理的自治体制，这种体制消除了资本主义生产关系及其民主形式的残余，实现了最完满的民主。自由主义民主正在这一过程中既扬弃了自身的弱点，又实现了自身的转型和价值。

伍德坚持马克思的历史分析和阶级分析方法，比较准确地揭示了麦克弗森自由主义民主理论的乌托邦性质。其一，伍德认为麦克弗森的模糊的历史方法和方案绝大部分在其最新的著作《自由主义民主的生命和年代》中表现出来。自由主义民主已经占据了其理论建构的制高点。如果在《自由主义民主的生命和年代》一书中所概括的政治哲学想要体现社会主义方案，那么这种方案与其理论支撑相矛盾。因为麦克弗森虽然强调政治制度的转变，但抛弃暴力革命，诉诸自由主义民主的改良。其二，伍德认为麦克弗森不寻求揭示阶级的含义，这无法真正揭示阶级与国家及民主之间的关系。其三，伍德认为麦克弗森的著作尽管有其历史基础，但他从社会关系中抽象出政治理论，忽视了政治理论的历史条件，忽视了政治史的维度。其四，伍德指出，尽管麦克弗森明确地提出社会和政治转变的方案，但他对资本主义的分析同传统对资本主义的描述没有多大的不同，他的方法促使人们去考察多元的自由理论怎样产生或如何符合社会实际。伍德过于否定麦克弗森自由主义民主理论中的自由主义色彩，忽视其对构建新型民主政治的建设性作用；伍德没有看到麦克弗森自由主义民主理论中的马克思主义因素，如阶级分析方法、个人的自由全面发展思想、剩余价值理论等。

伍德对麦克弗森自由主义民主理论的批判的启示表现在：

第一，揭示西方资本主义民主的虚假性和局限性，破除对西方民主制度的迷恋。自由主义民主与资本主义是一种矛盾的关系，自由主义民主在原则上同资本主义是相抵触的，前者强调的是"人权"，后者强调的是"财产权"。一方面，资本主义为了宣扬其所谓的普世价值观：自由、民主、平等、博爱等，将自由主义民主中真正的"民主"和"自由"置换为作为资本主义意识形态的民主和自由，将资本主义的代议制政体和普选作为民主的普遍形式，这混淆了资本主义民主与自由主义民主的差别。另一方面，自由主义民主具有意识形态的属性，没有改变资本与劳动之间的根本对立关系，必须深入资本主义的生产关系中考察自由主义民主的本质和运作，揭示自由主义民主在资本主义剥削中所扮演的角色。

第二，社会主义国家与民主具有同一性。自由主义民主在同资本主义冲突中必然会突破一定的界限，但其自身的局限性又需要强有力的国家政权进行控制，资本主义国家只会采取强制手段将"民主"限定在有限的范围，而社会主义国家却不会，虽然马克思强调国家的"消亡"，但在社会生产力还没有足够发达、市民社会与国家的良性互动还没有形成之前，国家的存在是必要的，民主的实行需要国家权力和公共权力（市民社会）来保障。自由主义民主本质上来说是通过法治和公民自由限制国家的"自由"，但无法消除权力的异化，关注的只是对权力异化的控制，这对社会主义国家有意义。社会主义国家的核心将是一种民主组织模式，这种民主组织模式是自由和民主的结合体，但不会导致对这二者关系的误认，社会主义国家与民主是同一的。为了实现自由主义民主的转型，消除资本主义政治与经济的分离是必要的，社会主义国家作为"国家消亡"过程中的一个阶段，也必须实现变革，这包括进一步发展社会主义的生产力，变革社会主义的生产关系，将不具有彻底性的社会主义代议制民主体制转变为由拥有共同财产和物质生活方式的自由人联合体管理的自治体制，这种体制消除了资本主义生产关系及其民主形式的残余，实现了民主最完满的形式。

第三，民主政治建设要以人的自由全面发展为出发点和落脚点。伍德强调对形式民主和实质民主的区分，指出法律上资本主义民主的平等与实质上的资本主义不平等之间的对立和张力。自由、平等、公正、法治，反映了社会主义社会的基本属性，始终是我们党和国家奉行的核心价值理念。在构建政治文明过程中，不仅要注重形式的民主和平等，更要将民主和平等落到实处。"占有性个人主义"是对民主的歪曲，只有在真正民主的社会才能实现"创造性的个人主义"，这个社会的目的是为了每个人基本能力的充分而自由的发展。这同马克思构建"自由人联合体"的思想是一致的，社会主义的实质不是为了"物"，而是为了"人"，在构建社会主义政治文明过程中，必须牢牢坚持"以人为本"的科学发展观，让人民大众充分享受到主人翁的地位。我们党坚持科学发展，坚持以人为本，坚持执政为民，坚持依法治国，最终的目标都是服务人民，促进人的全面发展，践行自由、平等、公正、法治的崇高理念。

总之，通过伍德对麦克弗森自由主义民主理论的批判，解释了自由主义民主的三个特点：其一，自由主义民主天然与资本主义制度及其意识形态相关。其二，自由主义民主虽然具有自身的运行规则，但不能脱离现实的社会生产关系和政治实践。其三，自由主义民主既不能在资本主义社会中实现其完美价值，也无法成为全人类的价值追求，它只是资本主义在特定阶段的产物。因此，要超越自由主义民主，既要反对后马克思主义对民主的任意嫁接，也要反对自由主义者对自由民主的歪曲，要从根本上消灭资本主义制度，彰显社会主义对真正民主彻底实现的意义。对自由主义民主的批判性认识有助于我们更好地认识当今帝国主义的权力逻辑，揭露帝国主义反人类的本质，否定"西方中心论"和"历史终结论"，有助于促进中国的政治文明建设，彰显全人类的价值追求。

三 资本主义民主的三个维度

伍德认为以美国为代表的新帝国主义依靠自身强大的政治、经济、文化和军事实力将资本主义民主推向全球，谋求世界霸权。民主在资本主义世界实际上承担着三个角色：作为资本帝国主义意识形态的民主、作为资本主义霸权工具的民主、作为社会运行机制的民主。这三个方面是一个辩证统一的关系，在此基础上才能理解新帝国主义的实质，才能消除美帝国主义的霸权美梦。

（一）作为帝国意识形态的民主

伍德指出，帝国主义与民主的联系深刻地植根于美国观念之中，许多美国人坚信这代表了他们国家命运的宣言。

1. 自由、平等与帝国主义

伍德指出，在"9·11"事件的刺激下，美国发动了阿富汗战争，60位美国学者发出一个声明《我们为何而战：来自美国的信》。这封信提出根本价值的声明，指出他们发动战争的价值以及五个真理："第一，人类天生就是自由和平等的。第二，社会的基本主体是人，政府的法定角色是为人类的繁衍提供帮助和创造条件。第三，人类天生渴望寻找关于生活目的和最终归宿的真理。第四，意识的自由和宗教信仰的自由是人类不能剥夺的权利。第五，以上帝名义的残杀有悖于信仰上帝，这是对宗教信仰普遍性的背叛。我们为保卫自己及保卫这些普遍原则而战。"[1]

---

① Ellen Meiksins Wood, Democracy as ideology of empire. In Colin Peter Mooers（ed.）, The new imperialists：ideologies of empire. Oxford：Oneworld, 2006, p. 10.

这封信的签署者指出战争反对恐怖主义、适合"合理战争"的条件。这场战争是首要的和最重要的，因为它适应了侵略和扩大的战争从未被接受的条件。在这个背景下，布什政府无法掩盖其获得阿富汗和伊拉克的战略位置以维护其霸权的企图。这是一种自相矛盾的说法，因为一方面战争与自由平等从来都是矛盾的；另一方面对自由平等的追求则成为帝国主义和战争的关注点。这个矛盾的问题成为分析帝国主义运行方式的前提。伍德认为要解答这个问题必须考察资本主义。"在资本主义社会中，占有者与生产者在法律上是自由和平等的；他们之间的关系被认为是自由和平等的个人之间协商一致的契约性关系；甚至普选可能也没有从根本上影响资本的经济权力。"① 事实上，资本的获利来自于古老人性差异的消失，因为资本的兴盛建立在减少所有类型的人类可交换劳动的基础之上。

资本主义在非经济权力条件下分配的能力揭示了它在自由民主条件下的剥削能力。这种情况在剥削依赖于政治权力的垄断的任何体系中是不可能存在的。这是说资本主义已创造了新的、纯粹的经济强制：工人财产减少，出卖自己的劳动力以获取报酬，市场的强制控制着经济体系。"在资本主义社会，占有和剥削剩余的权力似乎不直接依赖于法律或政治上的依附关系，而是以'自由'生产者（法律上自由并完全丧失生产资料）与绝对的生产资料私有财产占有者之间的契约关系为基础。因此，资本主义分化出了一个'经济'领域，它意味着对剩余劳动的占有是通过'经济'手段在'经济'领域发生的，是通过商品交换的机制来实现的。"② 在政治领域中的资本和劳动有民主的权利，而在独立的经济领域中它们之间的关系无法完全转变，人类的许多活动在经济领域被决定，而无法实现民主，资本主义因此能与自由和平等的意识形态共存，其他的任何主导型的体系不能做到。资本主义与工人的意识形态形似，都是自由和平等，这已变成支撑资本主义最重要的意识形态。形式民主没有从根本上触动剥削关系，而且具有自由、平等和非阶级的意识形态，成为维持和再生产资本主义阶级关系的最有效机制之一。从表面上看，通过强调一个领域的形式民主和另一个领域的事实不平等之间的张力，经济与政治领域的分离使阶级间的不平等更明显。但从法律和政治上界定阶级不平等的消失实际上已使资本

---

① Ellen Meiksins Wood, Democracy as ideology of empire. In Colin Peter Mooers（ed.）, The new imperialists: ideologies of empire. Oxford: Oneworld, 2006, p. 11.

② 文兵：《历史唯物主义重建之下的民主观念》，《北京行政学院学报》2012 年第 1 期。

主义社会中的阶级关系更模糊。例如在封建社会，不可能误解贵族和他们法律上依赖的农奴之间的剥削关系——不是因为农奴明确地将自身的劳动、劳动产品出卖或直接出租给地主，而是因为他们之间的不平等在法律上是明确的。"在资本主义社会中，资本家给工人付工资，而不是其他形式，这也没有得到法律和政治上的承认。事实上，一直依赖强调的是他们之间的不平等。"① 当资本必须证明自身的剥削和控制正当时，它不能产生任何不平等的原则，必须采取完全复杂的策略。这是国内层面上资本与劳动之间的真正关系。

2. 资本帝国主义的运行法则及其意识形态

在资本帝国主义早期，认为帝国主义依据财产理论进行殖民统治是正当的。首先，当土地没有被侵占，甚至没有得到当地居民同意时，殖民者宣称将使这个地方繁荣。这种观念首次出现在托马斯·莫尔（Thomas More）的《乌托邦》一书中。但有关这个问题的争论很快变得激烈：甚至被侵占的土地不是真正的财产，以及当土地没有被足够有效利用之时可以没收——这从根本上意味着土地不是在高度发达的商业环境中用来获取利润的。这种观点已在 17 世纪早期爱尔兰的英帝国主义的辩护之中就产生了。最系统化的理论在洛克（John Locke）的政治理论中，财产权是基于生产和利用财产获取利润，是基于交换价值的生产。

伍德认为资本帝国主义运用经济强制来实现对全球市场的控制。"传统的殖民帝国通过'超经济'的强制手段，通过军事征服和经常的直接统治来控制其领土及属国。而资本帝国主义则能够通过经济手段来实施其统治，如操纵市场力量，包括债务为武器。"② 现在以一种完全超越规则和控制的方式保证殖民化是可能的。这是运用同样的规则于殖民地，像英国在国内经济中利用财产一样。在英国，资本主义竞争、积累、利润最大化的规则渗透进所有财产关系中。殖民地的土地和英格兰一样被看作是普遍的和浪费的，被纳入到涉及商业化农业利润的领域中。这展现了一个全新的伦理道德，即交换价值胜过所有其他商品，从剥削和占有到生态灾难，资本主义都以自由和平等为名义，使为每种剥削的正义性辩护成为可能。但

① Ellen Meiksins Wood, Democracy as ideology of empire. In Colin Peter Mooers (ed.), The new imperialists: ideologies of empire. Oxford: Oneworld, 2006, p. 12.

② ［加拿大］埃伦·M. 伍德：《资本的帝国》，王恒杰、宋兴无译，上海译文出版社 2006 年版，第 3 页。

是以财产理论的形式为帝国主义辩护代表了帝国主义一个特殊的时期，很快被证明为不充分。资本主义将最终发展到殖民化不再是必要或渴望的时候，资本帝国主义就出现在 20 世纪的后半叶。"当资本主义强加其经济权力于世界，它就没有必要实行直接的殖民统治。"① 这经历了漫长的时期。甚至在英帝国，资本的经济权力和市场强制从来都是不充分的，在印度，帝国权力甚至必须回归前资本主义帝国时期的做法，即殖民帝国依靠军事专制实施统治。资本主义帝国的彻底发展依赖以上所有的经济强制，这是美帝国主义的基本特点。总之，美国倾向于避免带有殖民色彩，代之以形式帝国来维持霸权，依赖其资本的优势，它强加市场强制并控制其他国家和地区。如果没有军事力量的支持这是不可能的，但是权力没有用来满足传统帝国控制殖民地的目的。美国的角色已经改变，它充当全球体系的警察，为资本运动提供安全保障。这个问题与资本帝国主义产生的意识形态相关。现在没有一种理论能证明非殖民化、非殖民帝国的存在，但是如何要求帝国不对殖民地进行直接统治和不需要个人统治或财产控制呢？这就需要通过对资本帝国主义的分析来回答。

伍德认为，资本帝国主义的目的是为资本的自由流动提供保障，特别是保证美国的资本在世界任何地方的流动，这被称作门户开放主义。这不意味着殖民统治，不意味着对殖民地人民的直接统治。"尽管我们反复受全球化理论影响，但不意味着主权国家的消失。相反，它要求一个稳定的多元国家体系保障资本主义的规则。"② 资本的自由流动也不意味着一个真正统一的全球经济。世界经济相互依赖是事实，这意味着世界经济都屈从于全球资本的强制；但门户开放主义和所谓的自由贸易是一个方面。全球资本实际上从非平衡发展的国内经济中获利，这使其剥削廉价劳动力和资源，同时限制来自于低收入经济体的竞争。全球资本也从控制劳工运动中获利，不需要一个全球化的国家，而需要听命于全球国家体系，保证经济和政治规则实行于领土边界内，同时有利于全球资本对领土边界的渗透，没有显示任何危险的挑战或竞争。

伍德认为，与传统帝国主义不同，资本帝国主义不依赖于证明帝国统治的合理性，而是否认它的存在。资本帝国主义与资本主义一样掩盖阶级

---

① Ellen Meiksins Wood, Democracy as ideology of empire. In Colin Peter Mooers（ed.），The new imperialists: ideologies of empire. Oxford: Oneworld, 2006, p. 13.

② Ibid.，p. 14.

统治的方式。在资本帝国主义的统治下，资本与劳动之间的阶级关系模糊了，在形式上的自由与个人平等之间采取协商一致的契约形式。"在资本主义社会中，形式上政治平等不必是一个隔离开来的特权领域……就直接生产者而言，资本主义劳动契约在其外是自由平等的，但在其内是不自由和不平等的。"① 资本帝国主义的剥削缺乏殖民规则的透明性。但依靠资本主义的市场强制，全球资本能在没有直接统治的条件下实施统治。代替运用国家权力实施直接统治，全球资本在诸多主权国家的背景下兴盛，在资本主义民主中，民主政治由形式自由和具有平等公民权的个人组成。公民平等倾向于掩盖资本主义社会中的阶级统治，法律上的国家主权倾向于掩盖帝国统治。"资本主义民主的虚假性归根到底就在于它是表面的政治民主与实际的经济强制的结合。"② 资本主义的民主其实就是资本主义统治的意识形态。但靠这些来证明新帝国主义的合理性是不够的。因为资本帝国主义依赖于征税和资本主义经济强制的维持也要求一个经济规则的证明。经济帝国主义在这个意义上在 20 世纪后期成为现实，意识形态的策略仍然在发展过程中，但轮廓现在已基本清楚。"近年来最主要的策略是将全球资本主义经济当成相互的、自然的现象和历史的必然性，全球化是两种自然过程的不可避免的结果：市场的自然规律和技术决定论。"③ 将市场规律理解成不可避免地包含整个世界的事物发展的规律就无法批判它；新信息技术不仅促成这个过程，而且甚至是这个过程的主要原因。资本帝国主义有着深刻的矛盾，其意识形态更加复杂。"不管纯粹的经济强制如何强大，不管帝国主义权力有多强，它能从纯粹的经济统治中获利，而不是更危险和少利润的殖民冒险——或确定是因为它无法主导这个直接统治的世界——帝国不能没有全球国家体系管理全球经济。"④ 一个真正的全球化国家能维持全球资本，民族国家已经维持了国内资本，在资本的经济力量与维持它的政治力量之间有一个真正的结合点。

　　伍德认为一个多元国家的全球体系显现出自身的问题。在全球国家体系中，为资本提供稳定环境和维持规则不是容易的。这要求纯粹的经济权

---

① ［加拿大］贾斯廷·罗森伯格：《市民社会的帝国——现实主义国际关系理论批判》，洪邮生译，江苏人民出版社 2002 年版，第 111 页。

② 屈婷：《论艾伦·伍德对资本主义民主的批判》，《理论与现代化》2012 年第 3 期。

③ Ellen Meiksins Wood, Democracy as ideology of empire. In Colin Peter Mooers (ed.), The new imperialists: ideologies of empire. Oxford: Oneworld, 2006, p. 13.

④ Ibid. .

力所不能提供的政治、军事和意识形态的支持。具有讽刺意味的是，在任何帝国历史中，要求军事权力更重要，尽管事实上它的目的不是用来领土扩张或殖民统治。如果有任何相似的目的，那么就是模糊和完全接受，管理这个世界以便让资本的流动更安全。资本帝国主义不仅需要意识形态在全球国家体系中帮助维持合适的政治环境，而且也需要证明其使用大规模军事力量的合理性。而且军事力量使用的合理性的证明不仅是为反抗真正的敌人，甚至是为殖民扩张，为无限的目的。总之，资本帝国主义需要意识形态来证明国家之间的无限战争的合理性。

3. 民主和资本帝国主义

伍德认为资本帝国主义处理一些事情同早期帝国主义不一样，它们具有危险性相对脆弱的民主，这非常适合阶级统治和帝国扩张。它的主要目的不是增强民主的公民权，而是在面临不可能的大众政治和大众主权的情况下保证精英统治。其目标是公民的去政治化和将民主转变成规则，依赖掌握财产的阶级来统治消极的公民，将民主限制在有限的、形式化的政治领域。资本帝国主义使民主的公民权相悖于或屈从于官僚集团的经济利益。"资本主义民主中的政治平等不仅能够与社会经济的不平等同时存在，而且还能使这种社会经济的不平等基本保持不变。"① 历史已为经济权力和政治权力的分离提供了条件，而且现在必须给政治领域重新留个出路，以便使其屈从于经济权力。政治明显地被定义成调节阶级不平等和经济利益多元化的工具。面对产生于美国革命的强大公民权，民主尽可能中性化已成为一种流行观念。宪法的创立者原本想保证民主的公民权，而不是民主的国家权，权力应掌握在人民手中。一方面，大多数权力必须靠尽可能的碎片化和过滤来消除，以便防止权力联合成压倒性的力量。这是詹姆斯·麦迪逊（James Madison）所指出的共和国的一个大优点。另一方面，控制财产的富裕精英的权力必须依靠过滤的大众权力来保护，通过代理制以及权力机构，而不是屈从于选举——参议院和总统。

伍德指出，传统帝国通过直接军事干预谋求霸权的策略现在已经失效，虽然形式民主和平等主义的意识形态受到限制，但是民主在传统帝国策略不再有效后变得特别有用。比如，认为第三世界将按照西方标准，在西方的帮助下获得发展。这会在维护帝国利益和要求的前提下发生，至少这种帝国理

---

① ［加拿大］艾伦·伍德：《民主反对资本主义——重建历史唯物主义》，吕薇洲等译，重庆出版社 2007 年版，第 209 页。

论给发展中国家提供了一些积极的信息。战后发达国家的长期繁荣给长期的经济衰退提供了机会，发展理论让位于新自由主义，伴随着其"结构调整"、私有化和弱势经济体，而对外国资本和金融投机无能为力。在这个背景下，一些著名的新自由主义者甚至承认未来世界80%的人口将是多余的，高技术农业和农业商人将代替成千上万的农民，涌进城市，形成城市贫民区。"对这些成千上万的人来说，他们没有福利，未来没有希望；甚至与不激进的新自由主义理论相比，传统发展理论承诺得更多。但讨论民主是廉价的和采取功利的保守策略，至少满足帝国资本的国内消费。"①

　　伍德认为民主尽管要保证民主选举和其他民主形式，但根本目的是实现彻底的阶级统治。资本主义甚至在早期就创造了经济与剥削权力分离的可能性，它不再依赖唯一的政治权力。现在存在着一个独立的经济领域，有自身统治的原则。但美国民主创造了政治领域，适应了政治权力和经济权力中的资本主义劳动分工。今天，美国代表了资本主义民主的模式，美国民主结合了意识形态的观念和实践，形式的人民统治和实质的资本统治。在美国，公民民主不会直接影响在任何情况下的阶级权力。资本主义使民主限制在可控制的有限领域，但是占有权与强制权之间的劳动分工使这种可能性存在，也使国家成为资本主义一个重要的组成部分，没有干预，甚至所有的公民在法律上平等，具有普选权。但资本主义依赖国家创造积累的条件，资本自身不能创造。国家权力掌握在错误的人手中仍然是危险的事情。美国的民主特别是宪法保护公民权，使政治屈从于阶级不平等和经济利益的多元化。到现在为止，美国的民主已使形式民主和资本主义的阶级统治在国内外维持了很好的平衡。

　　伍德认为美国民主的实质是形式民主与阶级统治——资本的阶级统治的结合。这涉及一个精致的抽象化的关于大众主权的主张与资本统治之间的平衡，以及政治对资本主义市场的屈从和利润的强制。美国很好地接受了这种复杂的结合。"我们被灌输财产是最根本的人权和市场是真正自由领域的观点。我们被迫将国家当成试图维持财产权和自由市场的一个工具。我们被迫接受最多的社会条件在超越民主范围的经济领域被决定的观点。"② 伍德认为"人民"不是在社会方面作为一般的人、工人或与大众权力相关的，而是作

---

　　① Ellen Meiksins Wood, Democracy as ideology of empire. In Colin Peter Mooers (ed.), The new imperialists: ideologies of empire. Oxford: Oneworld, 2006, p. 17.

　　② Ibid. , p. 19.

为一种纯政治的类型；而且将民主限制到一个有限的、形式的政治领域。她认为政治权力是消极的，公民权是消极的，个人甚至私人特征可以通过一次次的选举实现，但没有积极的、集体的或社会的内涵。所以对美国人来说，运用这种民主观念于帝国主义不是不可能的。

伍德将 20 世纪的美国作为帝国的一种先锋类型，称为门户开放的帝国主义。门户开放政策最先同中国有关，这个政策开始于主张中国的领土完整，即外国有在中国实施统治的自由权，但中国的领土完整需要保证美国资本的利益，给美国资本渗透中国经济提供自由。而这意味着为美国创造一个舞台，美国能在这个舞台上做其他帝国主义强权所能做的事。世界存在多样性的国家，这些国家可能保证它们的领土完整，当开放它们的经济领域给外国资本及美国之时，必须按照美国资本及美国的要求运行。在国际规则与美国民主共和国之间有一个明显的关系，在美国民主的公民权是资本并通过经济强制的手段结合在一起的。美国以明确的反殖民的公平、平等和民主扩展的名义通过军事手段打开那些国家的大门。这意味着政治与经济权力形式分离具有可能性，美国支持从属国家的领土完整和主权。甚至左派人士已被这种意识形态策略说服。例如，考察安东尼奥·奈格里（Antonio Negri）和麦克尔·哈特（Michael Hardt）的《帝国》一书，描述了美式帝国，认为它与门户开放时期的帝国类似。然而，对美式帝国民主的说辞，美国似乎表现出友好地独裁专制。以民主名义模糊民主是另外的选择，已成为近年来更为重要的事件。例如在中东，它已很难消解传统的伊斯兰运动对美国独裁朋友的反抗，这种威胁已成为真正大规模的运动；而且在这种背景下最好的策略是代替这些独裁统治，伴随统一的民主。美国不可避免地推迟支持伊拉克的选举。这可能通过直接干预或支持其友好的独裁统治来实现，他们设法限制形式民主改革的危害。美国的民主特别有用，提出两种基本的策略。"一种是寻找阻碍大多数人权力的选举过程与制度。另外一种是最根本和最重要的——尽量过滤民主的社会内涵。"① 在第一个方面，政治群体像主要的反对势力当然被排除，如穆斯林兄弟会从埃及选举过程中被排除，尽可能保护财产或美国利益。在伊拉克，美国的占领意味着直接地干预一个真正的民主化转型。但所有这些说法和行为是民主的反社会化，是真正关键的反民主化策略，更重要的是结

①. Ellen Meiksins Wood, Democracy as ideology of empire. In Colin Peter Mooers（ed.），The new imperialists: ideologies of empire. Oxford: Oneworld, 2006, p. 21.

果而不是选举建议。反民主化策略是将形式政治权代替任何社会权力，这是新自由主义扩展的目的和影响。如果全球化准备将民主推向世界，发达资本主义国家就让我们相信当面对资本权力变得更脆弱之时，经济和社会生活将会超越民主权力所能达到的范围。

伍德指出，在帝国意识形态和民主之间的抽象化的平衡已依赖于政治与经济领域之间独特的劳动分工，到目前为止它运行良好。但政治与经济权力之间的传统关系使资本主义容纳形式民主的分离成为可能，国家与资本之间的劳动分工正在被侵蚀。她认为早期的政治与经济权力的分离已使资本扩展到全球并超越政治边界，使资本的经济权力和维持全球经济的政治权力之间产生了持续扩大的鸿沟。全球化经济的结果是国家通过运用国内关系的手段管理经济运行，资本已变得更加依赖区域国家体系对经济的管理。这意味着经济与政治之间的劳动分工更严重，全球化资本需要统一的国家体系使民主化转型更有可能，民主有一个更真实的内涵。资本不仅在帝国中心需要区域国家，也贯穿全球体系管理全球化经济。在新的世界规则中，民主甚至在它的有限形式中都面临着持续地攻击。最坏的结果意味着战争，在无限战争的国家，甚至资本主义社会的形式民主也在威胁之中。存在对自由主义民主的攻击，对在美国和其他地方公民自由的攻击。这是坏消息，好消息是区域和民族斗争现在比以往更重要。全球化资本对区域国家的依赖也许是其最脆弱的地方；同真正的民主斗争相比，在每个国家、地方；特别是在帝国的老巢没有什么更具威胁性。

（二）作为资本主义霸权工具的民主

伍德指出，自由民主是资本主义阶级霸权的核心，自由民主的意识形态功能不是来源于哲学伦理道德层面上，而是来源于自由民主实践的有效性。自由民主制度的有效性不仅依赖于它的运行，同作为强制工具的国家权力一样，也依赖于其独特的霸权功能。自由民主的法律和政治制度是最有力的意识形态力量，在资本主义的保护下，法律和政治制度作为最有力的意识形态力量超越了物质进步所带来的权力。国家不仅仅是维护意识形态和文化的机构，也使政治形式成为有说服力的独特的霸权力量。议会制民主国家是独特的阶级统治的形式，它要消解阶级统治的存在，其实它做不到。自由民主是霸权说明了它服务于资产阶级的特殊利益和成为一种普遍化的真理。伍德认为资本主义的霸权显示了政治与经济领域的形式分离，将使纯司法、政治自由以及平等获得最大程度的发展，不会危害经济的剥削。自由民主的法律和政治形式实际上同资本主义的生产关系相联系，伴随着生产者同生产工具的完全分离，超额利润不再要求直接的"超经济"强制或生产者的法律依赖。资本主义财产权最终要依赖的强制性权力由此就表现为"中性的"和"自主的"国家这样一种形式。

伍德指出，民主掩盖了资本主义剥削的本质，资本主义生产关系的平等与自由是自由民主的核心。"自由民主在孕育资本主义剥削中所扮演的角色必须被承认；而且这种承认包括了对资本主义国家形式之间差异的认知。"① 但伍德同时也指出，资本主义的民主不能简单地被认为是资本主义剥削的原则，"它是一种强制性的工具，而且表现在它所拥有的独特的、强有力的支配功能上。"② 在资本主义制度下，自由民主作为最有潜力的意识形态力量充当着维护资本主义霸权的角色。自由民主已经被赋予了统治阶级——资产阶级的利益，它必须为资产阶级以及资本主义的霸权服务，否则它将会成为纯粹空洞的乌托邦。

（三）作为社会运行机制的民主

伍德指出，民主不仅是政治范畴，而且是经济范畴。从政治的维度看，伍德批判新的"真正的"社会主义者所持的民主观，认为社会主义内在包含民主特性，社会主义并不是民主的一个组成部分，社会主义的民主也不是资本主义民主的简单的扩展。伍德指出，"毫无疑问，主张民主是社会主义的本质，而且是社会主义运动的一个重要任务是重新控制民主斗争这一领域……民主的扩展，在这里被当作是一种手段、一种策略，对于社会主义建设来说，它却根本不是一种手段或策略，而毋宁是一个必须达到的目的。"③ 伍德认为这种观点实际上只是将现实中的问题概念化和抽象化而已，使社会主义革命变成一个纯粹的改良过程。实际上资本主义和社会主义之间的斗争是建立在深刻的阶级利益的分野及其斗争基础上的。新的"真正的"社会主义者认为资产阶级的民主和社会主义的民主没有实质区别，它们之间的过渡不存在什么障碍。伍德认为资本主义民主到社会主义民主的过渡绝不是资本主义民主形式的扩展和结果。政治与社会之间不存在相关性，即政治与"经济"不具有相关性。政治与经济的非相关性以

---

① ［加拿大］艾伦·伍德：《新社会主义》，尚庆飞译，江苏人民出版社 2005 年版，第 175 页。

② 同上书，第 176 页。

③ 同上书，第 158 页。

及民主的非决定性的主张模糊了这样的事实：在不考虑生产关系因素的情况下，自由民主与资本主义是协调的，社会主义民主在定义上是包含生产关系变迁的。由此，伍德指出，新的"真正的"社会主义者的这种非相关性原则实际上掩盖了资本主义意识形态的前提以及资本主义社会中政治与经济等的矛盾。伍德认为要认识资本主义民主的本质，就必须坚持马克思主义的阶级分析观点，才能正确分析资本主义的剥削本质。在新的"真正的"社会主义的计划中，将资产阶级的民主定义成资产阶级的议会制形式，并将其进一步界定为所有民主的形式，就变成消除与特定阶级和社会利益相关联的抽象的理想和乌托邦。"从资本主义到社会主义的过渡，实际上被置换为从自由民主到社会主义的过渡，而且，社会主义斗争的问题已经被概念化由此此于彼在根本上是非冲突性的连续。……自由民主是'非决定性的'，阶级中立的。新的'真正的'社会主义就这样被预置为一种为了维持资本主义的霸权，而赋予自由民主以意识形态力量的神秘化。社会主义思想反对资本主义意识形态霸权的力量由此被有效地抵消了。"① 资本主义的民主其实是一种虚假的民主，这从公民的政治与经济地位的不对称中体现出来。在资本主民主中，公民身份和阶级地位的分离同时在两个方向起作用：社会经济地位并不决定公民的权利。资本主义民主中的政治平等不仅能够与社会经济的不平等同时存在，而且还能使这种社会经济的不平等基本保持不变。

从经济的维度看，伍德认为民主是一种经济机制，是一种经济调节器。其实政治与经济的关系是不可分割的，政治层面上的制度和机构的建立为经济的发展提供了必备的条件。资本主义建立的市场经济体制极大地提高了社会生产力，但由于资本主义民主的虚假性，其在推动资本主义经济的发展同时也带来了无法根除的问题。首先，伍德指出，资本主义的公司制建立在对工人阶级的剥削基础上，不可能为工人提供民主管理的权力，反而将工人仅有的权力让渡给市场。为了资本积累和利润最大化的目标，资本家在经济繁荣期会压低工人的工资，采取多种形式剥削工人的剩余价值，资本家在经济萧条期会以实行破产和解雇工人为手段维持资本的增值和再循环。其次，伍德认为现行的所谓民主经济机制无法适应经济的发展，重要的是实现生产者对生产资料的重新占有和分配，以建立一种新

---

① ［加拿大］艾伦·伍德：《新社会主义》，尚庆飞译，江苏人民出版社 2005 年版，第 166 页。

的、合理的所有制形式和动力机制。"迄今为止,资本主义所采取的主要解决方案都是相互矛盾或者违背自己利益的。……一种人道的、'社会的'、真正民主和平等的资本主义,是比社会主义还要不切实际的乌托邦。"① 最后,伍德认为马克思的共产主义理想为真正经济的民主提供了一个参考。她认为,马克思理想中的共产主义社会强调生产资料归每个人所有,每个人切实地占有生产资料,并自由地进行生产,所以共产主义社会就是自由人的联合体。"自由联合中的自由不仅意味着民主的组织,而且也意味着从'经济的'强迫中解放出来。"② 在这种经济体制下,每个人对生产和消费拥有自主的权力,生产和劳动已经成为人的第一需要,成为人的本质发展的必要条件,人类实现了劳动解放和对资本的扬弃,人类真正解放的时代由此到来。

四　民主与社会主义

马克思主义的民主观建立在历史唯物主义的基础上,强调民主具有阶级性、历史性和社会性,认为社会主义是民主的,民主是社会主义不可分割的组成部分,甚至是其本质特征,社会主义国家必然要以民主为根本制度,民主与社会主义是辩证统一的关系。

伍德指出,资本主义民主与社会主义民主具有本质区别,资本主义民主具有虚假性,在资本主义民主中,社会经济的不平等和公民的平等共存。她认为真正的民主是指人民的权力,人民权力是一种颠倒过来的阶级统治形式,即人民权力在有产阶级之上或者是精英从属于群众。按照民主最古老的用法,人民应该有一些控制自己生活的重要手段,或者至少那些统治他们的人应该向他们负责。在当今发达资本主义社会,从表面上看由当初的专制发展到现在的普选的确是一个进步,政治权利的扩张似乎说明自治的重大收获但是政治权利的扩大只是问题的一部分。今天,政治权利即公民权利的确变得更广泛,比以前任何时候都更普遍地获得,但这些权利同时又变得不那么重要。先进资本主义世界的公民权利跟日常生活关系甚少。在前资本主义社会,社会生产、拥有、分配

---

① ［加拿大］艾伦·伍德:《民主反对资本主义——重建历史唯物主义》,吕薇洲等译,重庆出版社 2007 年版,第 289 页。
② 同上书,第 287 页。

以至劳动力及资源的分配即我们今天所指的"经济"功能都是由"超经济"的手段即政治、军事及司法的权力所统治，而行使这些权力的不是整个社会便是某些既得利益者或阶级。但是资本主义把这些功能排除于社会控制之外，并创造出新形式的阶级权力，而这种权力并不直接依赖政治、经济或司法权力。在资本主义社会中公民地位与阶级状况具有两方面含义："一方面，公民权不是由社会经济地位决定的——在这个意义上，资本主义能够与形式民主共存——另一方面，公民平等不会直接影响阶级不平等，形式民主没有从根本上触动剥削。"① 剥削就像资本主义的物质及社会生活的其他方面一样是民主权力不能触及的，不是由资本、工作单位内外直接控制，而是透过市场机制、竞争的强制性、资本的累积以及利润的最大化操纵。今天，民主概念的社会内容已被抽空，积极公民被消极公民所取代。现在这个概念跟阶级之间的社会或经济权利的分配毫无关系。我们容易以消极权利来代替积极权利，充其量也不过用个人权利来反对其他人的权利以获得某些保障。伍德认为这些消极权利也有用处，对专制权力的抑制及某些"公民自由"有帮助，但这不属于民主的因素，甚至失去了更多的民主权利。资本主义在创造自主的经济领域的同时也创造了一个被分割的政治领域，在这个领域中不存在真正意义的民主。虽然资本主义能提供封建社会没有的"形式民主"，但在资本主义对民主的驯化过程中民主失去了其本来含义，成为资产阶级的意识形态。因此，资本主义民主从理论和实践上来看都是虚假的，是反人民和反社会主义的。

　　伍德坚持从历史唯物主义角度考察民主与社会主义的关系，认为民主不仅是实现阶级统治的手段，也是社会主义必须达到的目标，社会主义民主的实现建立在资本主义民主高度发达的基础之上。她指出，社会主义方案的一个重要障碍在于它需要的不仅是一个量的变化，不仅是选举权的又一次扩展或者代议制对于行政权力的进一步干预，而是进行一次史无前例的、新的民主形式的质的飞跃。社会主义的民主是在不放弃以公民权、保护人权免受国家的侵害等形式体现出来的自由主义的民主成果之下，要求恢复民主的原来意义，这种恢复自然要适应现代的条件。资本主义根本无法恢复民主原有的社会内容及积极的群众权力；没法把民主权利伸延到那

---

① ［加拿大］艾伦·伍德：《民主反对资本主义——重建历史唯物主义》，吕薇洲等译，重庆出版社 2007 年版，第 198 页。

些被资本主义割断的领域而不毁灭资本主义本身。在现代世界，民主必须是社会主义的同义词。民主与社会主义不可分割，没有无社会主义的民主，也没有无民主的社会主义，没有民主就没有社会主义，社会主义只有通过民主才能建立，民主也只有通过社会主义才能实现。

第六章　伍德历史唯物主义思想的评价

作为历史唯物主义的一种发展形式，伍德的历史唯物主义思想具有浓厚的"跨界"特点和巨大的理论张力，具有重要的理论价值和现实意义。

第一节　伍德历史唯物主义思想的特点

伍德在批判地继承各种流派的马克思主义的基础上构建了其颇具特色的历史唯物主义思想。她的历史唯物主义思想具有以下四个特点。

一　在理论争鸣中坚持历史唯物主义的基本原理

伍德在《阶级的退却：一种新的"真正的"社会主义》中认为随着当代资本主义社会的变化，阶级和经济分析方法在当代受到越来越多左派学者的抛弃，他们都以发展马克思主义为名，行背离马克思主义之实，从阶级政治转向话语政治、身份政治。她揭露新的"真正的"社会主义在"反本质主义"的名义下，拒斥马克思主义的"经济主义""阶级还原论"，将阶级与阶级斗争从社会主义方案中剥离出去。新的"真正的"社会主义认为马克思主义的阶级政治已经过时，社会主义是民主革命的一部分，主张社会主义革命不是阶级斗争而是一种民主斗争，革命的主体也由"新社会运动"或大众来代替传统的工人阶级。"社会主义革命的规划被看作是由资本主义的来临所引发的历史阶段的完成，这一演进的根本条件是去除由特定的资本主义经济组织与社会生活所带来的障碍。"① 伍德认为这种观点是"新修正主义"的体现，它拒斥了阶级政治的重要性，是对历史唯物主义基本原理的根本背离。伍德在《民主反对资本主义——重建历史唯物主义》中通过对结构主义、分析马克思主义、传统庸俗马克思主义等流派的批判，揭示了资本主义"经济"与"政治"的分离对增强资本主义剥削能力的重要性，分析了阶级形成的条件，阐明"自在阶级"向"自为阶级"转变的历史过程，指出马克思主义既不是经济决定论和技术决定论也不是目的论，论述了美国民主的虚假性，阐述了"形式民主"和"实质民主"的关系，并从民主的高度指出了反对资本主义、超越资本主义的路径。通过对马克思之后的马克思主义发展过程中出现的各种流派的批判，伍德重新确立了历史唯物主义的基本原理：其一，经济基础和上层建筑之间是辩证统一的关系，而不是僵化的、机械决定论式的关系。其二，生产力和生产关系的矛盾运动不是历史的普遍规律，而是资本主义发展的规律。其三，阶级分析法仍然是最有效的分析方法，能破除掩盖在资本主义"政治"与"经济"分离状态下的资本和劳动之间的剥削关系，能消除资产阶级意识形态的总体影响，只有实现以工人阶级为主体的阶级政治，社会主义革命才能成功。其四，民主内在于社会主义革命中，是社会主义的本质。

二 注重对历史唯物主义精髓的领会

伍德指出，当苏联解体，东欧剧变到来之时，不仅右派学者攻击马克思主义，许多左派知识分子也逐渐背离甚至反对马克思主义，他们结成了同盟。一方面，右派宣扬"历史终结论"，认为马克思主义和社会主义已经消亡，资本主义取得最终胜利，历史唯物主义丧失存在的价值；另一方面，左派因长期受到斯大林模式唯物主义的影响，丧失了对社会的批判精神，陷入悲观失望的境地，"在资本主义内部寻找空间，而不是对它直接进行挑战和论战，由此出现的左翼与资本主义关系的再形成，有助于解释左翼的主要转变：从传统的话语如政治经济学和历史学，转向近来更为时

---

① 付文忠：《新社会运动与国外马克思主义思潮：后马克思主义研究》，山东大学出版社2009年版，第6页。

尚的关于话语、文本以及所谓'身份文化'的研究。"① 他们都否认思维的同一性，否定总体化的逻辑和"宏大叙事"的理论建构，认为世界是一个分散的世界，不存在对世界的总体性认识，丧失了对社会进行批判的意识。伍德认为应该重新确立历史唯物主义的革命的和批判的方法论。这包括两个方面：一是坚持政治经济学批判的方法。运用政治经济学批判的方法揭示资本主义的历史性和特殊性，揭示资本主义特殊的运动规律；二是确立总体性的批判方法。坚持从资本主义社会的生产关系及社会生活的总体性出发，揭示资本主义与民主话语的斗争路径。伍德认为新帝国主义是资本全球化的最新形态，当前的全球化实质是新帝国主义运用其超强的政治、经济和军事力量谋求世界霸权的路径，是资本主义逻辑的普遍化。在伍德看来，历史唯物主义就是一种社会批判理论，其目的就是在批判资本主义的前提下，构建社会主义的乌托邦。

三　注重吸收新的思想观念

伍德吸收了布伦纳、英国文化马克思主义、分析学马克思主义的方法和观点。其一，吸取了布伦纳的"社会财产概念"，将其运用于对资本主义起源和资本主义历史特殊性的分析。"社会财产权"实际上就是马克思所称的"生产关系"，用"社会财产权"更能直接揭示从封建主义向资本主义过渡的关键要素。"封建主义发展为资本主义，由于完全剥夺了直接生产者并建立了绝对的私有财产权，就最终完成了私有化和一体化。"② 国家在这个过程中实现了权力的集中和垄断，使私人占有者——资本家拥有了绝对的剥削权力。其二，吸取了英国文化马克思主义特别是汤普森的阶级形成与阶级意识、大众文化传统。大众文化传统在法兰克福学派那里是被当作资产阶级意识形态加以批判的，更多的是从贬义角度来说的。在汤普森这里，大众文化传统在阶级形成过程中起着重要作用，超越了作为"文化与社会"传统的资产阶级意识形态，开辟了文化研究的新领域，有助于破除传统的基础/上层建筑隐喻，使"生产方式"不再等同于市场关系和抽象的资本主义经济，有助于恢复马克思的"生产方式"的本质。伍

---

① ［加拿大］艾伦·伍德：《民主反对资本主义——重建历史唯物主义》，吕薇洲等译，重庆出版社 2007 年版，第 2 页。

② 同上书，第 39 页。

德继承汤普森的阶级的形成观点，深化了对被统治者文化的认识。其三，对分析学马克思主义的分析方法的借鉴。分析学的马克思主义的分析是指"通过联系那些分别构成整体并构成发生在更为总体水平上的转变过程的微观结构和微观机制，去解释宏观现象的倾向。"① 它强调对概念的精细化分析、严密的逻辑论证，找出概念间细微的差别。分析学马克思主义的分析方法主要是功能解释法、理性选择法和语言分析法。伍德在分析汤普森的阶级理论、驳斥技术决定论和目的论时就运用了这种严密精细的分析方法，将马克思主义的相关论述系统化和逻辑化。

四　具有问题意识和现实关怀

伍德对历史唯物主义的重建并不是纯粹理论上的行为，而是将理论问题同现实紧密结合。伍德对新的"真正的"社会主义批判的直接理论来源就是马克思和恩格斯在《德意志意识形态》《共产党宣言》中的相关论述，新的"真正的"社会主义的思潮只是对原有思潮的复苏。这种思潮最明显的特征就是使意识形态与政治脱离任何社会基础特别是阶级基础，无产阶级则在资本主义的生产关系中遭受剥削，陷入异化，这必然导致他们对资本主义的反抗和进行社会主义的革命斗争。伍德对新帝国主义的认识，直接继承了列宁的帝国主义理论，并在其基础上根据新的时代特点作出了新的判断。伍德对资本主义民主的认识也继承了马克思主义的民主观，揭示了以美国为代表的西方民主的虚假性和危害性。伍德文本的创作和理论问题的提出都是直面现实的，都是时代的产物。

第二节　伍德历史唯物主义思想的贡献与局限

伍德所从事的研究主要有三个方面：西方政治思想史研究、资本主义的起源及文化史研究、马克思主义与西方理论比较研究。她的研究是在历史唯物主义的指导下进行的，为了适应时代和历史唯物主义本身的发展变

---

① ［英］G. A. 科恩：《卡尔·马克思的历史理论——一种辩护》，段忠桥译，高等教育出版社2008年版，第8页。

化。伍德认为应该突破僵化的历史唯物主义范式，重建历史唯物主义的批判路径，在此基础上对历史唯物主义作出了一些理论贡献。

一　伍德历史唯物主义思想的理论贡献

伍德历史唯物主义思想的理论贡献主要表现在：其一，在分析阶级的形成和工人阶级与阶级政治的实践中，她运用了"经历"这一概念。这个概念虽然来源于汤普森，但她将其进一步深化。伍德认为社会经历这一概念在汤普森那里只是为了表明阶级的定义和阶级的形成之间的关系，认为生产关系将人们划分为不同的阶级状况，阶级状况又导致人们在利益上的对立，从而形成阶级斗争的条件。当人们经历阶级状况时，阶级的形成与阶级意识的识别就会产生，在这个意义上，阶级斗争先于阶级。伍德指出，汤普森在这里并不是用剥削概念来解释这一进程，因为作为剥削条件的生产关系被看作是客观存在的，人们只需要在这种生产关系中经历与体验。阶级的形成过程是在社会关系的总和中经历着各自的生产关系和被社会规定的地位、状况。结构主义将结构看成是与过程对立的，无法解决阶级形成的问题。生产关系虽然是阶级关系的中心，但是只有在阶级形成的过程时才能体现出来，这需要引入"经历"这一概念。如果不借助"经历"这一概念，阶级的形成就很难解释。在伍德看来，社会存在对社会意识的决定性作用正是通过社会经历而发生的，对社会意识来说，"经历"不可或缺。伍德在这里要凸显的是"经历"作为生产关系的媒介来建立人们联系的重要性，并没有否认生产关系在阶级形成过程中的决定性作用。她突破了汤普森将"经历"这个概念等同于社会存在而产生的片面化的问题，为我们进一步认识社会存在与社会意识的关系提供了一个很好的视角和理论资源。

其二，伍德较好地运用微观方法阐述了历史唯物主义的基本概念及其关系。伍德借鉴数量逻辑、语言分析等方法对历史唯物主义进行了细致的逻辑分析和现实分析。在苏联模式历史唯物主义的制约下，经济基础与上层建筑、生产力与生产关系这两对历史唯物主义的核心概念成为僵化的教条主义的牺牲品。她认为不能将经济基础和上层建筑刚性地分离，而应该强调它们之间的相互关系。伍德主张从社会关系的角度来理解它们的关系，认为不管是经济基础还是上层建筑都是由一系列复杂的社会关系构成的，经济基础本身就包含着政治、法律、社会等上层建筑的因素，而上层建筑又会对经济基础产生能动的反作用，在一定情况下，甚至会起着一定的决定作用。伍德认为，马克思主义者和反马克思主义者对生产力与生产关系之间的关系误解很深，是因为他们不明白马克思只是为了解释社会历史发展的规律而采取速记式的格言法（简化论证、直接用精练的语句来阐释某个问题，通常采取隐喻的方式）来表述，而没有从马克思总体性问题出发揭示这一划分的意义，结果就遮蔽了这对范畴所要表达的意义。伍德的论述是精辟的，使我们从历史唯物主义概念的"意识形态迷梦"中解放出来。

其三，伍德对资本帝国主义的分析也深化了我们对历史唯物主义的帝国主义理论的认识。伍德的帝国主义理论是对列宁帝国主义理论的发展。列宁的帝国主义理论揭示了帝国主义的形成过程、本质、基本特征、帝国主义战争的根源、性质和后果等，认为帝国主义是社会主义的入口，在社会主义革命的时代帝国主义具有腐朽性、寄生性和垂死性。伍德继承和发展了这些观点，认为马克思主义的帝国主义理论有一个共同的前提："帝国主义与资本主义在某个世界上的地位密切相关——不论这个世界尚未资本主义化也好，还是可能永远也不会完全资本主义化，或者资本主义已占主导优势也好。"① 帝国主义是资本主义的最高阶段，而资本主义将在帝国主义吞噬非资本主义世界之前消亡。伍德认为，这是在资本主义概念上假设了一种非资本主义的环境。但资本主义不仅要依靠非资本主义的因素，也要从根本上依靠作为超经济力量的前资本主义的手段，如军事、殖民战争、传统国家之间的竞争。要回答当代帝国主义的本质特点就必须深入到资本主义的"政治"与"经济"的分离中，揭示新帝国主义的实质不是传统帝国主义理论的宗主国与殖民地的关系而是主权国家之间的复杂相互作用。这种帝国主义被伍德称为资本帝国主义，它的目的就是在任何可能的地方无须借助政治统治就能建立经济霸权，其实质就是经济帝国主义。操纵经济帝国主义的就是资本的积累和利润最大化逻辑，全球化时期也即是资本的国际化时期，经济帝国主义为了维护其全球霸权不惜发动"无限战争"，"布什主义"就是经济帝国主义实施霸权的体现。"新帝国主义"无法摆脱传统帝国主义战争理论的桎梏。帝国主义仍然受着资本逻辑的操控，国际金融垄断和跨国公司的大量出现就是证明。伍德的"新帝国主义

① ［加拿大］埃伦·M. 伍德：《资本的帝国》，王恒杰、宋兴无译，上海译文出版社2006年版，第116页。

理论"发展了历史唯物主义的帝国主义理论，坚持了从资本逻辑出发揭示历史唯物主义的世界图景，有利于超越传统的研究模式，推进马克思主义理论的整体性研究，开拓历史唯物主义直面现实、参与当代发展的路径。

其四，伍德在资本主义全球化的背景下，以资本逻辑批判为视域，以实现社会主义民主为主旨，深入剖析了阶级、国家、资本主义、现代性和民主之间的关系。她认为"话语政治"并没有代替"阶级政治"，"阶级政治"仍然是社会主义革命的路径。资本主义在不断使工人阶级重新组合的过程中，通常以各种方法将这个阶级分化再分化。在这个意义上，工人阶级的碎片化就不是全球化的产物，而是资本主义固有过程的一种延续与扩张。阶级政治通常要求人们努力从众多分歧中创造统一的基础。因此，如果今天工人阶级碎片化的过程加剧和扩大，从分歧中创造团结的努力就更需增强和扩大。阶级组织必须比从前更加协调以对抗特殊压迫，特别是种族和性别压迫，同时要更加努力投入这些反压迫的斗争。不但因为这些斗争本身重要，更因为那是建立阶级团结所必需的。工人阶级的碎片化并不表明我们进入了一个全新的时代，恰恰相反，全球的左派力量需要建立一个立足于本地与全国层面上的统一的阶级政治。在全球化时代，国家并非像某些左派或后现代主义者所说已变得无关宏旨；恰恰相反，国家在全球化的过程中获得新的功能，它不但是资本通向全球市场的主要工具，而且是替资本在本国创造良好投资环境及抑制工人运动的主要工具，同样是反资本主义力量切断资本主义生命线的主要工具。她区分了"形式民主"和"真实民主"，认为不能将民主当作资本主义的护身符，资本主义的社会关系既促进了民主又限制了民主，民主已突破了资本主义狭隘的限制，成为社会主义的同义词。只有在民主的旗帜下才能聚集反对资本主义的力量，全球化正开启阶级斗争的新机遇。

其五，伍德注重从社会关系体系与政治领域来考察资本主义的特殊性，并重新思考历史唯物主义的一般理论基础。她批判性考察了资本主义及其政治经济学，认为资本主义是一个不断变化的制度，但其独特的系统性逻辑、特定的运动规律仍然没有改变。资本主义的政治经济学割裂了政治与经济的关系，剥离了政治经济学的历史性，成为维护资产阶级统治的意识形态和工具。她试图将社会主义思想从左派非历史性的渴望中转变成以资本主义历史条件为基础的政治纲领。她批判了目的论和技术决定论的历史观，恢复了马克思主义历史观的本来面貌。她分析了资本主义特殊的

"政治"与"经济"的分离、资本与劳动的对立,指出资本主义与产生资本主义的历史过程之间是有区别的,强加的资本主义原则模糊了我们对资本主义历史的认识。

二　伍德历史唯物主义思想的理论局限

伍德的历史唯物主义思想既有理论贡献,也有诸多理论局限。

其一,伍德在运用历史唯物主义的方法对资本主义起源进行研究的过程中,忽视对马克思关于资本主义起源的历史研究,片面地认为马克思的资本主义起源学说仅仅是对以工业化的英国为代表的最成熟的资本主义的研究。伍德认为马克思将资本主义从更大的非资本主义世界剥离出来,进行封闭式的分析,并将资本主义运动的规律当成世界普遍的运动规律。马克思提出的资本主义起源于封建制夹缝的理论也是有问题的。马克思早已对此进行了说明:"把我关于西欧资本主义起源的历史概述彻底变成一般发展道路的历史哲学理论,一切民族,不管他们所处的历史环境如何,都注定要走这条道路,——以便最后都达到在保证社会劳动生产力极高度发展的同时又保证人类最全面的发展的这样一种经济形态。但是我要请他原谅。他这样做,会给我过多的荣誉,同时也会给我过多的侮辱。"[①] 由于对马克思的误解,伍德在论述她的资本主义农业起源过程中无法理解马克思的相关论述,走向了历史宿命论。

其二,伍德虽然揭示了历史唯物主义的核心是坚持资本主义的历史特殊性和特殊的运动规律,强调了历史唯物主义的特殊性,但没有进一步说明历史唯物主义的普遍适用范围,这导致她在很多问题上出现了抽象的、教条化的倾向。这表现在:一是对工人阶级在全球化时代仍然是社会变革主体论述不清。伍德认为工人阶级并不是仅仅由物质利益而产生政治冲动,也不是由后马克思主义宣扬的由人类至善、民主话语牵引,而是由资本主义生产体系中的剥削关系决定的。伍德没有就工人阶级到底发生了哪些变化以及这些变化对工人阶级的阶级意识和革命精神有哪些影响做深入地论述。虽然工人阶级并没有如后马克思主义者宣扬的那样已经消亡,但也不是没有发生任何变化,工人阶级实际上在科学文化素质和意识形态上都发生了重大的变化,由

---

① 《马克思恩格斯全集》第 19 卷,人民出版社 1963 年版,第 130 页。

于资本主义实施总体化的战略，在资本主义的雇佣劳动制和劳动分工制的前提下，经济理性大行其道，消费主义的价值观念和生活方式主宰着工人的身心，他们不可避免地成为单向度的人，沦为资本的奴仆和附庸，丧失了批判精神。现在的工人阶级也已不是原来意义上的无产者，而是向有产者转化，被资本主义的意识形态俘获，认同当代资本主义制度。伍德没有认识到工人阶级的有产化正是资本不断扬弃的结果，也没有认识到随着信息技术的发展，资本家在全球范围内建立工厂，控制了当地廉价而又缺乏组织性的工人，工人阶级组织变得支离破碎，工人阶级的运动也丧失了战斗力。二是对民族国家在帝国主义权力体系中的地位阐述得不清楚。她一方面指出资本主义的全球化带来了国家功能的强化，权力的领土逻辑左右了权力的资本逻辑，进而加剧国家之间的紧张；另一方面又认为资本逻辑左右了帝国主义的政治经济实践，资本可以超越民族国家的地理边界实现扩张，这暗示着资本的逻辑先于领土逻辑。伍德低估了国家结构在全球化过程中的改变，对全球化的影响没有作出全面客观的解释。

其三，伍德认为对"经济基础"和"上层建筑"进行刚性的割裂是建立在古典政治经济学的分析之上，是对马克思社会结构理论的曲解。她认为二者并不是截然分离的关系，而是紧密联系的关系，在重建二者关系的基础上才能恢复历史唯物主义的本来面貌。伍德澄清了历史唯物主义的实质，但还应进一步作出如下详细的分析：首先，历史唯物主义建立在古典政治经济学的基础上，古典政治经济学主张市民社会和国家的分离，马克思赞同这一观点，认为市民社会决定国家，对应的是"经济基础决定上层建筑"。其次，虽然马克思接受了古典政治经济学关于市民社会和国家分离的思想，但对二者之间的关系进行了重构。马克思用"基础"和"上层建筑"的概念来改造"市民社会"和"国家"的概念，强调它们之间的相互作用，扩展了它们的内涵。最后，马克思的"基础"和"上层建筑"概念只是一种比喻，它们之间的区分是相对的。马克思并没有将经济基础和上层建筑截然对立起来，认为二者是相互渗透的关系。在马克思的历史观中，与上层建筑相对的基础是经济要素，但经济要素是否属于基础受到特定条件的制约，如特定的社会条件、文化传统以及自身的内在结构。虽然市民社会和国家的区分有助于我们理解前资本主义社会的社会结构，但不能将经济基础和上层建筑与市民社会和国家等同起来。从这个角度来理解"经济基础"和"上层建筑"之间的关系超越了古典政治经济学的分析框架，澄清了马克思关于"联合体"的思想，这个"联合体"不是国家也不是市民社会，而是二者的统一，是自由人的联合体。国家和市民社会并不是截然分离的，而是内在联系在一起的。

其四，伍德虽然从现代性与资本主义、现代性与后现代性、现代性与启蒙的三个角度分析现代性的特点和实质，揭示现代性的"二律背反"，澄明资本主义的未来走向，但她既没有阐述马克思现代性批判的立场和原则，也没有揭示全球化时代的现代性与早期资本主义现代性的区别和联系，削弱了历史唯物主义批判现实的力量。马克思的现代性批判始终坚持历史唯物主义的基本原则和立场，坚持从商品、资本和异化这三个主要范畴出发批判资本主义的现代性。马克思认为资本主义的现代性由于内在的矛盾和缺陷必然会走向衰亡，揭示由资本主义社会关系的异化、资本主义制度的反人类性、科技的异化导致的资本主义的灭亡和共产主义的必然性之间的历史逻辑。早期资本主义的现代性崇尚理性和自由，社会异化的程度还不深，人们还没有被资本完全俘获成为单向度的人。全球化时代的现代性充满了矛盾，理性与非理性、安全与风险共存，在创造巨大成就的同时也导致了人类的灾难。全球化时代的现代性实质是资本主义的现代性，是资本逻辑主导的现代性，社会的各个层面都被纳入到资本的积累与增值过程中，其特征就是商品化、利润最大化、竞争等。

其五，伍德一方面运用历史发生学的方法重建了历史唯物主义的基本概念和批判路径；另一方面过多地运用形态学方法（建立一个认识模式，并用这个模式来分析具体的事物）来阐释历史，削弱了理论的张力和穿透力。这表现在三个方面：一是她在论述帝国主义发展史时将帝国概念转换成经济概念，但又不将威尼斯、荷兰视为资本帝国主义，忽视了帝国霸权在历史地理学上的扩展。二是她没有全面准确地揭示全球化的实质、产生全球化的力量以及全球化导致的影响。三是她对国家角色的论述很模糊，国家为了全能的资本在游荡。伍德的形态学方法对理解具体问题有重要的启发，但一旦被运用于总体性问题之时就会遮蔽其他重要的问题。

第三节　伍德历史唯物主义思想的启示

伍德历史唯物主义思想具有明显的现实性和问题性，虽然她主要是从批判资本主义和重建社会主义出发来建构其历史唯物主义思想体系，但是其理论主张与中国的现实有着一定的联系，对推进历史唯物主义的中国化和中国的政治、经济、文化建设具有一定的参考价值。

一　对历史唯物主义研究的启示

伍德对历史唯物主义研究的启示主要表现以下几个方面：第一，发展历史唯物主义必须实现历史唯物主义研究范式的转变。传统历史唯物主义的研究范式主要以宏观领域和宏观权力为研究对象，以宏大叙事为特点，以追求普遍性和规律性为目的。传统的历史唯物主义研究范式以正义、阶级、国家、自由、民主、权力等为对象，很少关注社会生活中边缘化的领域和微观层面的权力运行机制。但当今社会的结构和运行机制都发生着重大的变化，在新技术革命的推动下，政治、经济和文化领域呈现一体化趋势，各领域之间的界限逐渐模糊，多样性和差异性成为社会发展的主要特点，消解和削弱了主导型宏观权力的控制力，主导型的宏观权力逐渐让位于非中心化的微观权力，社会的控制机制也由原先的宏观权力之间的冲突让位于多样化的微观权力的差异化制约。伍德历史唯物主义的研究范式在对宏大叙事的批判和解构中实现了由宏观权力和领域为研究对象转变为以微观权力和领域为研究对象。历史唯物主义只有在关注微观权力和领域中才能实现自身与现实的接轨，才不至于成为僵死的教条，否则就失去了生机和活力。这并不意味着历史唯物主义不以宏观权力和领域为研究对象，而是在坚持宏观权力和领域的基础上，将微观权力和领域有机结合起来，形成宏观与微观有机结合的研究范式。一方面，历史唯物主义研究要直面现实，在全球化时代生态危机、恐怖主义、金融危机、贫富差距、性别和种族歧视问题等需要历史唯物主义关注。另一方面，历史唯物主义研究要更加关注日常生活中的各种控制机制如，市场、资本、家庭、消费、风俗、规则等。当代微观权力已是由政治权力、经济权力、文化权力等多种权力组成的多元系统。对微观权力和领域的分析既有利于解释宏观权力和领域中关于人的作用的问题，也有利于批判经济决定论、技术决定论等。在正确分析和解决这些问题的基础上才能发展历史唯物主义，彰显历史唯物主义的社会批判功能。

第二，对历史唯物主义的重释或重建不能犯片面化和绝对化的错误，应该从理论总问题和理论实质出发来分析。历史唯物主义主张经济基础决定上层建筑，上层建筑反映并反作用于经济基础，倡导依靠工人阶级实行阶级政治，建设社会主义。伍德指出后马克思主义者之所以认为马克思主义是本质主义和阶级政治学说，是因为他们将资本主义社会发生的变化绝对化，否定了历史唯物主义的基本观点、立场和方法。比如，他们认为马克思主义强调经济的决定性作用，社会以经济为中心而被建构成一个完整的系统，马克思主义就是经济决定论或一元论；但现实社会是由多种因素共同决定形成的，马克思主义就是本质主义的体现。他们指出随着资本主义社会的发展，阶级和社会结构分化严重，利益诉求多元化，工人阶级很大程度上已经认同资本主义制度，不再是革命主体，而成为激进民主运动中的边缘人群，阶级政治已经退出了历史的舞台，各种新社会运动的发展正是马克思主义阶级政治学说局限性的体现。在他们看来，马克思主义的阶级政治存在两个重要问题："一个是把政治斗争看成阶级斗争，斗争的主体是单一的工人阶级；另一个是否定了斗争形式的多样性，把斗争的多元性还原为阶级斗争。"① 他们还反对各种"宏大叙事"，反对普遍性和同一性，强调偶然性和相对性。尽管资本主义发生了很大的变化，但其对劳动群众的剥削本质没有变，其基本矛盾没有变，工人阶级与资产阶级之间的对立和矛盾仍然是资本主义社会的主要矛盾，工人阶级仍然是革命的主体，但环保主义者、女权主义者等都有可能成为革命的参与者，不能因为对这些新社会运动者的强调就否定了工人阶级的革命主体性和阶级政治的重要性。伍德认为工人阶级的政治解放是实现人类解放的前提，工人阶级的阶级政治是实现政治解放的根本途径，工人阶级的政治统治就是实现社会主义的民主。只有在工人阶级的政治统治下，整个社会才能消灭剥削和阶级压迫，社会成员才能实现普遍的、完全的平等，全人类才能从阶级剥削中解放出来。对工人阶级及阶级政治地位的认识应该从人类解放的总问题出发才能真正理解。

　　第三，坚持跨学科的研究方法。伍德对西方政治思想史和马克思主义有着深入的研究，广泛继承和吸收了经济学、人类学、文化学等知识。在《新社会主义》中，伍德指出，后马克思主义者和后现代主义者认为任何理论都是特定阶级和群体意识形态的体现，应该拒斥理论，追求差异化和

---

① 付文忠：《新社会运动与国外马克思主义思潮：后马克思主义研究》，山东大学出版社2009年版，第4页。

分散化，任何理论都不是真实有效的。伍德认为这种论调是自相矛盾的，是对历史的无知。她对马克斯·韦伯、阿尔都塞等人的批判是用历史学、政治学、经济学、文化学跨学科方法。跨学科的研究方法可以从多个角度对某个问题进行深入全面的分析，这有利于开阔历史唯物主义研究的视野，增强历史唯物主义解答现实问题的能力。

第四，重建历史唯物主义的资本批判向度。伍德不管是分析资本主义的起源、资本帝国主义还是全球化时代的现代性与民主，都以资本批判的逻辑为向度。她认为资本的逻辑已经主导了整个社会生活，成为现代世界的图景，超越资本的逻辑和实现社会主义的民主就成为历史唯物主义思想的主旨。传统教科书对历史唯物主义的研究采取"非历史"的解释模式，忽视了历史唯物主义的资本批判向度，遮蔽了历史唯物主义的"历史性"。只有实现历史唯物主义的"历史化"才能真正实现其"现代化"。资本逻辑批判是历史唯物主义分析社会现实的基本方法。基于资本逻辑批判来研究和发展历史唯物主义能从多个层面推进历史唯物主义的当代研究，革新历史唯物主义的研究方法，拓展历史唯物主义的理论空间和研究领域，阐释历史唯物主义的当代意蕴。

第五，生产关系的生产与再生产对深化历史唯物主义具有重要作用。伍德认为在一切社会关系中生产关系起着决定性作用，生产关系的生产与再生产是资本主义生产过程更为重要的结果。资本主义社会的生产关系反映的是资本主义生产的颠倒性，是资本对人的统治。资本主义世界成为了资本统治的世界，其主体被消解，成为资本的附属品。资本主义社会由于内在矛盾必然导致生产关系的颠倒，从而也为根除这种颠倒，实现人类解放提供了条件。单纯从交往关系或社会关系来阐释或重建历史唯物主义都是片面和行不通的，也无法揭示资本主义的内在本质和运行机制。

二　对中国社会主义建设的启示

伍德历史唯物主义思想对中国的社会主义建设具有重要的启示。

其一，伍德否定斯大林模式。这种模式将马克思主义分为哲学、政治经济学和科学社会主义三个组成部分，又将哲学分成"辩证唯物主义"和"历史唯物主义"两个部分，后者是前者在社会领域的扩展。伍德认为这种做法割裂了二者之间的联系，导致客观必然的宿命论和意志论。这种模式将基础/上层建筑隐喻提升并归结为马克思主义的首要原则,把经济领域看成是独立于政治、文化和意识形态等上层建筑并占据绝对支配地位的领域,最终形成机械的经济决定论和技术决定论。在伍德看来,这种"简化论"否认了人的作用。而历史唯物主义的本质就在于为人类的解放寻找路径,提供理论指导。斯大林搞"个人崇拜"和"个人迷信"的恶果是国家成为压迫和剥削工人阶级的工具,无产阶级专政成为少数上层领导者对广大劳动人民的专政。要消除这种片面唯物主义的影响,就必须要在理论上确立人的历史主体性地位,恢复历史唯物主义强调的人民群众是历史创造者的观点,坚持以人为本的科学发展观,始终将最广大人民群众的利益作为党和国家工作的根本出发点和落脚点。

其二,伍德认为历史唯物主义的首要原则不是阶级或阶级斗争,而是物质生活和社会再生产的组织。物质生活和社会再生产组织是现实的人生活的重要组成部分。伍德虽然强调上层建筑的反作用,但仍然坚持经济基础归根到底的决定作用。这启发我们应该毫不动摇地坚持以"经济建设为中心",只有坚持这个中心不动摇,中国才能发展,而一旦偏离了这个中心,就会导致发展的停滞和倒退,十年"文化大革命"和历次群众运动的教训就是一个明证。经济发展是我们时代的主要特点,当前中国面临的最大问题依然是发展问题。社会主义的优越性就体现在生产力的发展上,体现在经济建设的成就上,体现在是否在高度发达的生产力基础上提高了人们的物质、文化生活。社会主义的本质就是解放生产力、发展生产力,消灭剥削、消除两极分化,最终达到共同富裕。而中国人口多、底子薄,现在处于并将长期处于社会主义初级阶段,在这个阶段,发展生产力就成为理所当然的第一要务,只要将经济建设搞上去,中国的很多问题就能够得到解决,中国的持续发展就能够得到保障。

其三,伍德认为历史唯物主义的核心是坚持资本主义的历史性和特殊性,坚持认为资本主义的运动规律不是历史的普遍规律。伍德从资本主义起源和原始文化的角度揭示了这种特殊性,这有利于我们批判"欧洲中心论",超越资本主义的发展模式,跨越资本主义的"卡夫丁峡谷"。资本主义是以资本逻辑为主导的制度,面对资本的全球化进程,我们既要批判"资本至上论",也要拒斥"资本悲观论",虽然资本的本性是剥削的,但是人类社会的发展不能没有资本,正如人类不能逾越异化状态一样,资本是人类社会发展过程中的一个创造,人类能够利用资本创造财富和幸福。

一方面，要进一步发挥资本与市场的作用，推进社会生产力的发展，必须承认资本、发展资本；另一方面，要用社会主义力量制约与引导资本力量，坚持以人为本的科学发展观，严格限制资本和市场的最终扩张边界，促进社会主义市场经济的发展和和谐社会的建设。

其四，伍德认为现代性与资本主义并不是同一的关系，资本主义不仅不能丰富和发展现代性，反而会破坏现代性。现代性与启蒙、后现代性、社会主义有着紧密的联系。现代性已经成为我们这个时代最突出的特征，现代性话语已经渗透到政治、文化、哲学等各个领域，甚至成为我们的潜意识。在全球化时代，"支撑欧洲（西方）中心主义的资本主义已经成为西方无法独自占据的普遍性，它在全球的扩散恰恰造成了现代性本身的破碎，这为全球基于资本主义开辟新的世界历史提供了契机。"① 一百余年来中国的一个接一个的现代化运动，表明我们还没有完全摆脱欧洲中心主义的影响，仍然走的是以欧洲为中心的现代化道路，我们的目的是要建构中国的现代性。我们也应该充分地认识到现代性的双重性。一方面，现代性是一个理性化的过程，追求理性和效率，创造了巨大的物质财富，极大地改善了人们的生活水平和生活方式；另一方面，现代性带有资本主义的烙印，资本的积累和增值、竞争、利润最大化的逻辑仍然起着作用，现代性不可避免在理性化的过程中走向了集权主义与恐怖主义。20 世纪，德、意、日，法西斯的产生，两次世界大战中的大屠杀，世界各地不时出现的恐怖袭击直接宣告了资本主义意义上现代性的破产。中国一方面不能完全拒斥以"欧洲中心论"为代表的资本主义现代性；另一方面也要反对"代价不可避免论"。在"以人为本"的科学发展观的指引下，中国能够超越资本主义发展模式，探索出"中国模式"的发展道路，建构中国特色社会主义的现代性。

其五，伍德认为资本主义民主与"真正的"民主不相容，它是为资产阶级的意识形态利益服务的；民主是反对资本主义的最有力武器，是社会主义的本质，只有社会主义才能实现真正的民主，这对中国的民主政治建设具有重要的理论和现实意义。首先，要搞清楚资本主义民主的本质及其与社会主义民主的区别。资本主义民主是欧洲政治斗争和阶级斗争的产物，是历史的产物，其目的是为了资产阶级的统治。正如杜威所说："每

---

① 胡大平：《现代性，或淹没在话语中的世界历史》，载《全球化背景下的现代性问题》，重庆出版社 2009 年版，第 78 页。

一代人必须为自己再造一遍民主，民主的本质与精髓乃是某种不能从一个人或一代人传给另一个人或另一代人的东西，而必须根据社会生活的需要、问题与条件进行构建。"① 资本主义国家将自由民主作为普世价值来宣扬实质是为了兜售其维护霸权的意识形态。其次，应该吸取世界政治文明建设的经验和教训，吸取苏联等社会主义国家民主政治建设经验教训和借鉴西方政治民主建设中的合理因素。苏联等社会主义国家普遍存在着权力过度集中、监督缺失、人民民主"空场"的问题，官员严重腐败、上层集团贵族化、党的合法性严重受损、共产主义信仰严重动摇，丧失了军心、民心，国家解体、社会动乱，人民的生活陷入困境。苏联等社会主义国家的民主实践告诉我们实现社会主义民主并不是一帆风顺的，要处理好民主与集中的关系。社会主义的民主是历史上最广泛和最真实的民主，是绝大多数人的民主，是为了实现广大人民群众在政治、经济、文化和社会领域的平等，为人的自由全面发展提供条件。但社会主义民主的实践又面临着国内外形势的考验，在这种情况下，慎重地进行民主政治建设是必要的。选举制、多党制等是西方实现民主的形式，不是民主的本质，西方民主的核心是为了解决"权利"与"权力"的关系问题，并不是为了实现最充分的民主。但西方的民主制度的确具有一定的借鉴作用，特别是分权制衡原则是我们应该认真吸取的，这种原则带来的权力分配较好地保证了西方资本主义国家政治的稳定和利益平衡，也有助于防范腐败和权力寻租问题。当前中国正面临着社会和阶层的急剧分化，利益多元化凸显，如何在这种形势下保持政治稳定、官员勤政廉洁、社会和谐是我们应该认真面对的问题。最后，中国的政治文明建设要以马克思主义的民主观为指导，要坚持和完善党的领导，促进人民民主；要进一步推进政治体制改革，优化政府机构，促进管理型政府向服务性政府的转型。要积极推进政治协商，确立政治协商在民主政治中的优先地位。一方面，借助于互联网、电视、报纸等新闻媒介加强对权力机关、行政机关等国家机关的监督；另一方面，在每个单位和机关都要建立监督机构，重点是对"一把手"的监督。要推进党内民主改革进程，用党内民主来促进人民民主的最终实现。要扩大参与式民主和审议民主，既尊重大多数人的意愿，又不至于忽视少数人的诉求。

---

① ［美］约翰·杜威：《新旧个人主义——杜威文献》，孙有中等译，上海社会科学院出版社1997年版，第27页。

其六，伍德非常重视文化的作用，认为文化不仅在阶级的形成上而且还在国家的权力垄断上起着重要作用，她特地考察后现代主义的文化，认为历史唯物主义就是要将文化从商品化的桎梏中解放出来。在30多年的改革开放过程中，中国的文化建设取得了巨大的成就，但也有诸多的问题，比如大量资本主义的腐朽落后文化的渗透严重侵害了广大人民群众特别是青少年的身心健康发展，社会主义的主流文化价值观受到一定程度的冲击，因此，党中央和国务院适时提出了文化体制改革和推进文化大发展、大繁荣的政策。中国的文化建设要以马克思主义的文化观为指导，要认识到文化的阶级性、历史性和多样性。在全球化时代的今天，文化已越来越成为民族凝聚力和创造力的源泉，越来越成为综合国力的重要组成部分。文化建设是中国特色社会主义事业总体布局的重要组成部分。如果没有文化的积极引领，没有人民精神世界的极大丰富，没有全民族精神力量的充分发挥，那么一个国家、一个民族不可能屹立于世界民族之林。

　　其七，伍德认为将国家定义成阶级统治的工具是同义反复，马克思和恩格斯并没有详细地论述国家消亡的问题，他们只是指出国家从传统的阶级镇压的工具转变为服务性的政府。列宁将无产阶级专政等同于无产阶级国家，将国家仍然当作无产阶级镇压资产阶级的工具，将国家消亡的时间无限推迟到共产主义的高级阶段。中国在社会主义改造完成后仍然坚持无产阶级专政的政策直接导致了社会的动荡和分裂，"文化大革命"的十年动乱就是一个明证。马克思恩格斯关于国家转型的思想启发我们要放弃以阶级镇压和统治为主的传统国家理论，实现国家的现代转型，也即是由"国家对社会的屈从"过渡到国家的消亡，即从对人的统治转向对物的管理。国家的消亡过程也即政治民主化的过程，是人民参与国家政治管理的过程。伍德认为公共权力在资本主义国家和社会主义国家都有可能异化。虽然工人阶级通过阶级斗争实现了由被统治阶级向统治阶级的转变，但工人阶级作为个体和整体都不可能直接掌管和行使公共权力，公共权力必须掌握在由官僚组成的公共机构手中，具有相对的独立性和自主性，但由官僚组成的政治统治集团有可能使政治统治脱离工人阶级的阶级基础，异化为与社会甚至与工人阶级相对立的特殊利益群体，使公共权力不再为大众和工人阶级服务，而为特定的利益集团服务。要防止公共权力的异化必须通过法律和道德来保持官僚集团的政治自律和道德自律，防止政治统治脱离阶级基础和群众基础，否则工人阶级的政治统治就会丧失合法性，被历史抛弃。

其八，伍德认为社会财产关系在封建社会向资本主义社会过渡的过程中起着关键作用，社会财产关系的转变导致工人与资本家、劳动与资本的对立。中国的社会主义市场经济激发了广大劳动者的生产积极性和创造性，创造了大量的财富，但同时也侵蚀了社会的道德、法律。中国要实现从农业社会向工业社会的转型，实现社会的公平正义必须实行合理的经济制度和分配制度。在坚持"以公有制为主体，多种所有制共存"的基本经济制度上，要改变当前只重视工资收入，忽视财产性收入的分配制度，提高财产性收入的分配比重，让收入分配更趋合理，调动广大劳动者的生产积极性，减少贫富差距，实现社会和谐。要最大限度地提高广大劳动者的财产性收入必须鼓励私营经济的发展，健全社会保障体系。要从法律上明确私有财产的合法性，引导人们合理使用私有财产。

结　语

　　伍德的历史唯物主义思想是在继承传统马克思主义、吸收借鉴英美新马克思主义、西方马克思主义的基础上形成的，她坚持了历史唯物主义的基本原理，对历史唯物主义思想作出了新的解读和发展。她从理论总问题——发展历史唯物主义出发，丰富了历史唯物主义的内涵，从总体性角度探索了人类摆脱资本束缚，超越资本主义，走向社会主义和共产主义之路。她将理论和现实相结合，一方面从学理角度对关于历史唯物主义的争论进行考察和总结；另一方面将其坚守的历史唯物主义作为一种方法，深入分析资本主义的现实。理论一经掌握群众就会变成物质力量。伍德希望人们认识到历史唯物主义的本质和作用，希望广大人民群众掌握历史唯物主义的分析方法，用这个革命的方法解释现实问题，摆脱资本主义意识形态的控制。总的来看，她的历史唯物主义思想包含五大主题：第一，坚持对资本主义的总体性批判，揭示资本主义是一种全球性的普遍制度，一切都被商品化、符号化和资本化，认为在资本积累、利润最大化和竞争的逻辑的牵引下，资本帝国主义主宰了人们的生活，影响并改变了人类的本质，造成了生态危机、经济危机、社会危机等，阻碍了人的自由全面发展。第二，坚持历史唯物主义的阶级分析法，阐述了阶级特别是工人阶级仍然是联合所有反资本主义力量的核心和社会变革的主体。第三，坚持马克思主义的阶级政治学说，反对后马克思主义的激进民主斗争学说，认为资本主义越是发展，其矛盾就越多，其剥削本质就越暴露，受到的反抗就越厉害。在资本和国家的利益共谋的背景下，资本主义国家再次成为阶级斗争的目标和工人阶级团结的新焦点，也预示着阶级政治在全球化时代的到来。第四，坚持从民主和现代性双重维度出发，揭示超越资本主义的路径。伍德认为资本主义是虚假的民主，资本主义不是丰富现代性的内涵，而是破坏现代性。民主是社会主义的同义词，只有民主才能超越资本主义，只有社会主义才能实现真正的民主。第五，坚持对人类自由解放的不懈追求。伍德从对资本主义的批判到社会主义乌托邦的构想，从对阶级形成的论述到确立工人阶级的革命主体地位，都是为实现人类的解放奠定理论和现实基础。对人类解放的关怀是伍德理论主题的核心。

伍德的历史唯物主义是一种社会批判理论，不仅是一种伦理批判，更是一种现实批判。在资本主义处于强势地位，社会主义仍然处于低潮的时代，她仍然坚持历史唯物主义的批判精神，捍卫马克思主义的正统。大声喊出"回到马克思""重申社会主义"，这的确需要非凡的理论勇气。她一方面坚守社会主义信念，另一方面不故步自封，紧密联系资本主义和社会主义的实际。她一方面指出资本主义日益具有全球普遍性，获得了更多人的认可；另一方面又指出现在比以往更需要对资本主义进行批判，现在正是复兴马克思主义的最好时机，而不是"历史的终结"。她一方面批评左派知识分子放弃对社会主义的追求；另一方面又认为资本主义已无路可逃，不再有"安全阀"，也不存在改良的途径，左派知识分子应该与右派分子决裂，抓住历史机遇，消除社会主义悲观论。

伍德对历史唯物主义作为革命的批判方法的坚持让人起敬，在资本逻辑全球化的今天，历史唯物主义仍然是当今对资本主义最有效的批判资源，充满了生机与活力。不管她对历史唯物主义思想的重建有何种问题，对马克思的批评有何种缺陷，但仍然可以称之为一个坚定而理性的马克思主义者，她没有在资本主义的"表面繁荣"中失去自我，没有在各种西方思潮对马克思主义的攻击下退缩，也没有成为"后现代主义"左派（后马克思主义、后结构主义等各种思潮）的一员，仍然期望重建马克思主义认识论的根基，在同各种后马克思主义和反马克思主义者进行斗争的过程中使社会主义重新成为时代的共识。

"一个幽灵，共产主义的幽灵，在欧洲游荡。"马克思和恩格斯在《共产党宣言》中的这一话语依然具有穿透历史的力量，马克思主义在其发展的150多年中，迎击了一次又一次挑战，始终保持着生机和活力，其最可贵的理论品质就是直面现实，解决现实的问题。从世界层面来看，全球化进程越来越快，南北差距逐渐拉大的趋势仍然没有得到根本改变，反而积累的各种阶级矛盾和种族矛盾被激化，地区战争和冲突不断，世界并不太平，正是对资本主义的反抗，在全球范围内爆发了劳工运动和反对新自由主义运动。资本主义内在固有的矛盾不仅没有得到解决，反而增加了一系列的矛盾。社会主义仍然处于低潮，但以中国为代表的社会主义国家在经历一系列挫折和困难后，取得了举世瞩目的成就，为社会主义的全球复兴带来的契机。不管资本主义如何改革，如何宣扬其自由民主的普世价值，都不能从根本上克服其内在矛盾，不能改变灭亡和被社会主义代替的命运。正如伍德指出的："一种人道的、'社会的'、真正民主和平等的资本主义，是比社会主义还要不切实际的乌托邦"。①

历史唯物主义是发展的理论，而不是机械的教条。要坚持历史唯物主义，必须发展历史唯物主义，不发展就没有生命力。伍德的历史唯物主义思想虽然有这样或那样的问题，但仍然对历史唯物主义的发展起到了一定的建设性作用，对中国的社会主义建设也有一定的启示，要正确认识伍德的历史唯物主义思想，必须坚持理论联系实际的原则，将伍德的历史唯物主义思想放置到马克思主义的发展史中去，唯有如此才能真正理解其价值。

我们既要继承她的理论探索精神，也要从她的理论模式中走出来。伍德的历史唯物主义思想需要深入的分析，伍德的探索毕竟是从其身处的发达资本主义国家的现实出发，其对历史唯物主义的重建也同发达资本主义国家中马克思主义者的分析具有某种共性，都是从其自身的理论需求出发，为了解决某个特定的问题而建构的，必然具有理论的局限性。关键是要从她所考察的问题和留给我们的问题中获取一些有益的启示。在全球化时代，在消费主义的价值观和生活方式的牵引下，人们的日常生活呈现原子化、扁平化和碎片化的特点，资本主义社会的总体异化并没有改变，历史唯物主义在全球化时代仍然具有适用性，这个时代为历史唯物主义的发展提供了新的舞台。伍德对历史唯物主义的考察是与全球化时代紧密结合的，她所考察的阶级、国家、现代性、民主、新帝国主义等问题正是这个时代的突出问题。

总之，伍德对社会主义信念的坚守，对历史唯物主义批判方法的继承和发展使我们坚信马克思揭示的"两个必然"论断，始终坚持用历史唯物主义的方法去分析和评判国际局势，在与各种西方思潮相互激荡的过程中

① ［加拿大］艾伦·伍德：《民主反对资本主义——重建历史唯物主义》，吕薇洲等译，重庆出版社 2007 年版，第 289 页。

发展历史唯物主义。"社会主义社会的崩溃并不意味着马克思主义的死亡。只有资本主义的生产方式继续存在，马克思主义就还有意义。"① 马克思主义仍然是我们改造资本主义的理论资源。

① ［美］阿里夫·德里克：《马克思主义向何处去?》，载《全球化时代的"马克思主义"》，中央编译出版社 1998 年版，第 216 页。

参考文献

一　中文文献

著作类

[1] 马克思:《1844 年经济学哲学手稿》，刘丕坤译，人民出版社 2000 年版。

[2] 马克思:《关于费尔巴哈的提纲》，人民出版社 1995 年版。

[3] 《马克思恩格斯选集》第 1—4 卷，人民出版社 1995 年版。

[4] 马克思:《资本论》第 1—3 卷，人民出版社 2004 年版。

[5] [德] 马克斯·霍克海默:《批判理论》，李小兵等译，重庆出版社 1989 年版。

[6] [德] 卡尔·曼海姆:《意识形态与乌托邦》，黎鸣、李书崇译，商务印书馆 2000 年版。

[7] [德] 马克斯·霍克海默、特奥多·威·阿多尔诺:《启蒙辩证法》，洪佩郁、蔺月峰译，重庆出版社 1990 年版。

[8] [德] 尤尔根·哈贝马斯:《重建历史唯物主义》，郭官义译，社会科学文献出版社 2000 年版。

[9] [法] 雅克·德里达:《马克思的幽灵》，何一译，中国人民大学出版社 1999 年版。

[10] [加拿大] 本·阿格尔:《西方马克思主义概论》，慎之等译，中国人民大学出版社 1991 年版。

[11] [加拿大] 艾伦·伍德:《民主反对资本主义——重建历史唯物主

义》，吕薇洲等译，重庆出版社 2007 年版。

[12] [加拿大] 艾伦·伍德：《新社会主义》，尚庆飞译，江苏人民出版社 2005 年版。

[13] [加拿大] 埃伦·M. 伍德：《资本的帝国》，王恒杰、宋兴无译，上海译文出版社 2006 年版。

[14] [美] 赫伯特·马尔库塞：《爱欲与文明》，黄勇、薛民译，上海译文出版社 2005 年版。

[15] [加拿大] 埃伦·伍德、约翰·福斯特主编：《保卫历史：马克思主义与后现代主义》，郝名玮译，社会科学文献出版社 2009 年版。

[16] [美] 道格拉斯·凯尔纳、斯蒂文·贝斯特：《后现代理论——批判性的质疑》，张志斌译，中央编译出版社 2001 年版。

[17] [美] 赫伯特·马尔库塞：《单向度的人》，刘继译，上海译文出版社 1989 年版。

[18] [美] 乔治·瑞泽尔：《后现代社会理论》，谢立中译，华夏出版社 2003 年版。

[19] [美] 斯蒂芬·贝斯特、道格拉斯·科尔纳：《后现代转向》，陈刚等译，南京大学出版社 2002 年版。

[20] [美] 威廉·罗宾逊：《全球资本主义论——跨国世界中的生产、阶级与国家》，高明秀译，社会科学文献出版社 2009 年版。

[21] [匈] 阿格尼丝·赫勒：《现代性理论》，李瑞华译，商务印书馆 2005 年版。

[22] [匈] 格奥尔格·卢卡奇：《历史与阶级意识》，杜章智等译，商务印书馆 1999 年版。

[23] [英] 安东尼·吉登斯：《批判的社会学导论》，郭忠华译，上海世纪出版集团 2007 年版。

[24] [英] 大卫·哈维：《新帝国主义》，初立忠、沈晓雷译，社会科学文献出版社 2009 年版。

[25] [英] 拉克劳、墨菲：《领导权与社会主义的策略——走向激进民主政治》，尹树广、鉴传今译，黑龙江人民出版社 2003 年版。

[26] [英] 佩里·安德森：《后现代性的起源》，紫辰、合章译，中国社会科学出版社 2008 年版。

[27] [英] 佩里·安德森：《西方马克思主义探讨》，高铦等译，人民出

版社 1981 年版。

[28] ［英］尚塔尔·墨菲:《政治的回归》,王恒、臧佩洪译,江苏人民出版社 2005 年版。

[29] ［英］特里·伊格尔顿:《后现代主义的幻象》,华明译,商务印书馆 2000 年版。

[30] ［英］特瑞·伊格尔顿:《文化的观念》,方杰译,南京大学出版社 2006 年版。

[31] 陈嘉明:《现代性与后现代性十五讲》,北京大学出版社 2006 年版。

[32] 陈学明:《"西方马克思主义"命题辞典》,东方出版社 2004 年版。

[33] 陈学明:《西方马克思主义论》,辽宁教育出版社 1991 年版。

[34] 付文忠:《新社会运动与国外马克思主义思潮:后马克思主义研究》,山东大学出版社 2009 年版。

[35] 傅永军:《法兰克福学派的现代性理论》,社会科学文献出版社 2007 年版。

[36] 韩秋红、李百玲:《断裂还是传承——西方马克思主义及其当代资本主义观》,中央编译出版社 2004 年版。

[37] 江天骥:《法兰克福学派:批判的社会理论》,上海人民出版社 1981 年版。

[38] 李青宜:《"西方马克思主义"的当代资本主义理论》,重庆出版社 1990 年版。

[39] 刘放桐:《新编现代西方哲学》,人民出版社 2000 年版。

[40] 陆俊:《理想的界限》,社会科学文献出版社 1998 年版。

[41] 王凤才:《批判与重建——法兰克福学派文明论》,社会科学文献出版社 2004 年版。

[42] 王凤才:《追寻马克思——走进西方马克思主义》,山东大学出版社 2003 年版。

[43] 王治河:《扑朔迷离的游戏——后现代哲学思潮研究》,北京大学出版社 2006 年版。

[44] 吴连连、王雨辰、王建辉、陈食霖:《现代西方哲学与社会思潮述评》,武汉理工大学出版社 2002 年版。

[45] 徐崇温:《"西方马克思主义"》,天津人民出版社 1982 年版。

[46] 徐崇温:《"西方马克思主义"论丛》,重庆出版社 1989 年版。

［47］俞吾金、陈学明：《国外马克思主义哲学流派新编》（西方马克思主义卷），复旦大学出版社 2002 年版。

［48］张一兵、胡大平：《西方马克思主义哲学的历史逻辑》，南京大学出版社 2003 年版。

［49］张一兵：《回到马克思——经济学语境中的哲学话语》，江苏人民出版社 2005 年版。

［50］张一兵：《文本的深度耕犁——西方马克思主义经典文本解读》第 1 卷，中国人民大学出版社 2004 年版。

论文类

［51］陈人江：《新帝国主义的特征及可能的反抗方向》，《国外理论动态》2007 年第 3 期。

［52］陈学明、朱南松：《为什么有些人总看不到当今资本主义的矛盾与危机》，《社会科学战线》2007 年第 6 期。

［53］陈学明：《"反资本主义宣言"给予我们的启示》，《毛泽东邓小平理论研究》2006 年第 8 期。

［54］陈学明：《西方人士眼中的当代资本主义制度》（下），《思想理论教育导刊》2007 年第 10 期。

［55］陈学明：《西方左翼思想家对当今资本主义民主制度的批评》，《马克思主义研究》2007 年第 8 期。

［56］陈学明：《资本主义所存在的种种弊端根源于资本主义制度本身吗？——左翼思想家的回答》，《社会科学家》2007 年第 5 期。

［57］冯雷：《评艾伦·伍德的〈资本主义的起源〉》，《当代世界与社会主义》2005 年第 4 期。

［58］关锋：《阶级的退场、历史的误认与民主的误解》，《中国特色社会主义研究》2009 年第 6 期。

［59］关锋：《劳动解放：马克思和谐社会思想的基本理据》，《社会科学》2007 年第 2 期。

［60］何秉孟、姜辉：《英国阶级结构的变化与"第三条道路"的理论》，《世界社会主义研究动态》2005 年第 18 期。

［61］何萍：《马克思的文化哲学及其传统》，《南京大学学报》（哲学·人

文科学·社会科学）2008 年第 6 期。

［62］黄汝接编写：《工人阶级是否还是历史性变革的主体》，《国外理论动态》2008 年第 5 期。

［63］姜赞东：《马克思主义论人类解放》，《徐州教育学院学报》2001 年第 2 期。

［64］孔德永：《社会主义主体的再认识》，《社会主义研究》2005 年第 1 期。

［65］李志：《马克思异化理论中的 "人"》，《哲学研究》2007 年第 1 期。

［66］刘同舫：《政治解放、社会解放和劳动解放——马克思人类解放思想再探析》，《哲学研究》2007 年第 3 期。

［67］鲁克俭、郑吉伟：《布伦纳的历史唯物主义思想评析》，《当代世界与社会主义》2006 年第 2 期。

［68］马千里编写：《评艾伦·伍德〈资本主义的起源〉》，《国外理论动态》2004 年第 4 期。

［69］钱厚诚：《资本主义帝国——埃伦·M. 伍德对美国的解读》，《中国矿业大学学报》（社会科学版）2007 年第 4 期。

［70］乔瑞金、李瑞艳：《英国新马克思主义的哲学探索》，《现代哲学》2007 年第 5 期。

［71］尚庆飞：《艾伦·伍德的阶级观：阐释与评价》，《南京社会科学》2008 年第 6 期。

［72］师文兵、乔瑞金：《英国新马克思主义历史学派的政治意识》，《哲学研究》2007 年第 3 期。

［73］唐玲：《历史唯物主义中的经济基础——上层建筑隐喻及其理论效应》，《常熟理工学院学报》（哲学社会科学版）2008 年第 11 期。

［74］唐正东：《在科学抽象与具体历史之间：方法论的视角》，《东岳论丛》2008 年第 3 期。

［75］汪行福：《英国马克思主义研究的新趋势》，《学术月刊》2007 年 11 月号。

［76］汪行福：《英国马克思主义研究的新探索》，《学术月刊》2008 年 9 月号。

［77］王晓广：《马克思主义关于人的发展理论及其当代价值》，《学术交流》2005 年第 8 期。

［78］王雨辰：《当代西方马克思主义社会批判哲学对现代性问题的研究》，《中南财经政法大学学报》2002 年第 4 期。

［79］王雨辰：《文化价值批判与解放的乌托邦——略评西方马克思主义的文化哲学》，《国外社会科学》2004 年第 5 期。

［80］吴宁：《工人阶级的终结——兼析伍德的"告别无产阶级"》，《当代世界与社会主义》2010 年第 4 期。

［81］吴宁：《现代性和虚无主义》，《现代哲学》2010 年第 5 期。

［82］吴清军：《西方工人阶级形成理论述评——立足中国转型时期的思考》，《社会学研究》2006 年第 2 期。

［83］周凡：《回答一个问题：何谓后马克思主义》，《江苏社会科学》2005 年第 1 期。

［84］周穗明、马志良：《西方新马克思主义的阶级和社会结构理论三大形态》，《当代世界与社会主义》2005 年第 6 期。

［85］朱华彬：《对历史唯物主义普遍性的再思考——兼评艾伦·伍德〈民主反对资本主义——重建历史唯物主义〉》，《理论界》2010 年第 11 期。

二　外文文献

［86］Ellen Meiksins Wood, A Chronology of the New Left and its Successors, or: Who's Old – Fashioned Now? The Socialist Register, Vol. 31 (1995).

［87］Ellen Meiksins Wood, A Note on Du Boff and Herman. Monthly Review, Vol. 49, No. 6 (November 1997).

［88］Ellen Meiksins Wood, A Trumpet of Sedition: Political Theory and the Rise of Capitalism, 1509 – 1688. New York : New York University Press, 1997.

［89］Ellen Meiksins Wood, Back to Marx. Monthly Review, Vol. 49, No. 2 (June 1997).

［90］Ellen Meiksins Wood, C. B. MacPherson: Liberalism, And The Task Of Socialist Political Theory. The Socialist Register, Vol. 15 (1978).

［91］Ellen Meiksins Wood, Capitalist Change and Generational Shifts. Monthly

Review, Vol. 50, No. 5 (October 1998).

[92] Ellen Meiksins Wood, Citizens to Lords: A Social History of Western Political Thought from Antiquity to the Middle Ages. London and NewYork: Verso, 2008.

[93] Ellen Meiksins Wood, Class compacts, the welfare state, and epochal shifts: a reply to Frances Fox Vixen and Richard A. Cloward. Monthly Review, Vol. 49, No. 8 (January 1998).

[94] Ellen Meiksins Wood, Class Ideology and Ancient Political Theory: Socrates, Plato, and Aristotle in Social Context. Oxford : Oxford University Press, 1978.

[95] Ellen Meiksins Wood, Democracy as Ideology of Empire. In Colin Mooers (ed.), The New Imperialists: Ideologies of Empire, Oxfors: Oneworld, 2006.

[96] Ellen Meiksins Wood, Eurocentric Anti – Eurocentrism. solidarity – us. org (2001).

[97] Ellen Meiksins Wood, Kosovo and the New Imperialism. Monthly Review, Vol. 51, No. 2 (June 1999).

[98] Ellen Meiksins Wood, Labor, the State, and Class Struggle. Monthly Review, Vol. 49, No. 3 (July – August 1997).

[99] Ellen Meiksins Wood, Liberal Democracy And Capitalist Hegemony: A Reply To Leo Panitch On The Task Of Socialist Political Theory, The Socialist Register, Vol. 18 (1981).

[100] Ellen Meiksins Wood, Marxism Without Class Struggle? The Socialist Register, Vol. 20 (1983).

[101] Ellen Meiksins Wood, Peasant – Citizen and Slave: The Foundations of Athenian Democracy. London and NewYork: Verso, 1997.

[102] Ellen Meiksins Wood, Ralph Milband, 1924 – 1994. Radical Philoshopy, issue 68 (Autumn 1994).

[103] Ellen Meiksins Wood, The Agrarian Origins of Capitalism. Monthly Review, Vol. 50, No. 3 (July – August 1998).

[104] Ellen Meiksins Wood, The Communist Manifesto After 150 Years. Monthly Review, Vol. 50, No. 1 (May 1998).

[105] Ellen Meiksins Wood, The Origin of Capitalism. NewYork: Monthly Re-

view Press, 1999.

[106] Ellen Meiksins Wood, The Politics of Capitalism. Monthly Review, Vol. 51, No. 4 (September 1999).

[107] Ellen Meiksins Wood, The Pristine Culture of Capitalism. London and NewYork: Verso, 1992.

[108] Ellen Meiksins Wood, The Uses and Abuses of Civil Society. The Socialist Register, Vol. 26 (1990).

[109] Ellen Meiksins Wood, Unhappy Families: Global Capitalism in a World of Nation – States. Monthly Review, Vol. 51, No. 3 (July – August 1999).

索　引

A

艾伦·梅克森斯·伍德　1，23，26，
　122，186，190，191
爱德华·P. 汤普森　7，155，156
安德烈·高兹　143
安东尼奥·奈格里　9，215

B

霸权　2，8，9，14，19，24，28，32，
　41，64，68，71，73，74，77，81，
　82，88，107，109，135，138，146，
　147，149，150，161，171，177，
　180，181，190，193，200，205，
　208，209，211，213，216 – 218，
　224，227，231，237
剥削　6，7，12，35 – 37，41，43 – 47，
　49，52，54 – 57，61，62，75，76，79，
　81，85，86，89 – 91，103，117，118，
　124，134，135，138，140，141，143 –
　148，150，151，154，160，161，163，
　164，166 – 172，174，180 – 182，184，
　187，198 – 200，202，205，207，209 –
　212，214，217，218，220，223 – 226，
　229，233，235，240

C

查特尔·墨菲　147

E

恩斯特·拉克劳　147

F

非工人非阶级　143 – 145
分析的马克思主义　157
封建主义　12，38 – 40，44，45，50，
　72，75，76，95，101，103，105，
　107，110，113，117，130，185，
　190，191，224

G

革命　4，7，8，20，29，30，33，34，
　39，42，44，45，50，59 – 68，71，81，
　82，87，92，94，104，108，111，118，
　126，128，133，137，140，142 – 144，
　148，150，152 – 155，160 – 163，165，
　167 – 170，173 – 175，184 – 186，191，
　193，195，196，199 – 201，203，205，
　206，213，217，222 – 225，227 – 229，
　232，233，235，238，240，241
革命主体　5，23，42，140，142，145，
　149，159，161，163，164，168，
　173，233，241
工人阶级　2，5 – 8，10，19 – 21，23，
　24，33，35，42，57，64，68，81，

82，99，108，137，138，140－175，181，195，196，203，204，218，222，223，226，228－230，233，235，238，240，241，248，249

H

后马克思主义 2，3，7，8，10，11，18，20，22－24，30，34，38，71，84，93，96，98，125－128，130，138，142，147，149，150，163－166，171，172，175，189，194－196，208，222，229，233，240，241，246，249

后现代性 3，17，122，176，183，186－189，191－193，231，236，245，246

后现代主义 17，19，29，31，38，71，125，130，142，165，166，172，188－193，228，233，238，241，245，246

话语政治 18，30，31，98，125，142，147，148，150，164，165，174，194，222，228

J

激进民主 245

激进民主政治 147，164

技术决定论 3，10，24，35，41，48，84－94，98，101，110，126，129，138，140，148，151，161，212，223，225，228，232，235

阶级 1，2，4－8，10，11，13，18，20－22，24，27，29，30，33－37，39－41，44－50，52，53，55－68，70，71，74，76，81－83，85－87，89－94，99，101，103，104，107，110－113，115，117，118，121，124，125，127，130－138，140－165，167－175，177，182，

185－187，189，191－196，198，200－204，206，209－214，216－220，222－226，228，232，233，235，236，238，240－242，245，247，249

阶级斗争 5－8，10，11，20，21，24，30，34，35，38，44，45，47，56，58，70，86，90，100，104，117，119，132，135－138，142－145，147，149－151，153，155，159－162，166，168，170－174，181，194，195，197－199，222，226，228，233，235，236，238，240

阶级观 6－8，18，20，34，39，41，131，142，161，248

阶级观念 131

阶级结构 4，29，33，36－39，46，145，150，153，164，167，168，174，247

阶级意识 7，15，23，29，30，32，33，35，85，99，131，132，137，138，142，144，152，156－164，167，168，171－174，199，224，226，229，245

阶级政治 2，6，20，30，42，98，125，140－142，149，150，162－164，171－175，182，183，194，222，223，226，228，233，240

结构主义 3，6，38，41，71，85，93，94，96－99，125，128，151，159，163，223，226，241

解放 33，41，44，47－49，59，62，79，81，87，90，92，94，101，102，106，110，115，117，118，122，124，129，136，138，140，141，143，161，162，170，171，173－175，178，184－186，189－193，

195，199，219，227，233－235，238，241，247－249

经济 1－5，8－10，12－14，19，20，23，24，27－33，35－41，43－58，60－63，66－87，90，92－121，124－141，143，146－153，155－159，161，163－174，176－184，186－189，191－193，195，196，199，201，205，207－220，222－224，227－237，239，240，244，247

经济基础 5，6，18，35，36，41，63，66，71，72，74，92，93，96－100，102，106，107，126－128，136，137，139，140，153，187，223，226，227，230，233，235，248

经历 5，20，30，36，40，53，55，62，64，70，85，99，121，122，132，133，138，145，152，155，156，160，162，163，166，169，185，202，211，226，242

L

劳动 4，15，16，21，22，24，27，29，34－37，44－49，51－57，60－62，76，78－82，85，87－90，103－107，110，112，113，115，118，124，131，134，135，138，140，143－148，150，151，153，157，165，167－174，178－180，182，185－188，190，198，200，201，205，206，209－212，214，216，219，220，223，229，230，233，235，239，247，248

历史观 3，35，39，41，69，82，84，85，90，92，93，95，97－103，106－109，121，124，126，128，130，139，151，161，183，184，193，228，230

历史唯物主义 1－7，9，11，13，15－24，26，29，31－38，40－43，58，62，71，72，74，82，84－106，116，119，120，124－134，136－143，150，152，155－161，163，169－171，173－175，183，192，194，199，209，213，219，220，222－235，238，240－244，248，249

路易斯·阿尔都塞 96

罗伯特·布伦纳 11，37－39，86，117

逻辑 5，9，10，14，18－24，26，30，31，33，37，41，43，46，47，51，56，61，71，78，79，82，85，87，88，90，91，104，106－108，112，116，117，119，120，129，130，132，136，138，141，143，145，147，150，152，158，161，163－166，168，172－174，178，179，181－183，188，189，192，193，199，204，208，224－228，230，231，234－236，240，241，247

M

马克思主义 1－5，7－11，13，16－24，26－34，36－41，44，61－64，68，71，82，84－87，89，90，92－101，107－109，114，115，117，118，120，124－128，130，131，137，142，143，145，147－155，157－167，169，172，174，185，188－190，193，195，196，200，201，203－206，218，219，222－225，227，228，233－235，237，238，240－249

马克斯·韦伯 12，21，22，41，49，100，102，103，184，191，234

麦克尔·哈特 215

矛盾 2，4，7－9，16，18，21，22，

30，32，33，35，39，40，43，47，56，
57，62，71，72，74，76－84，88－91，
93－96，99－101，103，104，108，
114，119，120，126，128－131，133，
137，138，140，141，147，150，151，
153，157，160，161，165－167，169，
173，174，179－182，189，192，196，
204－206，209，212，218，219，223，
231，233，234，240－242，247

民主 2－24，26－31，33－35，39，40，
42，57，72，81，85，87－90，94，95，
97，98，101－105，112，113，121，
122，125－134，136，138，140，145，
147－149，151，158－161，165－167，
175－183，191，193－197，199－209，
212－225，228，229，232－234，236－
238，240－242，244，247，249

民主观 21

民主政治 20，21

民族国家 9，13，14，17，19，74，
77，79，81，121，135，164，171，
175，177－183，212，230

模式 3，9－12，15，19，31，32，35，
36，38－41，45，46，48，49，52，
55－57，59－62，66，68－70，75，
76，81，97，100，101，105，106，
108－111，113，114，117－120，
122，130－133，137，141，144，
178，180，183－189，196－200，
202，203，205，207，214，223，
226，228，231，234－236，242

N

尼科斯·普兰查斯 145

O

欧洲中心论 58，84，106－109，111，

113，114，116，118－124，141，
235，236

P

佩里·安德森 45，63，64，157，
245，246

普遍化 14，30，64，78，90，100，
101，103，105，128，165，166，177－
179，181－183，185，189，192，
216，224

Q

启蒙运动 29，102，122，177，182，
183，185，187，190－193

全球化 4，8，9，13，14，18，19，21－
24，29，32，33，41，72－74，77－80，
83，109，121，123，140－142，150，
163－165，171－173，175，177－183，
192，211，212，216，224，227－232，
234－236，238，240－243

R

日常生活 70，140，152，155，162，
174，199，219，232，242

S

上层建筑 5，6，12，18，35，36，40，
41，63，65，66，71，72，74，85，
92，95－99，127，128，130，136，
137，139，140，151，153，156，
159，160，163，223，224，226，
227，230，233，235，248

社会财产关系 12，19，20，36，37，
46，56，58，103，114，115，117－
119，133，185，239

社会主义 1－8，10，11，13，17，18，

20－24，26，27，29－31，33－35，38，
39，41－43，56－58，68，72，82－84，
89－94，98－100，108，109，120，
122，124－127，136，137，140－152，
155，160－162，165，166，168－173，
175，180，183，190，192－197，199－
203，205－208，217－225，227，228，
232－243，245，247－249

社会主义民主 21

身份政治 68，124，125，164，165，
172，174，222

生产方式 1，6，8，36，39，40，58，
78，82，85，87－90，95，97，106，
107，117，119，120，125，128－
130，135，137，144，150，153，
156，160，162，167，169，224，243

生产关系 5－7，35－37，40，41，56，
72，78－80，84－86，88，89，92，98，
105，110，114，126－129，132，136－
139，141，144，145，147，148，152－
154，156－160，163，164，168－171，
173，196－199，205－208，217，218，
223－227，234

剩余价值 13，34，49，94，117，135，
182，187，190，198，206，218

W

微观权力 140，232

文化 2，3，7，9，11，12，16，20，22，
26－33，35，36，39－41，43，48，50，
58，59，63－72，78，79，81，82，92－
94，97，99－101，104，105，107－110，
112，113，118－123，126，127，131，
137－141，144，145，151－153，155－
164，167，168，173，174，176，177，
179，181，182，184，186－193，208，

216，223－225，229，230，232－238，
246，248，249

无产阶级 6，7，33，34，81，82，
104，137，138，144，146，153，
154，157，164，168，170，171，
186，194，200，203，225，235，
238，249

无产阶级斗争 138

无产阶级政治 7，159

X

西方马克思主义 3，24，27，30，34，
41，93，94，151，161，162，167，
172，174，240，244，246，247，249

现代性 2，3，6，17，21－24，26，
34，39，42，59，71，121，122，
125，175－178，182－194，228，
231，234，236，240－242，245，
246，249

现代主义 27，188，189，192

新的"真正的"社会主义 5，6，8，
20，29，30，142，145，147－151，
166，169，194，217，218，222，225

新工人阶级 142－144，174

新马克思主义 27，240，248，249

新小资产阶级 145－147，151，174

Y

一体化 14，77，82，140，167，168，
174，177，183，224，232

异化 81，82，138，140，141，143，
150，151，154，161，164，166，170，
173，193，205，207，225，231－233，
235，238，242，248

意识形态 2，3，9，12，28，30，31，
33，40，41，44，59，64，65，69，

81，89，93－97，101－103，106，108，111－113，126，127，132，136，137，143，145－153，155，156，158－163，167，169，171，174，181，182，186，193，194，196，200－202，205－218，220，225，227－230，233，235－237，240，244

英国　9－11，18，19，26－28，30，32，34，36－39，47，50，55，58－72，76，87，88，112，113，115，117－119，122，131，155－163，176，177，186，187，194，203，204，210，224，229，247，248

Z

政治　1－16，19，20，22－24，26－33，35－42，44－46，48，51－56，60－70，72－75，77－80，82－85，92，93，95－101，104，106－108，110，111，113－116，120，123－130，132－140，142－151，153－165，167－174，176－183，187－220，223－225，227－230，232－238，246，248

政治经济　21

政治经济学　20

政治马克思主义　11，18，37－40，130

中国梦　122，183

资本　6，8－10，12－14，17－19，21－24，29，31，32，34，37，40，41，43－45，47，49，52，54，57，59－61，63－66，72－74，76－83，88，89，91，102－108，111－115，117，118，124，127，129，131，132，134－138，140，141，143，145－148，150－152，154，

158，160，161，163－175，177－182，185－189，192，193，195，196，198，205，206，209－216，218－220，223，224，227－232，234－236，239－241，244，245

资本帝国主义　2，4，8，9，11，13，14，19，21，22，24，31，32，41，43，72－74，76－83，107，108，135，138，180，182，208，210－213，227，231，234，240

资本主义　1－15，17－24，26，27，29－66，68，70－92，94，95，97，98，100－146，148－154，156，158－175，177－214，216－225，227－249

资本主义起源　10－12，17，19－22，31，34，36，39－41，43－45，47，49，50，58，59，61，86，101，102，106，108－110，114，115，119，120，141，204，224，229，235

资本主义原始文化　58，59，66，71，72

资产阶级　1，7，30，33，34，39，41，44，52，58－65，67，68，70，71，82，87，89，94，104，110－113，115，117，118，121，124，127，133，140，145－154，162，164，167，170，171，173，174，185，189，191，193－196，203，216－218，220，228，233，236，238

资产阶级意识　5，128，223，224

自为的阶级　156，168

自由　7，9，11，13，15，16，22，23，29，33，36，37，40，46，49，50，53，55，57－59，69，70，72，73，77，79－81，89，90，92，95，102，105，110，112－114，116－118，

122，124，125，133，138 － 140，
155，166，169，177，180，182，
184，187，189 － 193，195 － 198，
200，202 － 212，214 － 220，231，
232，237，240 － 242

自由主义民主　59，181，196 － 200，

202 － 208，216

自在的阶级　156，168

左派　1，3，5，16，21，26 － 29，31，
38，40，67，124，138，155，157，
158，162，164 － 167，172，173，
215，222，223，228，241

后　记

"衣带渐宽终不悔，为伊消得人憔悴！"当黎明的钟声敲响，我对着镜子轻抚着杂乱的头发，不觉间美好的时光都在岁月的年轮中悄悄溜走。当望着窗外飞舞的柳枝，对博士学位论文作出最后的修改付诸出版之时，我并没有如释重负的感觉，反而觉得需要进一步思考更加重要的问题，还要仔细品味这么多年的青春岁月。

本书是在我的博士学位论文的基础上修改完成的。因此，在本书即将出版之际，我要向我的博士导师中南财经政法大学吴宁教授致以最诚挚的谢意！回想在中南财经政法大学哲学院的岁月，不禁思绪如泉涌。九年以前，我抱着对哲学的敬畏走入了中南财经政法大学的校园，恩师吴宁教授从那时起就教导我要做一个内心宁静、视野开阔的人。她希望我广泛涉猎、刨根问底、坚持学术的严谨性和创新性。正是在吴老师的指引下，我才进入了哲学的殿堂。中南财经政法大学宽松的学术氛围、充足的学习资料、众多的哲学专家，为我的学习提供了良好的学习环境，感谢中南财经政法大学！感谢中南财经政法大学哲学院！

我对西方马克思主义的理解开始是比较肤浅的，我的思维又具有跳跃性，这给学习带来了不小的困扰。在恩师吴宁教授的指导下，我逐渐克服了学习过程中的困难，掌握了研究西方马克思主义的方法，发表了一些有关西方马克思主义的论文，并以此奠定了进一步学习的基础。以艾伦·梅克森斯·伍德的历史唯物主义思想研究为博士学位论文的选题面临不小的困难，主要表现在：一方面，伍德在国内学术界并不怎么知名，对其思想的研究也很少；另一方面，伍德的绝大部分著作没有被翻译成中文。虽然面临这样或那样的困难，恩师吴宁教授仍然细心的指导，使我摆脱了困惑。在进行论文的写作过程中，恩师吴宁教授仔细审阅稿件，提出意见，帮我修改，从论文的指导思想、篇章结构和内容安排上等都提出了具体意见和要求，小到标点符号，大到论文结构，她都为之倾注了大量的心血。恩师吴宁教授的言传身教给了我莫大的鼓舞和帮助，同时吴老师的坦诚待人和学识修养都让我深感敬佩，苍白的语言无法表达我内心的感激之情，我惟有严格要求自己以不负期望，但求不愧对恩师！

博士学位论文的写作和完成乃至出版离不开哲学院王雨辰教授、刘可风教授、陈食霖教授、龚天平教授、颜岩教授、方珏副教授等老师的帮助，正是您们在开题报告会和答辩会上提出的诸多建设性意见为我的博士学位论文的写作指明了方向、消除了障碍，使博士学位论文的框架更加合理、内容更加充实、可操作性更强。特别要感谢参加我的博士学位论文答辩的汪信砚教授、杨鲜兰教授，他们从百忙之中抽出时间参加我的论文答辩，提出很多重要的建议，让我能进一步完善博士学位论文。还要感谢胡贤鑫教授、朱书刚教授、何捷一教授、刘斌副教授、郭剑仁副教授、严泽胜副教授，您们深厚的学术涵养使我受益匪浅，激励着我时刻不断地学习，您们的高尚师德，严谨的治学态度，深深地影响和熏陶着我，是我今后学习和工作中必须谨记于心并努力为之的航标，您们的金玉良言使我对自身、学习和生活有一个更加全面和准确的认识，感谢您们！

此外，还要感谢陪伴我度过博士生涯的各位朋友，特别是帅起先、吴长青、尹青钰、冯琼、刘嵘、於莲、武宏阳、李世黎、张佳、高海燕、杨艳妮、王玉英等，在绿草如茵的校园、在周末聚会的餐馆、在放松身心的体育馆、在碧波荡漾的南湖边都留下了我们的身影，这些地方成为我们互相交流的场所，在交流中我不仅获得了学识、明白了做人的道理，也获得了最宝贵的友谊。你们在我学习和生活中遇到困难之时给予了我莫大的帮助，使我感受到无比的温暖和幸福，在这里，我要真心地说声谢谢！

最要感谢的是我的家人。我出生于农村，家境贫寒，家人都是本分的农民。我能踏进大学校园并一直攻读到博士毕业离不开父母和家人的付出，父母含辛茹苦把我养大，供我读书，承担着巨大的物质和精神压力，个中甘苦、冷暖自知！儿子不孝，让你们在步入天命之年还没有享受到一点"清福"，每每想起，我总是泪流满面。感谢您们的养育之恩！感谢您们的理解、支持！特别要感谢的是我的妻子王世欢，我和她从相识、相知、相爱到结婚生子经历了整整六年的时间，这六年是我人生最为重要的时期，不管路途多么艰辛，一路上总有她的陪伴，使我感受了爱情的甜蜜和家庭的幸福以及对生活的热爱。我们已经共同经历了最困难的时期，学业的完成也预示着我们新的开始，希望我们以后的生活越来越美好。我的儿子冯子墨从孕育、出生到现在四处"捣蛋"正是我博士学位论文选题、写作和完成的时期，期间由于学业繁忙我没有很好地照顾和关心他，时常让我深感愧疚！作为儿子、丈夫、父亲，我努力在这三种角色中寻找平衡，希望我的父母亲身体健康、万事顺心，我的妻子事业有成，儿子健康成长。总之，希望一家平安幸福！本书的出版就当是我献给你们的礼物吧！

本书的出版要感谢中央编译局的各位领导和老师，自我从 2014 年进入中央编译局从事博士后研究开始，我就得到了冯雷研究员、俞可平副局长、魏海生副局长、杨金海秘书长、季正聚主任、孔明安研究员等领导和老师的帮助与指导，在此致以衷心的感谢！

本书的出版还要感谢清华大学的艾四林老师，北京大学的康沛竹老师，复旦大学的陈学明老师、俞吾金老师、吴晓明老师，南京大学的张异宾老师、张亮老师，武汉大学的何萍老师、汪信砚老师，中国人民大学的段忠桥老师等，他们在不同场合给予我宝贵的指导，让我终生受益，在此衷心的表示感谢！

本书的出版特别要感谢的是我所在的工作单位湖北工业大学的的各位领导和老师，他们为我提供了良好的工作和学习环境，特别是孙厚权教授、彭贤则教授、陈红军副教授、李春梅教授、徐彬教授、严雄飞教授等，他（她）们在我最困难的时候帮助了我，激励着我，为我指明了前进的方向。还有其他老师对我的学习和工作提供了宝贵指导，在此一并表示深深的谢意！

本书的出版得到了湖北工业大学博士启动基金（艾伦·伍德的政治哲学研究）和湖北工业大学教研项目（高等学校"嵌入式"开展社会主义核心价值观教育的途径和方法研究）的资助，在此表示由衷的感谢。

本书的出版还要感谢《中国社会科学博士后文库》的全额资助，本书有幸能入选《文库》，并获得"优秀博士后学术成果"证书是我没有想到的，在此要感谢全国博士后管理委员会和中国社会科学院的各位领导，是他们给了一位青年老师出版成果的机会，也为我减轻了较大的经济压力。

博士学位论文最终能够出版离不开中国社会科学出版社的田文老师，她细致的编审工作给我留下了难忘的印象，在这里表示深深的感谢！

本书散发的幽香让我久久不能平静，它凝聚着我的心血，浸透着众人的帮助，这是不能用一句感谢能表达的，我只能更加努力地学习和工作，用更多的成果来回报大家。在这里我要再次真诚地感谢各位老师、同学和朋友，衷心地祝愿你们永远快乐幸福！

博士学位论文最终修改完成付诸出版并没有让我轻松，我深知自身学识水平有限，错误与不足还有很多，真诚希望各位专家学者不吝赐教，批评指正。

"路漫漫其修远兮，吾将上下而求索！"

冯旺舟

2015 年 10 月 28 日